A Numerologia e o Triângulo Divino

Faith Javane
Dusty Bunker

A Numerologia
e o
Triângulo Divino

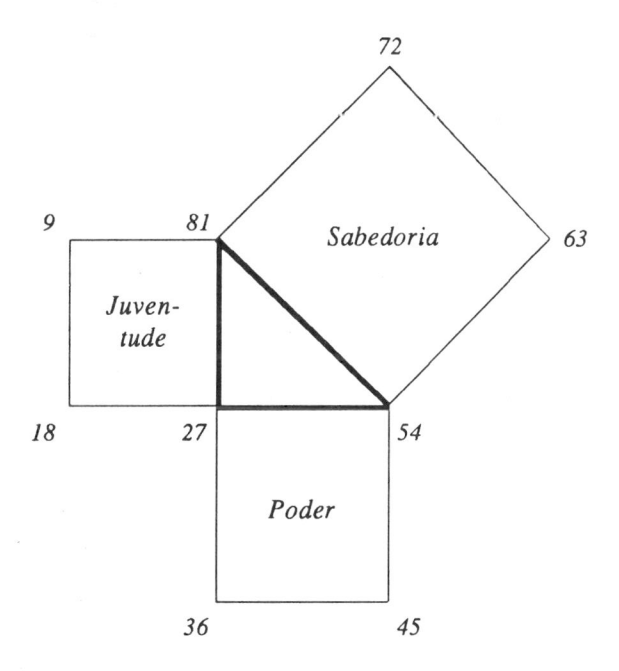

```
                    72
         81      Sabedoria    63
  9   ┌─────┬────────────┐
      │Juven-│           │
      │tude  │           │
 18   └─────┴────────────┘
         27    Poder    54

         36            45
```

Tradução
HARRY MEREDIG

Editora
Pensamento
SÃO PAULO

Título original: *Numerology and The Divine Triangle.*

Copyright © 1979 Faith Javane & Dusty Bunker.
Ilustrações © 1980 Para Research, Inc.
Edição em inglês publicda por Whitford Press, uma divisão da Schiffer Publishing, Ltd.

Copyright da edição brasileira © 1993 Editora Pensamento-Cultrix Ltda.

1ª edição 1993.

16ª reimpressão 2021.

Todos os direitos reservados. Nenhuma parte deste livro pode ser reproduzida ou usada de qualquer forma ou por qualquer meio, eletrônico ou mecânico, inclusive fotocópias, gravações ou sistema de armazenamento em banco de dados, sem permissão por escrito, exceto nos casos de trechos curtos citados em resenhas críticas ou artigos de revistas.

A Editora Pensamento não se responsabiliza por eventuais mudanças ocorridas nos endereços convencionais ou eletrônicos citados neste livro.

Direitos de tradução para a língua portuguesa adquiridos com exclusividade pela
EDITORA PENSAMENTO-CULTRIX LTDA., que se reserva a
propriedade literária desta tradução.
Rua Dr. Mário Vicente, 368 – 04270-000 – São Paulo, SP – Fone: (11) 2066-9000
http://www.editorapensamento.com.br
E-mail: atendimento@editorapensamento.com.br
Foi feito o depósito legal.

Omnia in numeris sita sunt.
(Tudo está velado nos números.)

Sumário

PREFÁCIO por Faith Javane   11

PREFÁCIO por Dusty Bunker   13

I   INTRODUÇÃO   15

1   A NUMEROLOGIA ESOTÉRICA   17
    Os números de 1 a 9   18

2   OS SEUS NÚMEROS PESSOAIS E ANOS PESSOAIS   22
    Valor numérico de cada letra do alfabeto   22
    O Número da Lição da Vida   24
    Interpretações do Número da Lição da Vida   25
    O Número da Alma   29
    Interpretações do Número da Alma   30
    O Número da Personalidade Exterior   33
    Interpretações do Número da Personalidade Exterior   34
    O Número da Linha do Destino   38
    Interpretações do Número da Linha do Destino   39
    O significado da primeira vogal no primeiro nome   43
    O seu ano pessoal   45
    Os Números de Períodos   46
    O mês pessoal   47
    Palavras-chave para Números de Períodos e do Mês Pessoal   47

3   DEUS GEOMETRIZA   49
    As Formas Básicas   49
    O Triângulo   50
    O Triângulo Divino   52
    Figura 1: O Plano   54

4   O TRIÂNGULO DIVINO   56
    Figura 2: O Plano   56
    Como Traçar o Plano   57
    Como Completar o Plano   57
    Figura 3: O Plano para Ada Wynn Lunt   58
    Figura 4: O Plano para Mary Geraldine Charles   60
    Como Determinar as Experiências das Linhas   61
    O Processo Maior   61
    O Processo Menor   66
    Depois dos Oitenta e Um Anos de Idade   69
    Figura 5: Novo Quadrado da Juventude de Ada Wynn Lunt   70

5   NOVOS MÉTODOS PARA TRABALHAR COM OS NÚMEROS   71
    Os A B C   71
    Os 1: A, J, S   71

       Os 2: B, K, T   72
       Os 3: C, L, U   73
       Os 4: D, M, V   74
       Os 5: E, N, W   75
       Os 6: F, O, X   76
       Os 7: G, P, Y   77
       Os 8: H, Q, Z   78
       Os 9: I, R   78
       Sua Carreira   79
       A compatibilidade dos números   81
       Números que faltam em seu nome   89

6   A VIDA DE EDGAR CAYCE   93
       Os Números Pessoais de Cayce   94
       Os Anos Pessoais de Edgar Cayce   95
       Figura 6. Edgar Cayce   96

7   A SIMBOLOGIA DA BÍBLIA   111
       O Velho Testamento   111
       O Novo Testamento   115

II   INTERPRETAÇÕES DOS DÍGITOS DUPLOS   121

1   O ARCANO MAIOR   123
       Números de 1 a 22   123

2   OS BASTÕES   175
       Números de 23 a 36   175

3   AS TAÇAS   195
       Números de 37 a 50   195

4   AS ESPADAS   215
       Números de 51 a 64   215

5   AS MOEDAS   233
       Números de 65 a 78   233

APÊNDICE: SÍNTESE DA NUMEROLOGIA, DA ASTROLOGIA E DO TARÔ   251
       Tabela 1: Números de 0 a 22   252
       Tabela 2: Números de 23 a 36   253
       Tabela 3: Números de 37 a 50   253
       Tabela 4: Números de 51 a 64   254
       Tabela 5: Números de 65 a 78   254
       Figura 7: Síntese da Numerologia, da Astrologia e
           do Tarô   255
       Bibliografia   256

Agradecimentos

Desejo expressar minha apreciação pelas sugestões úteis tão generosamente oferecidas por Ellen Hargraves, Linda Stead, Linda Brough e Carole Winters.

Faith Javane

Desejo agradecer ao meu marido, um amor de homem; a meus filhos April, Melanie, Matthew e Sarah, que assumiram as tarefas domésticas enquanto eu permanecia reclusa com meu segundo amor, este livro; a meus cunhados Ginny e Reid, cuja fé inabalável em mim é uma contínua fonte de surpresas; e, finalmente, ao amado Mestre Pitágoras, cujas gentis cutucadas me estimularam a continuar.

Dusty Bunker

Prefácio

por Faith Javane

MUITOS DOS MEUS ALUNOS e numerosas pessoas que ouviram minhas preleções manifestaram interesse por um livro completo sobre numerologia, para poderem aprofundar o estudo dos seus padrões de vida. Até o momento, negligenciei essa responsabilidade, na esperança de que minhas aulas fossem suficientes. Além disso, sentia que tal projeto estava acima das minhas possibilidades. Entretanto, pressões me convenceram de que um manual completo seria tanto aceitável como realizador.

O meu estudo da numerologia começou na primavera de 1938, quando conheci uma professora de astrologia. Para me aceitar como aluna, ela insistiu que antes eu estudasse numerologia. Uma vez que eu desejava muito aprender com ela, concordei em começar pelos números.

Entretanto, o procedimento por ela adotado com a numerologia diferenciava-se de todos os outros. Ela o recebera de um modo singular, que ela chamava de "planos interiores", o que significava que ela tinha saído do corpo para instruir-se numa escola de misticismo. Por ter recebido esse trabalho através da mente e da alma, e não por um professor ou um livro, denominou-o de Cabala. A Cabala envolve informações secretas, em forma simbólica, num padrão numérico, verbal ou hieroglífico.

Os livros bíblicos de Ezequiel, de Enoque e de Ezra IV contêm revelações místicas de conhecimento oculto, inclusive especulações sobre o significado místico dos números e das letras. Os cabalistas sabiam como decifrar as mensagens esotéricas das Escrituras.

Admito haver sentido um certo ceticismo quanto às crenças da minha professora, mas continuei com o estudo. O que ela revelou é o que atualmente chamamos de "Triângulo Divino". Era conhecido na escola de Pitágoras (cerca de 600 a.C.) como o Teorema da Vida, sendo agora aceito como a proposição de que: "O quadrado da hipotenusa de um triângulo reto é igual à soma dos quadrados dos outros dois lados." Pitágoras usou o triângulo reto como representação do universo; era o seu "Eureca".

De acordo com a minha professora, o mestre K.H. — ela estava convencida de que ele reencarnara em Pitágoras — ensinou-lhe que o triângulo reto também podia ser usado para simbolizar o mundo de uma pessoa. Essa revelação surpreendente constitui a base original do método de interpretação numerológica do padrão de vida de uma pessoa descrito neste livro.

Em resposta a muitas solicitações, apresento-lhes a seguir o segredo do Triângulo Divino.

Prefácio

por Dusty Bunker

EM QUALQUER PROFISSÃO é bastante comum ouvir a seguinte pergunta: "Quando começou a se interessar por...?" Pensei longa e profundamente sobre essa questão e vejo agora que ela não pode ser respondida de um modo simples. Não existe um momento determinado para uma coisa terminar e para a outra começar. Não foi um raio poderoso que caiu dos céus diante dos meus pés, gravando palavras em chamas e pronunciando o meu destino. Tampouco afirmei, num domingo à noite: "Vou começar agora." Aconteceu, simples e naturalmente, sem grandes alaridos.

A metafísica faz parte de mim tanto quanto a respiração. No decorrer dos anos, ao estudar uma matéria ou outra, as informações começaram a se encaixar com maior freqüência e facilidade. Assim como uma criança luta para conseguir o equilíbrio sobre os próprios pés, debati-me com muitos conceitos e experiências até atingir o equilíbrio adequado. Com o avanço do processo, os passos tornavam-se mais fáceis e mais naturais. Agora essa filosofia que eu abraço tão respeitosamente tornou-se o meu amor, a minha vida e a minha devoção.

Poderia especular que tivesse começado há muitas eras, na Lemúria, em Mu, na Atlântida, nas antigas câmaras de iniciação da Grande Pirâmide, ou mesmo nos saguões sagrados do Liceu, com meu amado Pitágoras. Talvez, no fundo das nossas almas carreguemos memórias de vidas passadas, que eventualmente afloram nas encarnações atuais, exigindo o seu total cumprimento. Com certeza as crianças-prodígio constituem uma prova viva dessa possibilidade. Seja qual for o ímpeto que nos direciona para certas profissões, parecemos estar inextricavelmente obrigados a continuar uma evolução que alguma recordação primitiva nos indica havermos iniciado.

Fui muito afortunada no meu caminho, pois me foi dado o maior dos privilégios — um instrutor verdadeiro, essa criatura rara e muito procurada. Numa reunião entre professores e alunos, em 1975, encontrei Faith Javane, co-autora deste livro. O relacionamento se desenvolveu num laço de respeito, admiração e amor. Apresentamos o nosso primeiro livro *13 — Birth or Death?* [*13 — Nascimento ou Morte?*], em maio de 1976; terminamos agora este, que é o nosso segundo livro, inspiradas no fato de que, em nossos dias, existe no coração das pessoas um profundo anseio por compreender não apenas os vastos espaços interiores mas também os exteriores. Com este livro acreditamos poder preencher esse vazio com a lógica, a razão, a compreensão e o amor. Através da sagrada ciência da numerologia, verdades podem ser reunidas aos poucos e almas poderão conhecer a quietude. Venha conosco, então, e descubra o seu Eu interior, as razões da sua existência e o eterno esplendor do Espírito.

I

Introdução

EXISTE UMA ORDEM no universo, do átomo ao sistema solar. Um interesse crescente no ritmo dessa ordem fez surgir novos esforços para sintetizar os diferentes métodos empregados através dos tempos para compreendê-la. Em algum lugar, entre o microcosmo e o macrocosmo, procuramos pela chave que poderá colocar o nosso mundo numa perspectiva lógica. Acreditamos que a ciência dos números pode proporcionar fórmulas que ajudem a esclarecer o padrão de evolução da existência na Terra.

Suficiente sabedoria antiga tem sobrevivido às vicissitudes do tempo para sugerir alguma base na qual podemos construir novos métodos de analisar a personalidade, ou, pelo menos, de lançar uma nova luz nos sistemas usados no passado.

Embora contendo o elemento mistério, os nossos métodos procedem de modo ordeiro e prático, usando os números envolvidos nos nomes e datas de nascimento para solucionar os enigmas da individualidade, personalidade, e os padrões do propósito e destino carregados através da vida por todo ser humano. Convidamo-lo a experimentar essa combinação de fórmulas antigas e de aplicação moderna. Embora não tenha sido apresentada, pelo que sabemos, em qualquer outro livro, foi comprovada através de trinta anos de aplicação efetiva e de experiências bem-sucedidas.

O Triângulo Divino, usado como plano da nossa vida, revela, passo a passo, desde o nascimento até a morte, o que a vida deveria expressar, indicando os potenciais e os perigos através de uma série de números de 1 a 78.

Nascemos todos numa certa data, hora e minuto, no campo energético da Terra. As condições e vibrações desse campo de energia determinam, em grande medida, as ações e reações particulares que caracterizarão toda a nossa vida. Estamos condicionados pelo conjunto básico de vibrações que estava em ação quando fizemos a nossa primeira inspiração.

A data de nascimento proporciona o padrão por nós denominado "Lição da Vida". O nome que recebemos ao nascer, transformado em números através do código de números-letras, usado desde a antiguidade e descrito nesta obra, proporciona as três vibrações que chamamos de "Número da Alma", "Número da Personalidade Exterior" e "Número da Linha de Destino", de uma determinada pessoa. Colocando a fórmula do nome e da data de nascimento no plano do Triângulo Divino, obtemos a chave para a encarnação que a alma escolheu para a consecução de certas metas. Os seus números dir-lhe-ão o estado de consciência que atingiu e também demonstram o desenvolvimento da sua alma.

Nossos números pessoais não são chaves isoladas mas, como todos os fenômenos, são peças que se encaixam no grande enigma da existência. Por conseguinte, para o benefício daqueles que desejam ampliar o seu conhecimento sobre a numerologia, esta obra procura sintetizá-la com as ciências da astrologia e do Tarô. Aprofundar-se na vasta correspondência dessas três ciências exigiria alguns volumes; estamos simplesmente apontando certas relações que verificamos através de muitos anos.

Esta obra é dividida em duas partes. A Parte I apresenta as origens e a filosofia da numerologia. Explica como determinar os números que governam a vida e orienta sobre como planejá-la através da colocação desses números no quadro denominado Triângulo Divino. Há também um capítulo chamado "Novos Métodos para Trabalhar com os Números", que mostra como encontrar a profissão certa ou determinar o nível de compatibilidade com outra pessoa. Um estudo do caso de Edgar Cayce, o estimado e conhecido psíquico chamado pelo apelido de "O Profeta Adormecido", foi incluído para ilustrar o uso do Triângulo Divino. Finalmente, a Parte I apresenta uma visão da simbologia dos números na Bíblia, tanto no Velho como no Novo Testamento.

A Parte II apresenta as interpretações dos números 1 a 78. Até agora a numerologia tem sido limitada aos dígitos de 1 a 9 e a alguns números duplos, até as dezenas de 20. O 78 não foi escolhido ao acaso; ao contrário, representa uma experiência total. O número 12 incorpora o ciclo básico de 1 a 9 com três passos adicionais, o que permite utilizar a experiência adquirida no ciclo de 1 a 9, e apresentá-la, para que seja compartilhada em benefício de outras pessoas. Representa os doze meses do ano e indica um ciclo completo, uma coisa inteira, um círculo, como também exemplificado nos doze signos do zodíaco e pelos doze discípulos. O passo seguinte, o 13, leva-nos a um novo nível de consciência. Portanto, o 78, como extensão do 12 ($1 + 2 + 3 + 4 + 5 + 6 + 7 + 8 + 9 + 10 + 11 + 12 = 78$), simboliza uma volta completa de experiência.

Nas interpretações da Parte II, os setenta e oito números são descritos inteiramente como vibrações numéricas. São também sintetizados com as setenta e oito chaves do Tarô e dos planetas, signos e decanatos do zodíaco. À medida que essa assombrosa síntese se desdobra, pode-se apenas reverenciar o trabalho de Deus. Só uma mente cósmica seria capaz de planejar um padrão tão intrincado, no qual cada ciência se encaixa tão perfeitamente com a outra.

Repetimos que, pelo que nos consta, nunca se tentou essa síntese. As correspondências entre a numerologia, a astrologia e o Tarô não foram escolhidas ao acaso; foram testadas através de anos de aplicação. Acreditamos que estejam corretas. Sugerimos uma experimentação pessoal, pois qualquer crença ou processo só é realmente aceito através da verificação pessoal.

1

A Numerologia Esotérica

A NUMEROLOGIA COMEÇOU no início da vida pois "no começo havia o 1". Aconteceram então as vibrações e surgiu o 2, o primeiro par, que levou ao verdadeiro começo da geometria universal.

Os números, em si, representam princípios universais através dos quais todas as coisas evoluem e continuam a crescer de forma cíclica. Os dígitos de 1 a 9 simbolizam os estágios pelos quais um conceito tem de passar antes de se tornar realidade. Toda manifestação é o resultado desses nove estágios.

A numerologia esotérica é a arte e a ciência de compreender o significado espiritual e a progressão ordeira de toda manifestação. Cada palavra e nome vibra de acordo com um número, e cada número tem o seu significado interior. O código de letras e números, quando compreendido e aplicado corretamente, nos leva a um relacionamento direto e íntimo com a inteligência subjacente do universo.

Devemos muito da nossa compreensão espiritual e científica dos números a Pitágoras, o pai da matemática. Pitágoras é sobretudo lembrado pelo teorema pitagórico segundo o qual "o quadrado da hipotenusa de um triângulo reto é igual à soma dos quadrados dos outros dois lados". Entretanto, Pitágoras foi primordialmente místico e filósofo. Acreditava que "todas as coisas são números" e que os números representam entidades espirituais cuja presença é sentida em toda a existência.

Pitágoras descobriu o significado místico dos números, verificando que os algarismos de 1 a 9 representam, macrocosmicamente, princípios universais. No nível pessoal, microcosmicamente, representam características, habilidades e eventos. Viu, nos números, padrões e razões geométricas, as explicações para todos os fenômenos naturais, a harmonia da música e as qualidades tonais. Sabia que as estrelas e planetas, como corpos em vibração, produzem sons que se tornaram conhecidos como a "música das esferas".

Pitágoras nasceu por volta de 582 a.C. na ilha grega de Samos, no mar Egeu. Ainda jovem, deixou a casa paterna e viajou para o Egito, onde foi iniciado em certas doutrinas matemáticas. Alguns pretendem que ele tenha estudado com Zoroastro, o sábio persa, e que aprendeu a cabala na Judéia. Conseqüentemente, a ciência dos números que ensinou era baseada em princípios cabalísticos.

Por fim, Pitágoras estabeleceu-se em Crotona, no sul da Itália, e fundou uma escola de mistérios. Antes de poderem começar a estudar os mistérios pitagóricos, os discípulos tinham de se familiarizar com quatro ciências fundamentais: aritmética, música, astronomia e geometria. Platão foi um seguidor de

Pitágoras e a ele devemos a maior parte do que conhecemos sobre a escola pitagórica.

Pitágoras ensinava que "a evolução é a lei da vida; o número é a lei do universo; a Unidade é a lei de Deus". Acreditava que tudo no universo está sujeito a ciclos progressivos prognosticáveis. Os seus meios de medir esses ciclos eram os números de 1 a 9.

Ensinava também que os números têm um significado independente dos valores demonstrados pelos algarismos. Os números são diferentes dos algarismos. "Os números representam qualidades; os algarismos representam quantidades." Os números operam no plano espiritual, enquanto os algarismos servem para medir as coisas no plano material.

Uma compreensão lúcida desses dígitos é essencial no estudo da numerologia, uma vez que cada número acima de 9, no final, se resume num desses dígitos. Através do conhecimento compreensivo do significado desses números pode-se entender a progressão ordeira de todos os ciclos da vida.

Os Números de 1 a 9

A ciência alega que no vácuo, onde nada existe, surgem repentinamente, com o tempo, íons de hidrogênio. O 1, como primeiro dígito da série, representa o íon, o começo, a gênese, a primeira faísca de energia emergindo da fonte original. Está sozinha e isolada, por ser a primeira; não há outra. É independente de influências externas ou de assistência por ter escolhido procurar sua própria autoexpressão, e não pode, portanto, ser obstruída ou dominada. É decisiva e independente e faz as opções necessárias para, no final, determinar seu destino.

1 REPRESENTA O PRINCÍPIO MASCULINO, o "Yang". É o pioneiro, tomando o seu próprio rumo na busca das experiências que estabelecerão sua identidade distinta. É o processo de descobrir suas próprias habilidades. É energia pura, positiva, original e criativa, em estado de movimento perpétuo. Uma vez que o 1 é sozinho e está imbuído de muita energia criativa, deve decidir como usar essa energia. Necessita assumir o comando e ter a coragem de manter sua direção sem medo de oposição.

O 1 é o verdadeiro EU SOU da humanidade, a unidade de tudo, a unidade de medição vibracional. É a autoconsciência.

Palavras-chave: original, independente, agressivo, individualista, criativo, dominante; o primeiro de uma série, o início de qualquer operação ou atividade, o líder, o pioneiro, o chefe que gosta de autoridade. "Aquele que vai na dianteira."

2 É O PAR, o duo. Mutável e adaptável, pode também ser indeciso. É o agente, o intermediário, o diplomata e o pacificador, pois a unidade só pode ser alcançada através do encontro das mentes, um compromisso em cada lado.

O 2 representa o princípio feminino da receptividade, o "Yin", que procura a união de duas entidades distintas. É o período de gestação, no qual as coisas começam a se formar. 2 coleta e assimila. Procura um equilíbrio entre forças que se opõem e, por esse motivo, representa a cooperação, a ligação e a parceria. É o pacificador, com atenção ávida para o detalhe. Por estar tão consciente dos opostos, o 2 possui um senso pronunciado de ritmo e harmonia. A música encanta a sua natureza simpática e emocional. As características maternais, pacientes e sensitivas do 2 levam-no a sempre colocar os outros em primeiro lugar. Tem como objetivo a união, não a separação; por isso, é obediente e compreensivo para com os outros. Procura, sobretudo, a harmonia e a assimilação.

Os íons de hidrogênio que começaram a existir sob o 1 circulam agora pelo espaço. Serão conduzidos um ao outro pela lei da atração mútua, a lei do número 2.

Palavras-chave: adaptável, diplomático, compreensível, gentil, cauteloso; um seguidor mais do que um líder.

3 COMBINA AS QUALIDADES de 1 e 2. É uma vibração fascinante e diversificada, contendo as qualidades da manifestação e da auto-expressão. O íon, que começou a existir do 0, procurou assegurar sua individualidade sob o 1, e sentiu a atração de outros sob o 2; agora desperta para a necessidade da interação social. 3 é a necessidade de comunicação e de se envolver na pura alegria de viver. Através da sua exuberante reação à vida, o 3 é radiante e transmite entusiasmo a todos. 3 é o extrovertido, cujo magnetismo pessoal atrai outros e os inspira a se expandirem e a crescerem. É o ator que possui uma apreciação inata pelo prazer, romance, arte e beleza. A sua imaginação criativa permite que tudo seja possível; por esse motivo, é envolvido em muitas emoções e experiências. O 3 é amigável e expansivo, empenhando-se na sociabilidade e na variedade. Se qualquer um dos números pudesse ser chamado de "despreocupado", seria o efervescente 3.

Palavras-chave: expansivo, sociável, dramático, comunicativo, diversificado, criativo.

4 É A ESTABILIDADE, uma consciência franca, o símbolo da lei, do sistema e da ordem. É a firmeza, a segurança, a estabilidade e o conservantismo. É o construtor que necessita submeter-se a coisas terrenas, onde a forma e a substância são os elementos predominantes. 4 é a natureza e relaciona-se à Terra. A formação do mundo se deu no quarto dia, segundo a história bíblica da criação.

A atração que os íons sentiam sob o 2 conduziram à interação no 3. Agora, sob o 4, ocorre a inevitável concentração de energias. Acontece a formação. Os íons se dão conta de que não podem mais desperdiçar suas energias, e que devem agora começar a colocá-las num sistema produtivo e ordeiro. O 4, portanto, desenvolve uma natureza prática e, através da autodisciplina, compromete-se a um exercício rotineiro e convencional da sua energia.

Palavras-chave: forma, trabalho, ordem, praticabilidade, construção, estabilidade, persistência e disciplina.

5 É A LIBERDADE, a mudança e a aventura. A curiosidade e atividade constante produzem uma entidade desembaraçada, adaptável e versátil, sempre pronta a enfrentar um risco.

Uma vez que o 5 é o ponto central do ciclo de 1 a 9, representa a tomada de decisão. Poder-se-á chamá-lo de ponto giratório, no qual os íons, encerrados em carne e forma, necessitam decidir seu futuro no restante do ciclo de 6 a 9. Encontra-se agora com muitas oportunidades e variedades de experiências, através das quais obterá as informações de que necessita para tomar essa decisão.

O 5 está envolvido em muita interação superficial com grupos e multidões. Devido às suas experiências variadas do passado, é o promotor e propagandista natural, fluente na comunicação, com um pouco de conhecimento a respeito de tudo, e o desejo de viajar para lá e para cá, a fim de transmiti-lo. O 5 atrai o sexo oposto devido ao seu magnetismo irresistível, e essa atração dispõe o cenário para as responsabilidades domésticas que, naturalmente, se seguem sob o 6.

Palavras-chave: Versatilidade, desembaraço, adaptabilidade, mudança, atividade, viagens, aventuras, promoção, especulação.

6 É O CONSCIENCIOSO; deseja proporcionar a harmonia, a verdade, a justiça e um sentido de equilíbrio em seu meio ambiente. O amor e a compaixão são as coisas mais importantes em sua mente e, por esse motivo, poderá ser um instrutor eficiente, um conselheiro ou curador. Os outros são atraídos a ele devido à compreensão que dele emana.

Sob o 5, os íons tiveram a oportunidade de experimentar muitos eventos e encontros emocionais. Estão prontos, agora, para assumir responsabilidades sociais e familiares, ou a vibração do 6. É uma vibração doméstica e artística e, sob esse número, os íons necessitam ajustar-se aos requisitos dos outros.

O 6 deseja um companheiro íntimo, um casamento, um lar e uma família onde prevaleçam a beleza e a harmonia. A necessidade da harmonia em grupo e o serviço à comunidade seguem-se naturalmente. O 6 se acomoda, combinando-se com o elemento conservativo da comunidade, onde pode criar melhores padrões de vida. Talentoso nas artes, pode também expressar seu potencial criativo através do seu desenvolvido senso de equilíbrio e tornar-se um bom artista em seu campo próprio e único.

Palavras-chave: responsabilidade familiar e social, serviço, amor, compaixão, aconselhamento, cura, criatividade.

7 PROCURA RESPOSTAS. Tenta estabelecer uma filosofia de viver e penetrar o mistério da sua existência, que antes nunca tinha questionado. Uma vez que a solidão é necessária para a análise, o 7 sente a necessidade de ficar só, longe da multidão e em contato com a natureza. Procura fazer amizades com aqueles de consciência elevada e que combine com a sua.

E no sétimo dia Deus descansou. Todas as coisas repousam sob o 7, pois necessitam de tempo para pensar. Sob o 7, os íons sentem-se estabilizados e calmos; reconhecem que agora necessitam ficar tranquilos e aprender. Estabeleceram uma rotina para a sua energia, e agora começa a análise.

O 7 introduz no ciclo uma realização física sem esforço aparente. Metas há muito procuradas são agora magicamente atingidas. Dispõe do tempo livre para dedicar-se a interesses filosóficos e metafísicos. O pensamento perfeito é a meta do 7, motivo pelo qual é chamado de número sagrado. É também o motivo de cientistas, filósofos, professores, místicos e o clero se enquadrarem sob essa influência. O lado físico do 7 também se relaciona à saúde do corpo, que é sensibilizado através desta vibração.

Palavras-chave: quietude, introspecção, intuição, análise, inspiração, reclusão, filosofia e misticismo.

8 ASSUMIRÁ O PODER, pois agora conseguiu o controle e a responsabilidade no campo escolhido. São-lhe concedidos reconhecimentos e recompensas financeiras, e acontece a expansão e o crescimento no mundo dos negócios.

Sob o 8, o carma é rei, e os íons colherão aquilo que semearam. O poder é a qualidade associada ao 8. O fervor, o zelo, a firmeza e a habilidade da ampla visão, conferem-lhe a ambição e as qualidades necessárias para alcançar metas materiais. O 8 possui a energia para superar todos os obstáculos e eventualmente obter sucesso através da habilidade e da perseverança. O 8 pode agora seguir rumo ao ponto mais alto com as idéias e planos formulados gradualmente durante os últimos sete ciclos. Através de padrões justos e éticos, alcançará reconhecimento, poder e remuneração financeira.

Palavras-chave: poder, responsabilidade, recompensas financeiras, bom juízo e reconhecimento.

9 É ABNEGAÇÃO e compaixão. Abarcando um amor por todos, deseja aplicar sua energia no serviço universal. Faz uso de uma visão impessoal mas justa, generosa, benevolente e paciente a respeito da vida. É o artista e pensador que desenvolveu talentos nos ciclos precedentes e que agora está pronto para compartilhar o seu conhecimento com o resto do mundo.

Os íons encontram-se em sua fase final de acabamento. Viajaram pelo ciclo inteiro de nove partes, ingerindo experiências ao longo do caminho. Agora, no ciclo da conclusão, alcançam a compreensão total e toleram os pontos de vista e preconceitos de outros.

O 9 está pronto para devolver ao universo alguma parte daquilo que aprendeu através dos oito passos anteriores do ciclo. A lei do ciclo não permite desperdícios e exige que aquilo que é aplicado se expresse como resultado. Quando isso é feito prontamente, a realização experimentada sob o 9 traz somente alegria com o dom da vida, e a liberdade para entrar desimpedido no ciclo seguinte.

Palavras-chave: amor, compaixão, paciência, universalidade, tolerância; serviço abnegado e realizações.

2

Os Seus Números Pessoais e Anos Pessoais

AO NASCER, você já conta com quatro números pessoais. Esses números esclarecerão a respeito das lições a serem aprendidas durante a vida e do crescimento e do desenvolvimento espiritual que poderá conseguir. Os quatro números pessoais são: "O Número da Lição da Vida", "O Número da Alma", "O Número da Personalidade Exterior" e "O Número da Linha do Destino".

Os números pessoais são determinados pelos números da sua data de nascimento e pelas letras do nome que recebe ao nascer. Para chegar à vibração numérica dos nomes, cada letra do alfabeto possui um valor numérico: A é 1; B é 2; C é 3; e assim por diante, até Z, que é 26.

Para trabalhar com o valor das letras depois do I, que corresponde ao 9, reduzimos o valor para um só dígito. Por exemplo, L corresponde ao 12. Reduzimos o 12 somando o primeiro dígito ao segundo, ou 1 + 2 = 3. O número 12 é então expressado como 12/3. A letra T corresponde ao 20. Reduzimos o 20 somando o primeiro dígito ao segundo, ou 2 + 0 = 2. O número 20 é então escrito como 20/2.

A tabela abaixo indica o valor numérico de cada letra do alfabeto:

A	1	J	10/1	S	19/1
B	2	K	11/2	T	20/2
C	3	L	12/3	U	21/3
D	4	M	13/4	V	22/4
E	5	N	14/5	W	23/5
F	6	O	15/6	X	24/6
G	7	P	16/7	Y	25/7
H	8	Q	17/8	Z	26/8
I	9	R	18/9		

Aprenda bem essa tabela, para não precisar reportar-se a ela toda vez, o que poderá tornar-se um processo vagaroso e, sobretudo, tedioso. Quanto mais trabalhar com este código, tanto mais fácil ficará.

Note que existem padrões fáceis de decorar. Por exemplo, A, J e S reduzem-se todas a 1; B, K e T reduzem-se a 2; C, L e U são reduzidas a 3, etc. Treine-se repetindo várias vezes: "AJS, AJS, AJS; BKT, BKT, BKT." Existem truques de memorização que podem ser usados. Por exemplo, o número 6 é FOX. Essa é fácil. GPY soa como "GYPSY", para o número 7, e o número 8, HQZ, fará com que se lembre de "Headquarters". Use as suas próprias chaves de memorização para que o código se torne rapidamente acessível ao elaborar o valor de palavras.

Pelo uso dessa tabela pode-se reduzir qualquer palavra a uma vibração numérica. Para exemplificar, antes de começar com os nomes vamos experimentar algumas palavras. Coloque o valor numérico acima de cada letra, some os valores e reduza o total a um único dígito, se necessário.

$$3 + 9 + 2 + 9 + 1 + 9 + 7 = 40/4$$
$$L \quad I \quad B \quad R \quad A \quad R \quad Y^*$$

Reduzimos o 40 somando 4 + 0 = 4, que é escrito como 40/4.

$$6 + 1 + 2 + 8 + 5 + 9 = 31/4$$
$$F \quad A \quad T \quad H \quad E \quad R^{**}$$

Reduzimos o 31 somando 3 + 1 = 4, que é escrito como 31/4.

$$6 + 9 + 9 + 5 + 7 + 3 + 1 + 3 + 5 = 48/3$$
$$F \quad I \quad R \quad E \quad P \quad L \quad A \quad C \quad E^{***}$$

Somamos 4 + 8 = 12, mas ainda ficamos com um dígito duplo. Reduzimos novamente, 1 + 2 = 3. O 48 é então escrito como 48/3.

$$1 + 1 + 3 + 9 + 1 + 4 + 5 + 5 + 2 + 6 = 37/1$$
$$S \quad A \quad C \quad R \quad A \quad M \quad E \quad N \quad T \quad O$$

Some 3 + 7 = 10; reduza então o 10, 1 + 0 = 1. O 37 é então escrito como 37/1.

Existem quatro dígitos duplos que, geralmente, não são reduzidos. São chamados de "números-mestre". Os números-mestre oferecem mais oportunidades de expressão e assim exigem mais esforço por parte do indivíduo ou da coisa em questão. Os números-mestre são 11, 22, 33 e 44. Sempre que chegar a um desses resultados, mantenha o valor do número-mestre. Por exemplo:

$$3 + 9 + 7 + 8 + 2 = 29/11$$
$$L \quad I \quad G \quad H \quad T^{****}$$

---

*   Biblioteca.
**   Pai.
***   Lareira.
**** Luz.

Uma vez que a palavra *"light"* vibra com o número-mestre 11, é escrita como 29/11, em vez de 29/2, que seria o caso se a reduzíssemos totalmente. Todavia, o 2 é ainda reconhecido como número-base, e a palavra em questão flutuará portanto entre as vibrações de 2 e de 11.

Uma pessoa oscilará entre qualquer número-mestre e o seu dígito de base, porque a vibração do número-mestre é tão intensa e tão poderosa que não pode ser vivenciada continuamente. Por conseguinte, viver sob o número-base por períodos curtos oferece um momento de repouso, no qual juntamos nossas forças antes de tentar trabalhar de novo com a vibração do número-mestre. Os números-mestre exigem o maior desempenho do indivíduo e, em contrapartida, oferecem a maior recompensa.

Um nome que vibra com o número-mestre é

```
4 + 5 + 3 + 1 + 5 + 9 + 5
M   E   L   A   N   I   E

4 + 1 + 5   3 + 3 + 1 + 9 + 2 + 5  = 65/11
M   A   E   C   L   A   R   K   E
```

De novo, esse número não seria reduzido ainda mais por se tratar de um número-mestre. Todavia, essa pessoa oscilaria entre o seu número mestre 11 e o número de base 2.

A palavra "roses" vibra com o 22:

```
9 + 6 + 1 + 5 + 1 = 22
R   O   S   E   S
```

Não reduzimos o 22 por ser um número-mestre.

Neste sistema de numerologia, usamos apenas os números de 1 a 78 pelas razões que explicamos na introdução. Quando totalizar um nome e chegar a um número acima de 78, reduza simplesmente esse número ao próximo dígito duplo ou dígito simples, conforme o caso. Por exemplo, se um número pessoal totalizar 86, some 8 + 6 e trabalhe com a vibração 14/5. Ou, se o número pessoal totalizar 106, some o 1 + 0 + 6 e trabalhe com a vibração 7.

Lembre-se, todos os dígitos duplos que se reduzem ao mesmo número-base, têm o mesmo significado básico. O dígito duplo reflete a variação do número simples. Poder-se-ia compará-lo a morar numa mesma cidade, porém, em ruas diferentes. Por esse motivo, os números 12/3, 21/3, 30/3, 39/3, 48/3, 57/3, 66/3 e 75/3 refletem todos o básico 3; entretanto, o dígito duplo expressa uma variação do 3 original.

Agora que você sabe reduzir qualquer palavra, demonstraremos como chegar aos seus quatro números pessoais e explicaremos o que significam.

O Número da Lição da Vida

O primeiro dos quatro números pessoais que discutiremos é o "Número da Lição da Vida". Representa as lições que você precisa aprender nesta vida e é da maior importância na escolha de uma carreira. (Veja o Capítulo 5.) Ele deriva da sua data de nascimento completa. Mesmo um estabelecimento comercial ou uma idéia têm um momento de "nascimento" e podem, portanto, ser tratados da mesma maneira.

Usaremos como exemplo Ada Wynn Lunt, nascida em 12 de novembro de 1940. Primeiro, reduzimos a data de nascimento a números. Novembro é o décimo primeiro mês; portanto, a data de nascimento de Ada é 12-11-1940. Lembre-se de escrever o "ano completo" do nascimento, e não a forma abreviada, como 40. Em seguida, reduza o ano a um dígito duplo, somando os números: 1 + 9 + 4 + 0 = 14. Agora totalizamos novamente a data de nascimento:

12 + 11 + 1940
12 + 11 + 14 (1 + 9 + 4 + 0)
12 + 11 + 14 = 37/1

37 é reduzido ao somar o primeiro dígito ao segundo, ou 3 + 7 = 10. Reduza o 10 da mesma forma somando 1 + 0 = 1. O 37 é então escrito como 37/1. Esse é o Número da Lição da Vida de Ada.

O Número da Lição da Vida é uma constante e não pode ser alterado ou modificado de modo algum, pois deriva da data de nascimento. Indica a vocação mais a lição a ser aprendida ou superada nesta encarnação. Representa igualmente o dom cósmico que lhe foi conferido a fim de completar o seu destino.

Ache o seu Número da Lição da Vida procedendo da mesma maneira. Leia então a interpretação do dígito simples do Número da Lição da Vida mencionado a seguir. Para uma interpretação mais aprimorada do dígito duplo, veja a Parte II deste livro.

No nosso exemplo, Ada tem o 37/1 como Número da Lição da Vida. Ela leria o número 1 na seção abaixo, dos números de lições da vida. Veria em seguida a Parte II para a interpretação do 37, que é uma descrição mais explícita do número básico 1.

1 COMO NÚMERO DA LIÇÃO DA VIDA: Precisa aprender a ser original, a ter força de vontade, a ser criativo e inovador. Deverá ter a coragem e o impulso para penetrar novos campos de expressão e ser um pioneiro. Deverá sempre seguir em frente, e nunca recuar. Às vezes, poderá ser dominante e obstinado, pois não gosta de ser limitado nem dirigido. É um bom executivo e trabalha melhor quando está sozinho. É, comumente, bem organizado e eficiente. Não é caseiro, por natureza, mas pode dirigir bem, em qualquer situação. Em geral gosta de esportes e de atletismo, e sente prazer nas vitórias. É sofisticado, não emocionalmente romântico e sempre aparece com destaque em grupos sociais e comerciais. Aprendendo as lições do número 1, familiarizar-se-á intimamente com a energia Divina, essa centelha independente que sonda, procura e move toda a criação. É criativo no plano físico porque o seu espírito pioneiro precede o de todos, expressando a sua individualidade única.

2 COMO NÚMERO DA LIÇÃO DA VIDA: Está aqui para aprender a ser um bom combinador. É um bom vendedor, mais persuasivo do que forçador. Deverá apoiar os que ocupam a liderança, ajudando-os a encontrarem suas metas da vida e permanecendo nos bastidores, se necessário. Essa qualidade poderá ajudá-lo nos negócios, pois aqueles que se beneficiarão com os seus talentos ajudá-lo-ão, por sua vez, a fazer uso das suas habilidades. Em parcerias e em grupos, encontrará as lições a serem aprendidas nesta vida. O sucesso é então bastante possível. Deverá ter consideração pelos outros e reunir as pessoas em torno de uma causa em comum. Várias profissões estarão abertas à medida que aprender a se adaptar à maioria das coisas a ser feita. Poderá escolher uma carreira nas finanças, na música, na medicina, na religião ou na análise estatística e na pesquisa.

3 COMO NÚMERO DA LIÇÃO DA VIDA: Você é superior em ocupações intelectuais, artísticas ou criativas. Tem necessidade de se expressar, de se manifestar e de observar os resultados do seu trabalho. Suas palavras-chave são *beleza, fecundidade, luxúria* e *prazer*. Deverá ter ambição e orgulho. Deverá tornar-se consciente da lei e, sendo um excelente disciplinador, alcançará uma posição de autoridade sobre os outros. O 3 combina a coragem do 1 com a cautela do 2. É um número de auto-expressão e liberdade e é extravagante no uso de energias para alcançar a liberdade. Deverá ter cuidado para não se tornar um homem de sete instrumentos; em vez disso, terá de se especializar. Poderá então ser bem-sucedido no campo artístico, religioso ou inventivo. Nunca se limitará a uma rotina, pois é avesso à restrição. Deverá trabalhar sozinho, para alcançar melhores resultados. As parcerias em negócios tornam-se disciplinadas demais para a sua natureza amante da liberdade. Poderá escrever, lecionar, ensinar ou encontrar o seu lugar no jornalismo. Qualquer que seja a área em que se especialize, deverá seguir sua inspiração e usar seus talentos criativos.

4 COMO NÚMERO DA LIÇÃO DA VIDA: Terá de construir uma base sólida sobre a qual fundamentar a sua vida. Isso requer um sistema bem organizado de conduta e moral. A administração ou algum tipo de gerenciamento seriam a melhor forma de emprego. Desejará que a sua vida doméstica seja idêntica à cultura em que vive. Cuidará bem daqueles que estão sob os seus cuidados tendo como expectativa que reajam com respeito e dignidade. Deverá tornar-se um trabalhador diligente e conseguir o sucesso com honestidade. Por ser econômico, deverá ter uma poupança adequada como segurança contra quaisquer possíveis perdas. Precisará aprender a não assumir nenhum risco, a não ser que seja com segurança. Deverá procurar metas elevadas e desejará conseguir resultados concretos rapidamente. Por esse motivo, terá de se empenhar com paciência e perseverança. Aprenda a encarar a realidade e esforce-se por raciocinar de modo sadio e prático.

5 COMO NÚMERO DA LIÇÃO DA VIDA: Sua palavra-chave é *liberdade*. Se tiver "rédeas livres", poderá conseguir milagres, mas caso se sinta

amarrado ou limitado, perderá o entusiasmo e conseguirá pouco. Seria um bom explorador ou voluntário da Legião da Paz, pois tem facilidade em aprender com as viagens e a experiência. Caso esteja interessado no assunto será um estudante diligente, mas poderá falhar em matérias nas quais não vê utilidade. Deverá estar ansioso por novas experiências e evitar a monotonia. Em seu empenho por conhecimentos, interessar-se-á em descobrir respostas através de livros e revistas. Leitor ávido, orador fluente e executor versátil, é um conversador engenhoso e abrilhantará qualquer grupo com sua simples presença. Está aqui para aprender e experimentar o valor da liberdade, mas não deverá se prender em demasia. Os seus talentos, uma vez aprendidos, preparam-no para uma carreira literária ou uma posição em vendas e no trato com o público.

6 COMO NÚMERO DA LIÇÃO DA VIDA: Está aqui para aprender o senso de responsabilidade para com a família e a comunidade. O 6 é a vibração do amor e do lar e requer que seja responsivo às necessidades sociais dos outros. Deverá adquirir um refinado sentido de equilíbrio para poder igualar injustiças. Esse senso aguçado produz habilidades artísticas bem como talentos judiciais que poderão ser utilizados no sistema legal. Deverá desenvolver a compaixão e a compreensão, necessárias para aliviar o fardo daqueles que serão naturalmente atraídos na sua direção. Está entre os que servem, ensinam e trazem conforto à humanidade. Tem pela frente um amplo leque de profissões entre as quais a enfermagem, o ensino, o serviço social, o clero, a medicina, a administração de restaurantes, a profissão legal e possivelmente a veterinária ou a criação de animais. Poderá também decidir-se por uma carreira nas artes, na decoração de interiores ou na de cabeleireiro.

7 COMO NÚMERO DA LIÇÃO DA VIDA: Está aqui para usar e desenvolver a mente. Suas palavras deverão ser de sabedoria quando se decidir a falar. Uma forte intuição ajuda-o em qualquer campo que escolha e lhe permite grande discernimento, quando necessário. Eventualmente será um enigma para os outros, e até para você mesmo, às vezes. Gosta de ler, pensar e meditar. Muitas vezes necessita confiar na força do espírito para resolver problemas difíceis. Poderá investigar o lado oculto, misterioso e fenomenal da vida. A música e outras artes estão em harmonia com suas notas-chave. A Igreja, a ciência, a pesquisa e a análise tendem a atrair o seu interesse. Uma carreira na matemática ou na investigação poderá atrair o seu interesse. Deverá aprender a passar algum tempo em solidão, em florestas ou nas praias, onde poderá entrar em contato com o seu Eu interior e seus pensamentos mais profundos, uma vez que o seu destino é usar a mente.

8 COMO NÚMERO DA LIÇÃO DA VIDA: Este é o número do poder e da ambição, o número do executivo, do chefe, que vive do cérebro e da força física. Desejará aprender a trabalhar e ver todos trabalhando. Poderá motivar as pessoas a serem bem-sucedidas em seus objetivos. Deverá liderar e mostrar, com exemplos, como lucrar nos negócios. Está aqui para aprender a lidar com o poder, a autoridade e o dinheiro. Poderá construir um império comercial e deverá trabalhar nesse sentido. Deseja o sucesso para a sua família e para o nome da mesma, como questão de orgulho. Deseja que os seus descendentes continuem usando o seu nome com orgulho e dignidade. O esporte é outro campo que lhe está aberto, pois esta vibração numérica confere grande força e resistência. Muitos atletas famosos operam sob um 8.

9 COMO NÚMERO DA LIÇÃO DA VIDA: Deverá ser o amante universal da humanidade, paciente, gentil e compreensivo. Está no topo da expressão da vida e deverá voltar-se para indicar o caminho aos outros. Aparenta receber a sabedoria de cima; desse modo sabe que o verdadeiro caminho da felicidade é servir aos outros. É do tipo conjugal, forte na paixão e na compaixão. Adquire dinheiro ou riquezas com facilidade e sabe como preservá-los. Nunca é mesquinho, lida com conceitos amplos e pode ser bem-sucedido apesar de adversidades. Está aqui para mostrar o caminho aos outros, através da sua amplitude de pensamento. Poderá escolher entre várias profissões; a educação e a medicina são as mais comuns. Poderá tornar-se um orador, escritor ou conferencista, com igual facilidade. Posições no serviço exterior, nas comunicações, no governo e na liderança são perspectivas favoráveis diante de suas capacidades.

11 COMO NÚMERO DA LIÇÃO DA VIDA: As palavras-chave aqui são *altruísmo* e *comunidade*. Está numa encarnação de provas e singular. Deverá praticar o lema "amar o próximo como a si mesmo" e tê-lo como base. As suas fortes intuições são valiosas para conseguir sabedoria e inspiração. 11 é uma das vibrações mais difíceis devido à demanda por padrões elevados ser constante. Deverá aprender a ter paciência e ao mesmo tempo a tomar decisões rápidas. Procure o equilíbrio entre vida material e física, que necessita ser considerada, e vida inspiracional e espiritual que está subordinada à sua autocompreensão. Poderá ser bem-sucedido no campo da ciência, pois todas as novas invenções e descobertas, tais como os raios *laser,* as pesquisas no campo da antigravidade, as fotografias kirlianas ou qualquer área da eletrônica, o atrairão. Poderá escolher entre ser astrônomo ou astrólogo, ou então pesquisador e intérprete da Bíblia. Outra opção seria tornar-se um professor ou escritor no campo da filosofia. É original e criativo e poderá tornar-se um orador inspiracional. O 11 é um número-mestre esotérico, de importância espiritual. Confere coragem, poder e talento, com fortes sentimentos para a liderança. Não deverá deixar que esse poder lhe suba à cabeça, uma vez que a fama e o reconhecimento são prováveis; em vez disso, reconheça que a verdadeira mestria é o serviço.

22 COMO NÚMERO DA LIÇÃO DA VIDA: Tem necessidade de expressar um anseio básico de desenvolvimento, completar as coisas de um modo pleno e trabalhar com grandes grupos ou organizações comerciais. Apreciará o comércio de importação-exportação, que em geral exige viagens de longa distância e encontros com pessoas importantes. Gosta de se inspirar numa idéia e colocá-la em prática. O autoconhecimento lhe é muito valioso. O 22 promete-

lhe o sucesso. Sabe como usar sua habilidade para ajustar-se às leis físicas da vida e do modo de viver, a fim de demonstrar conhecimento exotérico em vez de esotérico. Poderá tornar-se um executivo em bancos ou em assuntos financeiros, de âmbito nacional, ou ajudar a organizar os negócios de terceiros, como especialista eficiente ou algo do gênero. Como embaixador em países estrangeiros, demonstrará diplomacia. Gosta de estar ocupado numa grande organização, que desafie o seu poder de realização. A sua lição é aprender a cuidar de grandes empresas e corporações e de lidar eficientemente e de modo útil com o dinheiro, para o benefício de grandes grupos de pessoas.

33 COMO NÚMERO DA LIÇÃO DA VIDA: Deverá ser firme e confiável e desenvolver um forte desejo de proteger os outros. Gostará de viver junto à natureza, e esse anseio poderá influenciá-lo a se decidir pela agricultura. Sua meta seria produzir alimentos em grande escala para ajudar a prover o sustento dos famintos do mundo. Nunca será encontrado numa profissão que agiria de modo destrutivo sobre a humanidade. Os seus talentos poderão ser voltados para os campos das artes — a música para proporcionar harmonia, a pintura para proporcionar beleza, ou a literatura para proporcionar a educação. Serviços no campo da medicina e da cura também poderão atraí-lo. Possivelmente escolheria a lei como meio de proteger outros através da justiça. Uma vez que a consciência do 33 quase ultrapassa a da humanidade e é semelhante à de Cristo em expressão, um lugar em meio ao clero ou o sacerdócio poderia conduzi-lo ao reino dos seus sonhos, como um salvador do mundo. Poderá ter a necessidade de sacrificar seus próprios desejos em benefício das necessidades de outros, a fim de cumprir a vibração da sua Lição da Vida.

44 COMO NÚMERO DA LIÇÃO DA VIDA: Esse número representa a força e o completo domínio da mente sobre a sua vida enquanto estiver na Terra. Requer disciplina em cada setor da vida, de modo a colaborar para a promoção do avanço material do mundo. Deve treinar a mente para deixar que forças superiores ajam nela, e manter o seu corpo e meio ambiente em ordem, a fim de estar pronto para qualquer oportunidade de conseguir os mesmos resultados para outros. O seu elevado potencial de energia é destinado à ulterior evolução, auxiliando outros a colocar suas vidas em ordem. Deverá tentar promover uma ética e uma justiça melhores no mundo dos negócios. Terá de reconhecer a realidade, e em seguida usar o que aprendeu para aliviar os fardos físicos de outras pessoas. Você é o instrumento através do qual essa alteração acontece. Demonstrando bravura, desembaraço, coragem e disciplina, servirá de exemplo a outros. Veja Edgar Cayce (Capítulo 6, página 93) como exemplo da vibração 44.

O Número da Alma

O "Número da Alma" origina-se da soma das vogais do nome. Trabalhe sempre com o "nome completo de nascimento". Prefixos e sufixos tais como Sr., Sra., Jr., II, III, Dr., não são considerados parte do nome cósmico e não são numerados no nome total. As vogais são A, E, I, O e U. A letra Y é uma vogal quando soar como I. O Y também é uma vogal quando for a única vogal da sílaba, como no nome Harry. O W é uma vogal quando segue um D ou um G, como nos nomes Dwight ou Gwen, pois carrega o som da vogal.

Usaremos o nosso exemplo, Ada Wynn Lunt, nascida em 12 de novembro de 1940. Para chegar ao Número da Alma de Ada, somamos as vogais do seu nome:

```
 1 + 1     + 7      + 3     = 12/3
 A D A     W Y N N  L U N T
```

O Y de Wynn é considerado uma vogal por ser a única vogal do nome. O 12 é reduzido somando-se o primeiro dígito ao segundo, ou 1 + 2 = 3. O número 12 é então escrito como 12/3.

Descubra o seu Número da Alma seguindo o mesmo processo. Leia então a explicação sobre o Número da Alma básico (dígito simples) mencionado abaixo. Para uma interpretação mais refinada do dígito duplo, veja a Parte II. No nosso exemplo, Ada tem um Número da Alma de 12/3. Leia o número 3 do Número da Alma básico da seção abaixo. Olhe, a seguir, a Parte II e leia o número 12/3 da vibração do número pessoal, que permite uma visão mais profunda do seu Eu real.

O Número da Alma corresponde à sua verdadeira personalidade, o Eu que só você conhece. Quando se admite a filosofia da reencarnação, o Número da Alma também indica o que a pessoa foi em vidas passadas. Essa parte da sua personalidade não é facilmente reconhecida por outras pessoas, a não ser que o conheçam muito bem. O Número da Alma é aquilo que você, no seu interior secreto, deseja ser. Esse anseio poderá ser tão forte que pode superar outras vibrações dos seus quatro números básicos. Uma vez que o Número da Alma revela algo do crescimento acumulado em vidas passadas, torna-se uma força subjacente que influencia as ações da sua vida atual. Se, todavia, o anseio da alma permanece reprimido por circunstâncias exteriores, e a alma falha em cumprir o seu propósito, poderá necessitar repetir o mesmo anseio vibracional numa vida futura, até encontrar a sua verdadeira expressão.

1 COMO NÚMERO DA ALMA: A liderança adquirida em vidas passadas traz agora o desejo de continuar a se empenhar numa consciência mais elevada. Você é independente com relação às suas crenças. O seu desejo por pensamentos livres e independentes continua ocupando o seu anseio mais profundo. Não deixe que esse forte impulso obstrua a consecução de metas práticas na vida atual. Você está sempre consciente da sua força interior e teria dificuldade de ocupar uma posição secundária entre os seus contemporâneos. Se o casamento ou a parceria estiverem em jogo, investigue as aspirações interiores do parceiro a fim de salvaguardar o resultado bem-sucedido do relacionamento. Caso a sua individualidade seja forte demais, poderia expressar-se como autoritarismo e constituir-se num detrimento à felicidade pessoal. Tão firme é a intensidade da sua focalização e tão forte a lembrança da autoglória

do passado, que é capaz de manter suas convicções mesmo que isso significasse o rompimento de relacionamentos importantes. A sua força interior confere-lhe algo em que confiar quando a situação é tensa, e você pode ser uma torre de inspiração para os outros em tempos difíceis.

2 COMO NÚMERO DA ALMA: Você tem um forte desejo de paz e de harmonia. É atencioso e diplomático, adaptável e gentil. É mais um seguidor do que um líder. O discernimento é um ponto forte do seu caráter; por esse motivo, é um intermediário ou agente, ajudando a levar a paz às forças oponentes. Evita ferir os sentimentos dos outros, a ponto de submeter-se às suas vontades. Como resultado, mostra-se tímido e carente de confiança. Tente superar a indecisão; enquanto hesita, outros poderão adiantar-se e reclamar aquilo que deveria ser seu. Encoraje-se a fazer o que sente que é certo, e não deixe que emoções detenham o seu propósito. Sua sensibilidade pode ser positiva quando usada para sintonizar as forças de equilíbrio do universo e para expressar verdades que ajudarão todos a ganharem compreensão.

3 COMO NÚMERO DA ALMA: Você é muito consciencioso em relação ao dever. Conhece bem a lei da Trindade, e sabe que a inspiração e a imaginação trarão os melhores resultados quando usados para auxiliar os outros. Esta poderá se tornar a sua filosofia de vida. Satisfaça o anseio de criar e expandir as atividades de seu interesse. Você procura a felicidade e a encontra ao deixar os outros felizes. Quando alguém está deprimido, uma visita sua levar-lhe-á esperança e coragem. Expanda os seus ideais dedicando-se à expressão do bom humor e do otimismo. Empenhe-se na realização dos seus sonhos, mas não a ponto de se tornarem impraticáveis. O amor é importante para você — tanto em dar como em receber — mas tente manter a razão nas suas expansões amorosas. Será feliz e bem-ajustado ao levar a felicidade a outros.

4 COMO NÚMERO DA ALMA: Você é muito organizado, qualidade que poderá lhe trazer sucesso material. O lado prático permeia todo o seu ser. Outros poderiam estabelecer um modelo com base no seu bem organizado programa de vida. A sua lealdade, o seu equilíbrio e a sua confiança significam muito para os que o cercam. Sabem onde se situa, em todas as coisas, e sentem que quaisquer negociações com você serão tratadas com honestidade. Você aborda os assuntos com seriedade, nos negócios ou no amor e, por esse motivo, pode tornar reais os seus sonhos, de uma forma planejada e prática.

5 COMO NÚMERO DA ALMA: Você reivindica o direito à liberdade e não permite quaisquer restrições aos seus ideais ou ao seu modo de pensar. A variedade da auto-expressão é absolutamente essencial. Sentir-se-ia inerte e indiferente sem o estímulo de mudanças e novas perspectivas. As viagens são um dos desejos da sua alma, por considerá-las educativas e ampliadoras do seu horizonte. A mesquinhez não é tolerada. Caso se sinta caindo numa rotina, uma viagem, uma nova ocupação ou umas férias poderão alterar as vibrações para melhor e abrir novas trilhas para um continuado crescimento interior.

6 COMO NÚMERO DA ALMA: Você reage à beleza, à harmonia e à paz. É afetuoso, simpático e leal para com os que ama. Sua missão poderia ser ensinar outros a manterem a paz e a harmonia em suas vidas e divulgar o conceito da moral. Empenha-se arduamente em manter a harmonia doméstica com o seu modo de vida ideal. De todas as vibrações de amor dos vários números, a sua é a que tem mais probabilidade de causar um amor sufocante, tão profundo é o seu desejo de viver para os seus familiares imediatos. Aprenda a permitir que os membros da família expressem os seus próprios desejos na vida, mesmo que você não concorde com as suas escolhas.

7 COMO NÚMERO DA ALMA: Você é tranqüilo e reservado, um bom pensador, analisador e mediador. Necessita de um ambiente pacífico e fica irritado em ambientes barulhentos. É refinado, sensível, fechado e geralmente psíquico. Poderá viver sozinho e permanecer solteiro, ou então tornar-se um celibatário e juntar-se à ordem mística mais elevada da humanidade. A sua natureza real é ser calmo, desenvolver a profundidade do caráter e assim beneficiar a humanidade através da filosofia.

8 COMO NÚMERO DA ALMA: A ambição é a sua palavra-chave. Acredita na realização e não deixa que nenhum obstáculo o detenha na consecução da sua meta. O seu número não é fácil de ser tratado, mas os seus esforços serão recompensados. Será alguém a empreender uma grande obra para se sobressair na multidão e atingir o apogeu. Possui a habilidade de organizar grandes grupos e empreendimentos com sucesso. A psicologia ajudá-lo-á a compreender as massas com as quais poderá trabalhar. Os outros esperam mais de você do que da média das pessoas, e por esse motivo deve confiar no seu Eu interior para guiá-lo a permanecer na liderança. Este é o número dos esportistas de alto desempenho.

9 COMO NÚMERO DA ALMA: A intuição é fortemente ativa em sua vida. Você é sensível e imaginativo e consegue pensar em termos abstratos. Apesar de às vezes parecer indefinido, é extremamente impressionável, compassivo e generoso. Necessita receber e dar amor. É gentil e clemente, de uma consciência expansiva dedicada à elevação da humanidade. Este poderia ser o número de um mestre ou adepto de uma vida anterior.

11 COMO NÚMERO DA ALMA: Tem estado no caminho espiritual há muito tempo, provavelmente por mais de uma encarnação. Através da evolução espiritual aprendeu muitos dos mistérios da vida e da morte. Tem coragem, talento e habilidade de liderança. É compreensivo, sábio, intuitivo e, muitas vezes, clarividente, com habilidades extremamente sensitivas de Percepção Extra-Sensorial e fortes inclinações espirituais. Possui também a coragem de enfrentar muitas alterações e eventos inesperados.

22 COMO NÚMERO DA ALMA: Com a força do 22, possui o anseio de continuar as realizações tangíveis de vidas anteriores. Deseja a realização material. Você é o construtor-mestre. Sua alma ambiciona deixar o mundo como um lugar tangivelmente melhor, por ter estado aqui, do que se conclui que necessita manter o equilíbrio mental enquanto expressa seus ideais de modo prático.

33 COMO NÚMERO DA ALMA: Está disposto a sacrifícios pela humanidade. Tem uma visão clara das futuras condições mundiais e sente-se pronto a ajudar de toda forma que puder para trazer a paz a toda a humanidade. Algumas vezes as vibrações da sua Lição da Vida podem estar opostas aos anseios da alma; apesar disso, praticará a generosidade e tentará considerar o ponto de vista de outras pessoas. Essa circunstância poderá forçá-lo temporariamente a assumir uma posição de retaguarda, mas resta a esperança de alcançar uma posição para promover seus ideais. Está sempre pronto a ajudar os outros.

44 COMO NÚMERO DA ALMA: Os conceitos universais fazem parte da sua consciência; expressam-se agora como anseios interiores para realizar grandes avanços na cultura mundial. Deseja unir o prático ao filosófico. Uma carreira governamental ou nas Nações Unidas poder-lhe-ia dar a oportunidade de promover esses ideais em meio a todos os povos. Está disposto a arcar com grandes responsabilidades. O seu Eu interior reconhece que é um adepto; surge agora o problema de como manifestá-lo ao mundo exterior. Você acredita que a sua alma o guiará em direção a campos onde as suas grandes expectativas poderão ser promovidas. Possui uma habilidade inata de solucionar problemas cotidianos e pode trabalhar com outros no sentido de auxiliá-los a organizarem suas vidas. (Para informações adicionais sobre o número-mestre 44, veja o nosso livro *13 — Nascimento ou Morte?*)

O Número da Personalidade Exterior

Agora que conheceu o seu verdadeiro Eu através do Número da Alma, deixe-nos explicar como você é visto pelos outros. O "Número da Personalidade Exterior" indica qual a imagem que os outros têm de você; não é, necessariamente, aquilo que você realmente é. O Número da Personalidade Exterior também mostra o que as outras pessoas esperam de você devido à imagem que apresenta.

Para encontrar o Número da Personalidade Exterior some os valores das consoantes do nome inteiro de nascimento. As consoantes são todas as outras letras, exceto as vogais. Coloque o valor das consoantes "abaixo" do nome e some todos os dígitos. No nosso exemplo:

```
A D A    W Y N N    H U N T
  4   +  5 + 5+5 +   3  + 5+2  =  29/11
```

O 29 é reduzido somando o primeiro dígito ao segundo, ou 2 + 9 = 11. O 11 é um número-mestre e, portanto, não é mais reduzido. As outras pessoas vêem Ada Wynn Lunt como 29/11, embora isso não seja o que ela realmente é.

Como na seção precedente, os números básicos serão interpretados aqui. Ada leria 11 como Número da Personalidade Exterior, e veria então a Parte II deste livro para uma interpretação mais detalhada do básico 11 como um 29/11.

Se o seu Número da Personalidade Exterior fosse 49/4, por exemplo, leria o 4 como Número da Personalidade Exterior e voltar-se-ia então para a Parte II, onde leria o 49/4 como uma Vibração Numérica Pessoal, que é uma interpretação mais refinada do 4 básico.

A palavra personalidade deriva de *"persona"*, significando máscara, e representa, portanto, o disfarce que apresentamos aos outros. É importante pelo fato de que, através dessa máscara, outros anseios vibracionais básicos são expressados. Uma personalidade agradável é uma grande qualidade em todas as áreas da vida, para ajudar a atingir metas espirituais, mentais ou físicas. A aparência do nosso corpo, os maneirismos e tratos — até mesmo o modo de nos vestirmos — revelam muito mais do que imaginamos. São indícios que os outros usam para determinar nossas atitudes e características.

1 COMO NÚMERO DA PERSONALIDADE EXTERIOR: Você apresenta ao mundo uma imagem de independente e capaz, do tipo de executivo. Outros o vêem como um indivíduo único, separado da multidão comum, talvez um solitário em alguns aspectos, mas definitivamente diferente. Esperam que seja capaz de assumir o controle de qualquer situação e de dirigir com eficácia uma organização ou um clube. Cuidarão para que realize o trabalho, pois aparenta ser o líder, o pioneiro, a pessoa com idéias, que sabe sempre para onde ir e o que fazer. A criação da imagem correta está em primeiro lugar em sua mente, e depende da força da sua personalidade, como se fosse uma carteira de identidade, para ingressar no meio social. Poderá aparentar ser demasiado agressivo ou dominador. Nesse caso, a necessidade egoísta de afirmar sua individualidade é realizada às custas da livre expressão daqueles que o cercam. Você, como pessoa do número 1, se veste para estar entre os primeiros da moda. Gosta de modelos exclusivos e nunca quer parecer com ninguém. Negativamente, pode até se vestir de modo excêntrico ou com roupas que ultrapassam os limites do bom gosto.

2 COMO NÚMERO DA PERSONALIDADE EXTERIOR: Você parece tranqüilo e modesto, e aparenta necessitar de um ambiente de paz para viver. É exigente quanto a detalhes; o asseio e a limpeza são uma obrigação. Em vez de fazer uma grande entrada, prefere ficar na retaguarda, trabalhando nos bastidores ou em colaboração com outros. É atraente e popular junto ao sexo oposto. Isso se deve parcialmente ao seu desejo de companheirismo e harmonia, o que faz com que tolere os outros. Aparenta ser incompleto em si mesmo. Pode parecer inquieto e insatisfeito com as condições devido ao equilíbrio mental que desempenha sobre cada situação. Poderá ter dificuldades em tomar decisões devido ao fato de ambos os lados lhe parecerem muito claros. Em certas ocasiões, pode mostrar mau humor e usar palavras contundentes. Veste-se com esmero e discrição, preferindo uma aparência equilibrada e agradável. Deverá escolher roupas de estilo leve, para uso nas mais diversas ocasiões, que reflitam sua natureza mais passiva e artística.

3 COMO NÚMERO DA PERSONALIDADE EXTERIOR: Você é extremamente charmoso, afável e sociável. Age de modo atraente, desejando prazer e alegria. A lealdade e a honestidade aumentam sua natureza idealista. A comunicação é uma parte vital da sua personalidade, tendo grande facilidade de se expressar. Ávido conversador, você brilha no meio de qualquer grupo. É como o sol, iluminando o mundo daqueles que encontra, espalhando brilho e otimismo seja onde for. Outros abrigam-se com naturalidade em torno do seu calor. Sua personalidade extrovertida pode tornar-se tão grande a ponto de causar a sua queda, através de preconceitos e invejas. Neste caso, os seus talentos de oratória tenderão então a degenerar em mexericos, exageros e futilidades. Caso seja mulher, poderá ser bonita e ter um corpo bastante atraente. Gostará de adornos pessoais — jóias, colares, maquilagem — e terá um talento artístico na escolha de roupas. No lado negativo, poderá ser de beleza negligente e relaxada quanto aos estilos escolhidos e ao modo de cuidar do vestuário.

4 COMO NÚMERO DA PERSONALIDADE EXTERIOR: Você mostra ao mundo ser dono de uma atitude determinada e bem orientada. Aparenta ser conservador, autodisciplinado e prático. Sonha com uma existência ordeira, através da qual sua habilidade para aplicações físicas e mentais produzirá resultados convencionais e até úteis. É do tipo honesto e trabalhador, que respeita os valores e o empreendimento. Gosta da terra, da natureza, do lar e do seu país. Poderá mostrar-se tão disciplinado a ponto de não ter tempo para o lazer, o que eventualmente o isolará dos outros. Extremamente cuidadoso e frugal, tende a tornar-se defensivo e mesquinho. A rudeza e o mau temperamento poderão afastá-lo ainda mais do contato social. Ou, como reação oposta, poderá aparentar ser totalmente indisciplinado e preguiçoso. Boas roupas esportivas são do seu agrado, por serem resistentes e necessitarem de poucos cuidados. Você escolhe suas roupas de trabalho, insiste em boa qualidade e, com freqüência, manda fazê-las no alfaiate. Deseja mostrar-se limpo e bem-cuidado o tempo todo. É conservador quanto ao modo de se vestir bem como na sua conduta.

5 COMO NÚMERO DA PERSONALIDADE EXTERIOR: Você gosta de conversar, é inteligente, espirituoso e arguto e, por esse motivo, terá grande intercâmbio com grupos de pessoas. Tem grande magnetismo junto ao sexo oposto e possui fortes apetites sexuais. Devido às mudanças e à liberdade serem tão essenciais, poderá haver uma rápida modificação nos seus relacionamentos. Você gosta de atividade constante, variedades e mudanças, e acredita que a alteração é um progresso. É capaz de fazer tudo quando e como deseja, a fim de desempenhar de acordo com sua capacidade. Possui uma curiosidade natural e está disposto a assumir riscos. Outros o vêem como um vendedor nato, um propagandista ou um promotor. O exagero no intercâmbio social e nos prazeres dos sentidos poderá levá-lo a excessos na alimentação, na bebida, nos remédios ou nos contatos sexuais. Pode tornar-se volúvel, inquieto e incerto. Gosta de figurar entre os dez mais bem vestidos ou, pelo menos, de estar avançando quanto ao estilo, vestindo roupas de cores vivas com bom gosto.

6 COMO NÚMERO DA PERSONALIDADE EXTERIOR: Você emite uma vibração protetora e um grande senso de responsabilidade por outros. As pessoas são atraídas para se aconselharem, adquirirem conhecimento e se curarem, pois possui uma aparência maternal ou paternal que transmite conforto e segurança. O lar parece ser-lhe muito importante. Você é otimista, alegre e confiável. Aparenta amar a beleza e tudo o que é ligado às artes. Tem um bom senso de equilíbrio e simetria; por esse motivo, consegue ver todas as peças individualmente e, ao mesmo tempo, como parte de um todo. A consciência social impele-o a procurar a verdade e a justiça. Poderá tornar-se um escravo dos outros, especialmente no lar, e a sua responsabilidade social poderá degenerar em irresponsabilidade social ou interferência em assuntos de terceiros. É cuidadoso na escolha do vestuário, e demonstra talento artístico, preservando a harmonia das cores em qualquer combinação que escolher. Prefere estilos confortáveis em vez de modelos exclusivos, apesar de ser minucioso na escolha de tecidos macios e harmoniosos. Negativamente, será um dono de casa ocasional e descuidado quanto ao modo de se vestir.

7 COMO NÚMERO DA PERSONALIDADE EXTERIOR: Aparenta ser um solitário, que gosta dos momentos de solidão, num afastamento completo da multidão. A natureza e os passeios periódicos nas florestas ou o tempo passado numa praia proporcionam o ambiente apropriado para o seu temperamento filosófico. Um ar de mistério e segredo o envolve. Aparenta ser um filósofo, um místico, um poeta, um pensador, um cientista e um pesquisador, cujos afastamentos temporários são uma ocasião para ulteriores meditações. Um aguçado poder de observação ajuda-o a analisar mentalmente qualquer situação. Demonstra um ar aristocrático, uma dignidade pessoal e um comportamento refinado, parecendo ter uma fé inabalável no futuro. Quando se envolver no materialismo, encontrará apenas desapontamentos, perderá sua postura e ficará frustrado, triste e recolhido. A confusão, o medo e o pessimismo tomam então conta de você. É asseado, bem arrumado e inclinado a usar roupas de cor pastel ou escura. Evita cores claras ou vivas e veste-se com bom gosto. Ao ficar descontente, torna-se indiferente quanto ao modo de vestir, negligenciando os chamados detalhes triviais de cor, harmonia e combinação.

8 COMO NÚMERO DA PERSONALIDADE EXTERIOR: Você tem uma personalidade dinâmica e as pessoas reconhecem a sua autoridade, pois aparenta ser abastado e controlado. Existe um ar de executivo na sua pessoa, capaz de dirigir grandes negócios e questões comerciais. Você emite um poder e uma força pessoal que ocasiona reconhecimento onde estiver. Aparenta ser autoritário, imparcial e ético. Parece possuir uma fonte inesgotável de força e resistência física. O seu poder pessoal poderá levá-lo a situações em que se verá tentado a abusar desse poder. O materialismo supera os seus julgamentos mais elevados e você poderá tornar-se negativo e cruel quando irritado. A aparência bem-sucedida é o seu padrão; daí a insistência em usar roupas bem acabadas e de boa qualidade. Nunca usaria artigos baratos. Levado a extremos, você é o espalhafatoso, o esbanjador ou o brincalhão, desejando impressionar outros através de roupas de cores vivas e da exibição de grandes maços de dinheiro. Uma mulher poderá exibir jóias em demasia e usar roupas caras, mesmo que sejam adquiridas em liquidações.

9 COMO NÚMERO DA PERSONALIDADE EXTERIOR: Aparenta possuir uma amplitude de compreensão bem como um magnetismo pessoal que é universal em extensão. Seu modo cordial, amistoso e charmoso agrada a todos com quem entra em contato, e a abnegação que emana de você faz com que seja amado por muitos. Demonstra ter tolerância e compaixão pelos outros, o que lhe permite perdoar e esquecer com facilidade. É generoso para com os necessitados e demonstra ter preocupações humanitárias. Os outros o vêem como romântico e emocional, como o idealista que acredita que o progresso do mundo justifica o sacrifício pessoal. O sentimentalismo pode tomar conta de você e então você se torna suscetível a cada história triste que ouve. Nesse ponto, gasta as suas energias e emoções de uma forma dispersiva. Em conseqüência, poderá ficar amargurado. Veste-se de forma artística, com um toque dramático, mesmo desejando que suas roupas sejam bem ajustadas e confortáveis. Tende a ser bonito, tanto no rosto como na silhueta; e, caso se preocupe em cuidar da pele e manter uma boa postura, poderá parecer jovem por muito tempo.

11 COMO NÚMERO DA PERSONALIDADE EXTERIOR: Ao inspirar os outros, faz com que vejam em você um requinte e um gênio artístico capaz de comover as almas. A arte de vanguarda é a sua preferida e parece epitomizar técnicas incomuns e inovadoras. O reconhecimento e a fama podem lhe ser conferidos devido a esforços artísticos ou humanitários. Aparenta ser o visionário que acredita em oportunidades iguais para todos, independentemente de sexo, raça, credo ou cor. Seu idealismo tende a degenerar em egocentricidade, caso em que os seus muitos talentos são dissipados ou ficam inaproveitados. Sua mente busca então saídas prejudiciais para o seu gênio, que podem causar notoriedade. Seus olhos emitem um brilho espiritual capaz de inspirar outros a atingirem o seu potencial ao presenciarem aquilo que fez. Sua roupa é de estilo original, e você é capaz de desenhar os seus próprios modelos, pois tem talento artístico para isso, e prefere ser diferente.

22 COMO NÚMERO DA PERSONALIDADE EXTERIOR: Aparenta ser do tipo magistral, diplomático, capaz de lidar com todas as situações de modo prático e eficiente. Parece ter controle sobre o mundo material e habilidade para causar profundas mudanças que poderiam alterar o curso da história. Você é uma superforça que libera facilmente verbas para fins de caridade e organizações que beneficiam grandes grupos de pessoas. Seu poder pode atingir nível internacional; deverá desempenhar serviços materiais para o mundo. A força sem precedentes colocada em suas mãos eventualmente o tornará sedento de poder e, em vez de servir aos outros, poderá chegar a explorá-los por voracidade. Tornar-se-á então indiferente às necessidades do próximo e será capaz de cometer atos desonestos para atingir suas metas. Costuma ser cuidadoso com as roupas, escolhendo material de alta qualidade e estilos conservadores. As roupas lhe servem como se fossem feitas especialmente para você. Você veste suas roupas; não são elas que o vestem.

33 COMO NÚMERO DA PERSONALIDADE EXTERIOR: Você impressiona os outros por sua modéstia, humildade e caridade. Parece sempre dirigir-se a lugares onde a sua presença é necessária e onde dá mais do que recebe. Generoso em todas as ocasiões, não espera por recompensas; aparenta ser um doador natural. Ama crianças e animais e expressa bondade e ternura em relação aos mesmos. As pessoas sentem que podem lhe contar os seus problemas e você as compreenderá. A sensibilidade às aflições dos outros tende a levá-lo ao auto-sacrifício fútil, sendo abnegado em relação a pessoas que muitas vezes não têm a intenção de melhorar. O seu martírio, nesse caso, é inútil, caindo sobre solo estéril. Veste-se em estilos dignificados, escolhendo as roupas com todo cuidado. A sua conduta é requintada e apropriada.

44 COMO NÚMERO DA PERSONALIDADE EXTERIOR: Você tem uma postura disciplinada, quase militar, andando ereto e com os ombros levantados. Isso inspira confiança em você, aonde quer que vá. Parece saber aonde vai, o que vai fazer e como irá fazê-lo. Em sua pessoa, há uma qualidade prática e voltada para a terra; isso conforta os outros. Sentem que o seu bom senso pode resolver os problemas cotidianos deles e que pode introduzir a ordem no mundo material para eles. Eventualmente estará tão orientado para os problemas terrenos que se atolará em trabalhos e responsabilidades penosas. Perderá então de vista a fonte da qual saiu. Nesse ponto, o seu progresso espiritual sofrerá. Gosta de usar roupas de estilo militar e com freqüência compra roupas feitas sob medida. Poderá acrescentar um toque militar, usando galões, faixas ou botões distintos, de modo a impressionar.

O Número da Linha do Destino

A esta altura você explorou o Número da Lição da Vida (a data do seu nascimento), o Número da Alma (as vogais do seu nome) e o Número da Personalidade Exterior (as consoantes em seu nome). Tomaremos agora o total do seu nome inteiro, que é determinado pela soma do Número da Alma, não reduzido, com o Número da Personalidade Exterior (não reduzido). O resultado é o seu "Número da Linha do Destino". Mostra o que necessita fazer nesta vida, e o que veio manifestar.

Somando o Número da Alma, não reduzido, ao Número da Personalidade Exterior, não reduzido, no nome de Ada Wynn Lunt, chegamos a 41/5.

```
1  +  1  +  7    +  3        = 12/3  Número da Alma
A  D  A     W Y N N   L U N T
4  +  5  + 5+5   +  3  + 5+2 = 29/11 Número da
                                     Personalidade Exterior
41/5  Número da Linha do Destino
```

O Número da Linha do Destino de Ada Wynn Lunt é 41/5, e isso é o que ela deve fazer como propósito de vida. Ada agora procuraria o número 5 como Número da Linha do Destino básico na seção a seguir. Veria então a Parte II para ler 41/5 Como Vibração do Número Pessoal, que é uma interpretação mais refinada da vibração básica 5.

Esse número representa o seu propósito de vida; em outras palavras, indica o caminho que deve tomar, o que deverá realizar, o que deverá ser. Apesar de se poder modificá-lo um pouco através de mudanças de nome, o destino do nome de nascimento é sempre a força por trás de qualquer mudança, e persistirá no seu desejo de expressão no decorrer da vida.

1 COMO NÚMERO DA LINHA DO DESTINO: Você representa o verdadeiro "Eu sou", consciente de si como o centro do seu mundo, preocupado com seus desejos individuais e procurando a autopreservação, acima de tudo. Usa os seus recursos para o próprio prazer e tem pouco interesse pelas necessidades dos outros. Isso não é necessariamente mau, uma vez que está aqui para desenvolver o Eu, mas não deve permitir que isso seja levado ao extremo do amor-próprio. Poderá ser um novato no plano terrestre, onde todas as lições têm de ser aprendidas. As palavras que usa com maior freqüência são "eu" e "eu sou". A liderança é a sua palavra-chave e precisa aceitar o destino de liderar enquanto outros o seguem. A sua própria iniciativa independente o ajudará a obter sucesso através da determinação de defender as suas crenças, mesmo sob constrangimento. Demonstrando autoconfiança e habilidade de vencer, será bem-sucedido em todas as circunstâncias.

2 COMO NÚMERO DA LINHA DO DESTINO: Seu desejo de paz coloca-o no papel de pacificador. Seu destino poderia levá-lo a atuar como embaixador da boa vontade em nações estrangeiras, e assim trazer incontáveis benefícios à humanidade. Use o seu tato e diplomacia inatos para lidar com as situações difíceis da vida. A missão como pacificador é um dom mágico para criar um mundo melhor no qual viver.

Você tem também um senso aguçado para opostos, o que lhe permite desenvolver seus talentos em linhas criativas. Expandindo essa percepção, não apenas maximiza o seu potencial artístico, mas intensifica também suas habilidades como mediador e companheiro útil. Tornar-se-á parte integrante de qualquer organização ou grupo ao qual se filiar.

3 COMO NÚMERO DA LINHA DO DESTINO: Você tem talentos que lhe permitem escolher ocupações ou passatempos. Seu destino é inspirar e fazer os outros subirem na vida. Deverá desempenhar o papel de ator principal e desenvolver seu talento de expressão e comunicação através de dramas, elocuções ou línguas estrangeiras. Explore as artes. Estude as religiões do mundo. Isso poderá ser uma saída construtiva para as suas energias, uma vez que tem a inclinação natural para as filosofias espirituais. Sua ocupação poderia incluir a terapia no tratamento de outros, bem como o auto-aperfeiçoamento.

Caso desejar ser bem-sucedido, use o seu tempo com inteligência. Não desperdice suas energias em muitas direções de uma só vez para assim protelar a realização de um destino valioso. Promova a amizade entre os seus iguais, sendo amigo quando procurado. Você espalha alegria e luz através do seu talento de auto-expressão. Mantenha o otimismo como sua marca registrada.

4 COMO NÚMERO DA LINHA DO DESTINO: Seu destino é construir produtos tangíveis e úteis. Necessita ver aquilo que construiu. O 4 é o construtor do mundo, a rocha sobre a qual se forma toda substância terrena. É bem organizado nos seus pensamentos e pode dirigir o seu estabelecimento com eficiência. Transmite um ar de estabilidade. Como resultado, outros confiarão em você para que o serviço seja feito de modo eficiente e apropriado. Lida bem com o dinheiro e, por esse motivo, poderá considerar o mundo financeiro como um solo fértil para os seus talentos.

As suas palavras-chave são *impaciência, honestidade, determinação e confiança*. Exige obediência em família e pratica a abnegação a fim de cumprir deveres, seja de modo real ou imaginário. O seu agudo senso de valores faz com que tenha aversão à mediocridade. Sabe que aquilo que vale a pena ter, vale a pena esperar.

5 COMO NÚMERO DA LINHA DO DESTINO: Muitas alterações ocorrem na sua vida e a sua missão poderia bem ser a de promover o progresso através da disposição de aceitar mudanças. Você definitivamente não está amarrado à orientação antiga ou a idéias ultrapassadas e princípios já estabelecidos. Está disposto a aceitar conceitos novos e outros pontos de vista, e mesmo a ousar reivindicar a liberdade de sugerir novas maneiras de operação. Tem a habilidade de apresentar coisas novas em termos lógicos e aceitáveis. Você faz das mudanças trampolins e inteligentemente transforma-as em experiências de crescimento. Todavia, não esquece as convenções, pois, na realidade, não é um rebelde. Em vez disso, propõe novas idéias para promover o esclarecimento; tem a coragem e a disposição de deixar o velho e experimentar o novo. É bastante fluente e expressivo com as palavras e poderá constatar que escrever, lecionar ou vender são as saídas perfeitas para esses talentos.

6 COMO NÚMERO DA LINHA DO DESTINO: Esta é uma vibração doméstica. Você adora a vida no lar e na família. Do tipo conjugal, tem a família como seu principal interesse. É moralmente bom, respeitável, confiável e generoso. Gosta de conforto e das delícias da vida. É muito sociável e um bom anfitrião ou anfitriã; cumprimenta a todos e se comunica com qualquer um dos convidados numa reunião social. Orgulha-se dos seus bens e gosta de demonstrar os talentos e realizações da família.

Deverá treinar os talentos artísticos a fim de poder compartilhar o seu senso de estética e de apreciação do belo com outros. Muitos artistas famosos trabalharam com essa vibração, expressando inteiramente o seu profundo e continuado amor pelos outros através do próprio trabalho.

7 COMO NÚMERO DA LINHA DO DESTINO: A amplitude do seu caráter e a seriedade o destinam a ser um professor de ética. Você separa fisicamente o verdadeiro do falso e pode descobrir e revelar alguns dos mistérios da vida ao mundo em expectativa. Deverá se tornar um pensador, um filósofo, um cientista, um místico ou um fanático religioso, cujo destino é a mente. Alguns poderão considerá-lo estranho e difícil de entender, mas seguirão seus ensinamentos e procurarão seus conselhos quando estiverem em dificuldade. Seu exemplo e imagem pública poderão beneficiar toda uma comunidade e, eventualmente, o mundo.

Encontra força na solidão e sabedoria nos momentos de silêncio, bem como força no seu próprio conhecimento. Em épocas passadas, os que nasciam sob o 7 eram colocados no templo para se tornarem sacerdotes ou sacerdotisas, pois todos tinham consciência dos seus poderes mentais. Desenvolva suas forças mentais; o mundo se beneficiará.

8 COMO NÚMERO DA LINHA DO DESTINO: Você tem uma coragem e força magníficas, e atingirá suas metas através do esforço. O reconhecimento, o sucesso e a riqueza serão seu destino adequado. A perseverança na carreira e longas horas de trabalho intensivo, apoiadas pela ambição, levam-no à posição executiva mais alta no campo escolhido. Nenhuma posição inferior seria aceitável. Todavia, necessita acoplar suas forças materiais com o espiritual e conseguir o domínio sobre si, antes de alcançar e conservar a posição que visualiza como o trabalho da sua vida.

Algumas pessoas com esse número de vibração usam a sua tremenda força e resistência nos esportes e tornam-se atletas extraordinários, expressando com isso a determinação de serem os primeiros nos esportes e não no mundo dos negócios. Contudo, no fim das suas carreiras esportivas, muitos atletas famosos terminam no comércio.

9 COMO NÚMERO DA LINHA DO DESTINO: Você tem a perfeição como meta, mas raramente a alcança neste plano. Sua missão é a caridade. Poderá enfrentar muitas provas e contrariedades, mas a lição do perdão trará temperança nessas situações. Quanto mais evoluir, tanto mais provas estará apto a enfrentar; portanto, cuide-se para não perder o equilíbrio. Você se empenha em viver uma vida ideal e espera inspirar outros a fazerem o mesmo. Deseja melhorar o mundo através da filosofia e da filantropia, e torna-se impaciente quando os resultados demoram a aparecer. Necessita dar-se conta de que a evolução ocorre somente em longos ciclos de tempo.

Encontrará muitas pessoas famosas em sua vida, que ficarão impressionadas com a amplitude dos seus pensamentos. Deverá aprender a não se prender a velhos relacionamentos. Quando tiver cumprido o seu papel com relação a um indivíduo, terá de seguir em frente. Não pode ficar limitado a um pequeno grupo de amigos. A sua ampla filosofia deve tocar e clarear a vida de muitos.

11 COMO NÚMERO DA LINHA DO DESTINO: O dom da profecia coloca-o numa posição em que o serviço abnegado pode ser expressado, ou seja, na melhor das hipóteses, uma meta difícil de ser vivida. Poderá ser um líder em negócios públicos ou civis em sua comunidade e proporcionar melhor padrão de vida aos menos afortunados. Sua aspiração de carreira poderia expressar-se através da atuação em palcos ou telas, como pregador ou professor dinâmico. Seu padrão de comportamento deverá ser superior ao da média.

De alguma forma, deverá alcançar a fama ou o reconhecimento, e uma vez que essa vibração confere grande potencial criativo, as artes ou profissões inventivas são suas escolhas mais prováveis. Possui a habilidade de destampar a fonte criativa e de imbuir seu trabalho com um toque inspiracional que afetará as almas daqueles que entrarem em contato com tudo o que criar. Você é realmente inspirado.

22 COMO NÚMERO DA LINHA DO DESTINO: Você confia na sua habilidade de liderar e, por esse motivo, assume grandes responsabilidades com naturalidade. Isso cumpre o seu anseio por realizações importantes. Uma vez assumida a sua posição de grande poder e fortuna, desejará participar de novos movimentos de massa, em importantes projetos cívicos e comunitários. Você é o "supermaterialista", cuja influência pode ser mundial. No plano material você é um criador; constrói de modo amplo. Pontes, hospitais, museus e outras estruturas do gênero são as obras que você deixa para o mundo, obras que auxiliam e esclarecem a humanidade. Sua influência é de tão longo alcance que você deve se cuidar contra motivos contrários à ética, pois, com o passar do tempo, afetará muitas vidas. Sirva bem e será recompensado em proporção direta.

33 COMO NÚMERO DA LINHA DO DESTINO: Sua missão é o autossacrifício e servir aos outros. Crucifica-se, com freqüência, nas suas emoções e sofre com as dores do mundo. As suas ações são temperadas pela compaixão, através da sua compreensão do direito e da justiça. Nota, com freqüência, que deve viver impessoalmente, com uma atitude destacada mas protetora, e reconhece que o modo de lidar com os encargos que lhe foram impostos, é um exemplo supremo para os outros. As outras pessoas sentem a sua natureza compreensiva e são atraídas com naturalidade para junto de você, em busca de consolo e auxílio. Correspondendo às necessidades dessas pessoas, encontrará a realização que esse número exige de você. Se não viver de acordo com o número-mestre 33, poderá viver como o 6. Neste caso, desenvolverá um complexo de mártir e receberá pouco reconhecimento pelos seus sacrifícios.

44 COMO NÚMERO DA LINHA DO DESTINO: Esta vibração de número-mestre exige grande disciplina e perseverança, e a habilidade de fazer o melhor de qualquer situação que se apresente. É bastante desembaraçado, construindo sobre as suas grandes fontes de bom senso e lógica para resolver quaisquer problemas que surjam. O seu destino é servir às necessidades materiais do mundo através de técnicas produtivas e sadias. Edgar Cayce, um 44, solucionou o problema da saúde de muitos. Serviu às suas necessidades materiais. Deverá conseguir o completo domínio da sua mente e corpo enquanto estiver na Terra. O seu desejo deverá ser o de que outros compartilhem da prosperidade universal e terá de estabelecer condições nas quais isso seja possível. Procura melhorar o mundo em seu aspecto físico.

O Significado da Primeira Vogal no Primeiro Nome

Os antigos consideravam as vogais como elementos sagrados do alfabeto. Pensavam que a primeira vogal era a vibração sob a qual a alma entrava no corpo. Verificou-se que a primeira vogal tem realmente uma influência profunda sobre o indivíduo, e que, quando houver uma recorrência dessa primeira vogal no nome inteiro, a qualidade dessa vogal é aumentada.

Há três coisas a serem consideradas ao ler a primeira vogal do seu nome: 1) o significado da vogal em si; 2) quantas vogais da "mesma" espécie existem no nome inteiro, e 3) o que, se houver, precede essa vogal.

Se houver mais de três unidades dessa primeira vogal no nome completo, isso significa que a correspondente característica existe em demasia, e que a pessoa poderá ser superequilibrada com relação a esse atributo.

A interpretação que se segue, das vogais, é bastante generalizada e serve apenas como um guia para auxiliar a estimar a individualidade da pessoa em questão, dentro do contexto da análise numerológica completa.

A COMO A PRIMEIRA VOGAL no primeiro nome: Você é corajoso, independente, curioso e interessado em pesquisas. Sabe o que quer e por que quer. Se A for a primeira vogal e existirem duas letras A no nome inteiro, você é, sem dúvida, um pensador. Se A for a primeira vogal e se houver mais de três letras A, poderá ser egoísta, cínico e até mesmo crítico.

E COMO A PRIMEIRA VOGAL no primeiro nome: Você tem uma vida agitada e excitante. É versátil e possui a habilidade de aprender facilmente, mas poderá ser nervoso e temperamental. Se E for a primeira vogal e houver mais de três letras E no nome, poderá ter uma natureza volúvel.

I COMO A PRIMEIRA VOGAL no primeiro nome: Você é intuitivo e interessado em artes, drama e/ou ciências. Se I for a primeira vogal e houver mais de três letras I no nome, você é sensível, tímido e muito emotivo.

O COMO A PRIMEIRA VOGAL no primeiro nome: Você é franco, metódico e acredita na lei, sistema e ordem. Se o O for a primeira vogal e houver mais de três letras O no nome, poderá ser obstinado, lento e monótono.

U COMO A PRIMEIRA VOGAL no primeiro nome: Você tem uma mente universal, capaz de grandes idéias e de um amplo ponto de vista. Adora acumular coisas materiais. Simbolicamente, o U é uma taça que contém algo, e por isso poderá tornar-se um colecionador. Se U for a primeira vogal do nome e houver mais de três letras U, poderá experimentar perdas e egoísmo, pois a taça derrama e o conteúdo é perdido. Quando o W for a primeira vogal do nome, vibra como um U duplo.

Y COMO A PRIMEIRA VOGAL no primeiro nome: Tem o mesmo significado de E ou I, de acordo com o som produzido. Para determinar quando o Y é usado como vogal, considere a pronúncia. No nome May ou Wayne, o Y não é uma vogal, mas se o Y tiver um som diferente, como em Floyd, conta-se como ditongo de vogal dupla, uma vez que o som do Y se distingue na pronúncia. Num nome como Lynn ou Wynn, onde o Y é o "único" som vocálico, conta-se como tal. Nos nomes Yvonne ou Yvette, o Y como primeira vogal tem o som de I. Igualmente, num nome como Mary ou Harry, o Y é uma vogal, pois soa como I.

Uma última consideração quanto à vogal ou consoante Y. Sua estrutura bifurcada poderá, simbolicamente, indicar o seu duplo uso no alfabeto. Como som de vogal, o Y poderia tornar-se a vigésima sétima letra do alfabeto, a fim de completar a nona vibração, atualmente faltante. (I = 9; R = 18/9; Y = 27/9.) Pitágoras considerava o Y como letra tão mística que em certa época adotou o nome Yarancharya, para experimentar a sua vibração em primeira mão.

Quando o nome contiver duas vogais juntas, como em Faith, leia as qualidades de ambas as vogais. Por exemplo, Faith indica uma pessoa independente, interessada em pesquisas (A), e também muito intuitiva, amante da música e das artes (I).

Não contamos as vogais do nome além da primeira combinação de vogais, a não ser que existam vogais idênticas e adjuntas no resto do nome. Em Faith May Winter consideramos AI como a primeira vogal. Uma vez que a combinação AI não aparece mais no nome, o primeiro AI representa a única vogal dessas. O A em May e o I em Winter são considerados separadamente. De modo inverso, se o nome for Faith Daisy Waite, teremos três vogais AI a considerar. Aproveitamos abaixo uma lista exemplificando ditongos e vogais duplas em nomes:

aa Aaron	ea Jean	ia Diane	oa Joan	ua Luanna
ae Mae	ee Lee	ie Pierce	oe Joel	ue Sue
ai Faith	ei Eileen	ii	oi Lois	ui Guido
ao Lao	eo Leo	io Viola	oo Oona	uo Quomodo
au Audrey	eu Eunice	iu Lium	ou Roulo	uu
ay Wayne	ey Heydon	iy	oy Floyd	uy Guy

Vogais triplas, como no nome Louise, também combinariam as qualidades das três vogais.

Outros significados das vogais poderão ser encontrados na lista dos ABC, no Capítulo 5, que proporciona os significados das letras individuais do alfabeto.

O Seu Ano Pessoal

Vivemos a nossa vida em ciclos de nove anos, incorporando os princípios universais dos números de 1 a 9. Ao terminar o nono ciclo, começamos novamente com 1 e progredimos mais uma vez através dos nove números. Esse ciclo ocorre repetidas vezes durante o nosso tempo de vida. Volte atrás nove anos a contar de agora e verificará que está experimentando, não exatamente os mesmos eventos, mas um tipo semelhante de vibração. Por exemplo: há nove anos você poderia estar guardando dinheiro para construir uma casa; agora poderá estar guardando para a educação escolar de uma criança. O evento é diferente, mas o tema subjacente é o mesmo: guardar dinheiro. Se souber o que esperar em qualquer ciclo, viverá em harmonia com sua vibração específica e tornará sua vida mais fácil, mais alegre e mais produtiva.

Para encontrar o seu atual "ano pessoal", simplesmente some o mês e dia do nascimento ao ano do seu último aniversário. Por exemplo, o dia 12 de novembro de 1940 é o dia do nascimento de Ada Wynn Lunt. Para determinar a vibração atual de Ada, somaremos a data 12 + 11 + 1975. (1975 é o ano do seu último aniversário, a contar da produção deste livro, julho de 1976.) Lembre-se, não usamos o ano do nascimento, mas o ano do último aniversário. Se tiver nascido em 29 de fevereiro, use essa data, independentemente do fato de o ano do aniversário ter tido um 29 de fevereiro ou não.

11 + 12 + 1975
11 + 12 + 22 (1 + 9 + 7 + 5)
11 + 12 + 22 = 45/9

Em 1975, Ada teve um ano pessoal de 45/9. O ano pessoal vai do aniversário de um ano ao aniversário do ano seguinte, e não de janeiro a dezembro, como ocorre no calendário. Por conseguinte, Ada esteve no ano pessoal 45/9 de 12 de novembro de 1975 a 12 de novembro de 1976, mesmo que a maior parte do seu ano pessoal, 1975, tenha ocorrido no ano de 1976 do calendário.

Ada verificou então a Parte II e leu o número 9 sob a seção intitulada 9 como sendo a Vibração Temporária. Leu em seguida 45/9 como Vibração Temporária, que é uma descrição mais refinada do que a Vibração Temporária 9. Os significados numéricos de um Número Pessoal e de uma Vibração Temporária são os mesmos; entretanto, deverá colocá-los em suas perspectivas apropriadas. O seu Número Pessoal vale para toda a vida. Se for uma Vibração Temporária, experimentá-lo-á por um curto período. Assim, de 12 de novembro de 1975 a 12 de novembro de 1976, Ada esteve experimentando temporariamente a vibração 45/9.

Você poderá seguir o mesmo critério para qualquer ano da sua vida, a fim de descobrir o que aconteceu ou o que acontecerá. Escolha meramente a época que estiver investigando, por exemplo, o verão de 1946 ou o outono de 1987; daí em diante, determine o ano do seu último aniversário naquela época. Some então esse ano ao mês e dia do nascimento para encontrar a vibração do seu ano pessoal.

Os Números de Períodos

Podemos dividir o ano pessoal em três blocos iguais de tempo para determinar o que acontece em cada quadrimestre. Fazemos isso da seguinte maneira:
Coloque os cálculos do ano pessoal na primeira coluna. Na parte superior da segunda coluna escreva o mês do aniversário e o quarto mês seguinte; no nosso exemplo, novembro a março. Na coluna seguinte, anote os quatro meses seguintes, ou seja, março a julho e, na última coluna, anote os quatro meses restantes, julho a novembro.

Anos Pessoais	Novembro a Março	Março a Julho	Julho a Novembro
11 + 12 + 1975 *11 + 12 + 22 = 45/9*	*1975* *35* *2010 = 3* *Some a idade*	*1975* *37* *2012 = 5* *Some o Número da Lição da Vida*	*1975* *12* *1987 = 25/7* *Some o Número da Alma*

Se o mês do nascimento fosse junho, colocaria junho a outubro na segunda coluna, outubro a fevereiro na terceira e fevereiro a junho na quarta coluna. Isso simplesmente divide o ano em três blocos de quatro meses, começando com o mês do nascimento.

Para encontrar a experiência de Ada no primeiro quadrimestre de 1975, some a sua idade ao ano de 1975. Tinha trinta e cinco anos em 12 de novembro de 1975 e, portanto, somaremos 1975 + 35 = 2010. Reduzimos então 2010 somando 2 + 0 + 1 + 0 = 3. Estará sob a vibração 3, de novembro de 1975 a março de 1976, do seu ano pessoal 45/9.

No segundo bloco, cobrindo de março a julho, somaremos o dígito duplo do seu Número da Lição da Vida, 37, ao ano de 1975. 1975 + 37 = 2012, ou 2 + 0 + 1 + 2 = 5. De março a julho ela estará operando sob a vibração 5.

Na quarta coluna, de julho a novembro, somaremos o dígito duplo do seu Número da Alma ao ano de 1975, ou 1975 + 12 = 1987. 1 + 9 + 8 + 7 = vibração 25/7.

Some sempre o dígito duplo não-reduzido do Número da Lição da Vida à terceira coluna, e o dígito duplo não-reduzido do Número da Alma à quarta coluna.

As interpretações desses números estão na Parte II do livro, na seção "Vibrações Temporárias de cada número individual".

Use o mesmo procedimento para qualquer ano. Por exemplo, no caso de Ada Wynn Lunt, nascida em 12 de novembro, examinaremos o seu ano de 12 de novembro de 1976 a 12 de novembro de 1977.

Ano Pessoal	Novembro a Março	Março a Julho	Julho a Novembro
11 + 12 + 1976 11 + 12 + 23 = 46/1	1976 36 ――― 2012 = 5	1976 37 ――― 2013 = 6	1976 12 ――― 1988 = 26/8

Por que não anotar o seu passado ano pessoal e números de períodos para determinar, para si mesmo, a exatidão deste método?

O Mês Pessoal

É possível até mesmo encontrar a vibração do mês pessoal, que revela a tendência subjacente de cada mês do ano pessoal. Basta somar o número do mês em questão (janeiro é 1, fevereiro é 2, até dezembro, que é 12) ao número de dígitos duplos do ano pessoal.

Ada, em 1975, está no ano pessoal 45/9. Se quisermos encontrar sua vibração durante o mês de maio, é só acrescentar 5 para maio (o quinto mês do ano) a 45 do seu ano pessoal, para chegar a 50/5 como o seu mês pessoal. Maio será um mês pessoal 50/5. Leia então as interpretações do número 5 e de 50/5 na Parte II, em "Vibrações Temporárias", para uma análise mais profunda das energias com as quais Ada trabalha durante o mês de maio do ano de 1975.

Uma vez que a data de nascimento de Ada é 12 de novembro, continuaríamos a trabalhar com o ano pessoal de 45/9 até novembro. Somaríamos então o valor do mês de novembro, 11, ou dezembro, 12, ao 46 em vez de 45, pois Ada entrou num novo ano pessoal no seu aniversário.

Ada está no período 6 de março a julho. Isso indica uma mudança no lar; Ada possivelmente poderia mudar de casa, nesse período. Seria possível então prever tal alteração para o mês de maio, uma vez que o número-base 5 indica mudança, movimento e liberdade.

Essas vibrações do mês pessoal são menos importantes e apenas ajudam a localizar os eventos mais importantes durante o ano.

Palavras-chave para números de períodos e do mês pessoal

1 novos inícios, ação, originalidade, tomada de decisão
2 harmonia, cooperação, mediação, passividade
3 dispersão, liberdade, entretenimento, auto-expressão
4 natureza prática, trabalho, ordem, estabelecimento de alicerces
5 mudança, liberdade, novos interesses intelectuais, viagens
6 família, saúde, assistência, atenção a problemas de outros
7 auto-análise, realização, problemas de saúde
8 negócios, poder, responsabilidade, dinheiro

9   abnegação, términos, préstimos
11 notoriedade, inspiração, religião
22 materialismo, grandes empenhos
33 sacrifício, compaixão por outros
44 auxílio na solução dos problemas cotidianos dos outros, aconselhamento.

3

Deus Geometriza

A SIMBOLOGIA DOS NÚMEROS é universal; contém princípios eternos que não podem ser modificados pela vontade humana. Cada manifestação é o produto dos dígitos simples de 1 a 9. A geometria é a ferramenta visual do mundo espiritual, através da qual podemos descobrir qualquer informação de que precisamos a fim de promover a nossa compreensão a respeito de nós mesmos e do mundo ao nosso redor — resumindo, a nossa evolução. Todas as respostas estão ali. Um axioma do ocultismo afirma, "Deus geometriza". Neste capítulo, tentaremos explicar o que querem dizer essas duas palavras simples, embora enigmáticas.

Através de pesquisas, de lógica, de trabalho, de meditação e de intuição, os autores chegaram aos conceitos que se seguem. Muitas idéias apresentadas aqui têm sido aceitas há longo tempo, outras são relativamente novas e as restantes, inteiramente novas, surgindo pela primeira vez. Fazem sentido a nós e, portanto, as apresentamos a vocês.

Podemos começar pela interpretação das quatro formas que constituem a base numérica para todos os números e formas:

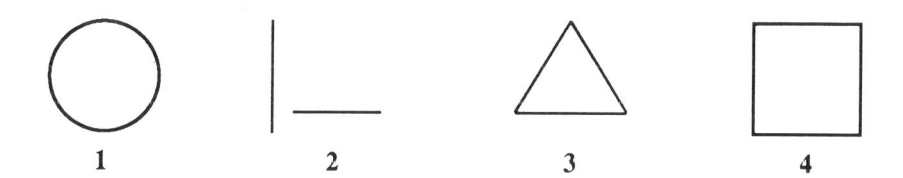

1	2	3	4
○	└	△	□

O círculo representa a Divindade, tudo o que foi, é, e sempre será; o Espírito, o Eu Sou; o amor, devido a abranger, envolver e conter; o equilíbrio, pois, seja como o mudar, mantém a sua forma; e a justiça, devido a estar num estado de equilíbrio perfeito. O círculo tem trezentos e sessenta graus. 3 + 6 + 0 = 9. O 9 é o dígito mais alto e final da série de dígitos simples; quando multiplicado por outro número, o resultado é sempre reduzido de novo a 9 (2 x 9 = 18/9, 3 x 9 = 27/9, 4 x 9 = 36/9, e assim por diante). O círculo não tem começo nem fim; é infinito e perpétuo. Deus disse: "Eu sou o Alfa e o Ômega (Apocalipse 1:8), o começo e o fim."

O círculo simboliza a eternidade e a imortalidade da alma. Isso é verificado através das leis da natureza e dos ciclos. Os planetas giram ao redor do Sol num padrão circular; a natureza se repete em ciclos; e, se viajarmos pelo espaço, chegaremos ao mesmo ponto de partida (assim pretendem os cientistas). O Deus-energia é elíptico ou redondo. Está em movimento perpétuo, não parando nunca. Os antigos disseram: "Deus é uma inteligência esférica, cujo centro está em todo o lugar e cuja circunferência não está em lugar algum." Atrás do altar de muitas igrejas há o símbolo de uma cruz plantada sobre o símbolo de Deus, o círculo.

A linha vertical representa, simbolicamente, o espírito descendo na matéria, ou a energia saindo da Divindade. Tem qualidades masculinas; é emanante, dinâmica, energética, fogosa, aprumada e dominante.

Toda energia tem uma polaridade oposta, e a linha horizontal é um símbolo disso, em relação à linha vertical. Representa a energia da alma, o feminino, as qualidades receptivas e absortivas da Mãe Terra. Essa linha é um símbolo antigo da matéria e do mundo material.

O triângulo é a primeira forma fechada que pode ser feita com linhas simples. Representa a Trindade, o Pai-Filho-Espírito Santo, pai-mãe-Deus, pai-mãe-filho, espírito-alma-mente, superconsciência-subconsciência-consciência.

Em dois triângulos entrelaçados, no Diamante do Filósofo ou na Estrela de Davi, a geometria envolve o axioma "assim como em cima, assim é embaixo". Somos feitos à imagem de Deus. O triângulo superior do Diamante do Filósofo é o pai-mãe-Deus, que é refletido no triângulo inferior invertido, por pai-mãe-filho. O triângulo superior é o mundo espiritual e o triângulo inferior é o mundo material. A Divindade superior é refletida no mundo material inferior; por isso, aquilo que vemos no mundo material é apenas um reflexo da verdade. É como quando olhamos fixamente para as profundezas de um lago tranqüilo, numa floresta, pensando que as imagens que vemos são a verdade única, se bem que tais imagens poderão ser distorcidas pelo vento que sopra na superfície da água. No nosso corpo material, somos meros observadores das sombras lançadas nos muros das cavernas de Platão. Vivemos num mundo de ilusões e vemos as coisas de cabeça para baixo.

A geometria confirma a teoria de que vemos apenas a metade da verdade. As seguintes são verdades matemáticas: a soma dos ângulos de um triângulo é cento e oitenta graus; a soma dos ângulos de um quadrado é trezentos e sessenta graus; e um círculo contém trezentos e sessenta graus.

Abaixando um pouco o triângulo do Diamante do Filósofo, obtemos a ilustração à esquerda. Cada um desses triângulos tem apenas cento e oitenta graus, ou a metade dos graus de um círculo ou quadrado (trezentos e sessenta graus). Como mostramos, um círculo contém toda a verdade e a sabedoria; é a Divindade. Todavia, no triângulo, temos apenas a metade da verdade. Somando esses dois triângulos, ou cento e oitenta mais cento e oitenta, chegamos a trezentos e sessenta graus, ou a verdade completa. Simbolicamente situados no triângulo inferior invertido, devemos olhar para o espírito, que está no triângulo superior, a fim de encontrar toda a verdade. De outro modo, permaneceremos num território de sombras, onde os ventos desfavoráveis agitam as nossas imagens e distorcem a nossa visão da verdade.

Se colocarmos os dois triângulos um ao lado do outro, formarão um paralelograma de quatro lados, ou um quadrado modificado.

O quadrado é a segunda forma perfeita que pode ser desenhada com linhas individuais; simboliza a Terra. O 4 aparece de várias maneiras: os quatro pontos do compasso; os quatro elementos, fogo, terra, ar e água; os quatro pontos da cruz; os quarenta dias (um 4 elevado) que Cristo permaneceu no deserto, lutando contra as tentações terrestres; o sal ao se cristalizar em forma de cubos, um 4 solidificado. Finalmente, como o sal da terra, somos todos exemplos do número 4. Essas são algumas das muitas relações do 4 com a Terra.

Os quatro lados do quadrado representam as quatro partes do indivíduo — com o corpo físico somado ao triângulo da mente, alma e espírito. Assim, o espírito tem uma alma, uma mente e um corpo para poder operar no mundo material.

Juntando os dois triângulos do Diamante do Filósofo, mostrados acima, chegamos ao paralelograma que, como o círculo, contém trezentos e sessenta graus, ou todas as verdades. Isso demonstra que a realização completa e o cumprimento total são possíveis aqui na Terra, no corpo físico, pois tanto o círculo como o quadrado contêm trezentos e sessenta graus.

Todavia, lembre-se sempre que o espírito está contido no corpo, assim como o triângulo precedeu o quadrado e está contido no último. Nosso corpo pertence à Terra, mas a nossa alma pertence ao espírito. O espírito é imortal pois, como demonstramos, o triângulo existiu "antes" e "independentemente" do quadrado. Contudo, o quadrado é "totalmente dependente" do triângulo, pois é construído sobre o mesmo, seguindo-o na ordem natural das coisas. O espírito não pode operar no mundo físico sem um corpo material, mas pode operar em outros mundos e dimensões. O corpo material contém e necessita refletir a Divindade, para a realização e o cumprimento no mundo material. "Assim como é em cima é embaixo."

Um exame mais detalhado do Diamante do Filósofo revela verdades mais profundas. A tradição esotérica ensina que o triângulo superior é o fogo, e que o triângulo inferior é a água. Unimos o fogo ao espírito através de expressões como "a chama viva", "a chama eterna"; e a Bíblia fala do arbusto em chamas e dos dedos flamejantes que cunharam os Dez Mandamentos nas tábuas de Moisés.

Simbolicamente, a água e as emoções são sinônimos. Derramamos lágrimas quando estamos emocionados, alegres ou tristes. Nossas expressões comuns igualam a água com as emoções em frases como "navegação agitada", "águas tempestuosas", "ondas de sentimento engolfaram-no", e assim por diante. A maior parte do nosso planeta é constituída de água, sabidamente controlada pela Lua, que também afeta a estabilidade emocional humana.

O espírito é ligado à mente, à área da cabeça, onde estão localizadas as glândulas pineal e pituitária, os centros pai e mãe. As emoções aquosas estão centralizadas no coração. Foi-nos dito que "o leão deitar-se-á junto ao cordeiro". O que está sendo prometido é que Leo, o leão, regente do coração, deitar-se-á com o cordeiro, ou Áries, o carneiro, regente da cabeça. Teremos paz quando cabeça e coração estiverem em perfeito equilíbrio, quando pensarmos com nossos corações e sentirmos com nossas cabeças.

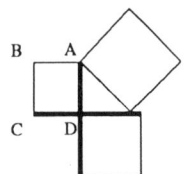

A análise precedente das formas geométricas foi uma preparação para as interpretações do Triângulo Divino, cuja base é o Teorema de Pitágoras. A explicação desse plano descreve a magnitude ou o destino de nossas vidas.

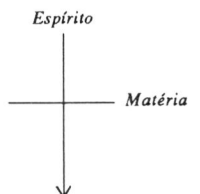

O plano é formado pelo triângulo de três partes da mente (mente-alma-espírito) somado ao quadrado do corpo físico e da matéria.

Como pode verificar no plano, a cruz também faz parte do Triângulo Divino. O espírito desce na matéria, como mostrado na ilustração à margem.

Nós, seres humanos, nos localizamos no ponto em que as duas linhas se cruzam. Nesse ponto, somos os receptores da energia cósmica; por essa razão, esse ponto representa um aspecto de consciência.

A alma entra no corpo no ponto A e imediatamente começa a sua jornada ao longo do percurso que, durante os primeiros nove anos, cobrirá a linha AB. Dobra então o canto em B e continua de B até C, entre as idades de nove a dezoito anos. Após chegar ao 18, dobra e percorre a linha CD por nove anos, até a idade de vinte e sete. O primeiro quadrado ABCD foi então formado.

Nesse período de tempo, de zero a vinte e sete anos, formam-se a mente e o caráter. A psicologia e a medicina confirmam isso. Platão disse que a alma é percebida aos vinte e oito anos, e os astrólogos notarão que isso corresponde de perto à primeira volta de Saturno que, em aproximadamente vinte e nove anos, completa um circuito no mapa natal, tocando em cada planeta, dando estrutura e forma e cristalizando as energias emitidas pelos planetas. Como pode observar, a alma, no ponto D, toca pela primeira vez o fogo do espírito, desde a sua entrada no corpo físico. Por essa razão, entre as idades de vinte e sete a vinte e nove, nos encontramos numa posição precária; é a primeira vez que a alma entra em contato com o fogo do espírito, de cuja existência perdeu a noção quando entrou no corpo.

Dependendo do uso passado das nossas energias pessoais, é nessa idade que podemos ser queimados pelo fogo da destruição ou transmutados pelo fogo do espírito. Isso poderá ser uma experiência dolorosa e pungente para aqueles ligados ao passado e a condicionamentos anteriores, e que não conseguem abandonar certos hábitos, opiniões e crenças capazes de limitá-los e confiná-los no passado. Todavia, para os que usam as experiências e conhecimentos do passado como uma estrutura firme sobre a qual construir o futuro, a chama ardente do espírito chegará às suas vidas, tocando-os e inspirando-lhes a seguir o verdadeiro caminho do destino. Pela observação das experiências de vida das pessoas nas idades de vinte e sete a vinte e nove anos, é possível realmente aprender como o fogo pode queimar e destruir ou reacender e transmutar.

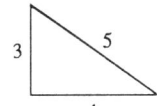

Verificamos que o quadrado da juventude do Triângulo Divino cobre esse período de tempo, no qual o processo da construção de uma estrutura mental sadia é completado.

No teorema original de Pitágoras, os lados do triângulo reto medem 3, 4 e 5 unidades de comprimento.

Na Figura 1, pode-se observar que o quadrado da juventude é construído sobre o lado 3, que tem uma correspondência astrológica com o planeta Júpiter. Com Júpiter como base para os primeiros vinte e sete anos de vida, os princípios da expansão mental e espiritual se encontram em ação. O quadrado da juventude é a pedra angular, a mente, sobre a qual o templo, o corpo, é construído. Salomão, sábio numerólogo, falou dessa pedra angular como o bloco sobre o qual o quadrado do poder, relativo às idades de vinte e sete a cinqüenta e quatro anos, será colocado.

O quadrado do poder tem como linha de base o lado horizontal do triângulo reto, com o valor 4, um número relacionado com a Terra. Isso implica que entre as idades de vinte e sete a cinqüenta e quatro anos, a nossa vida é consumida com trabalhos no plano material e com tudo o que o mesmo envolve. Certamente, podemos concordar que a maioria de nós gasta essa porção de tempo da vida usando todas as forças de que dispõe no empenho por bens materiais e conforto, na forma de empregos, salários, residências e bens pessoais; cada um desses empenhos é um aspecto do plano material. É certo e justo que façamos isso. Escolhemos encarnar num corpo material para aprender lições do plano terrestre, e é no quadrado do poder que estamos em contato mais íntimo com esse processo específico de aprendizagem.

Deve-se, contudo, observar que esse quadrado é o resultado do quadrado da mente. O plano terrestre é a linha de base desse quadrado, mas a mente é o supervisor e, de fato, é através da mente que criamos o nosso ambiente. É nesse período de tempo, entre as idades de vinte e sete a cinqüenta e quatro anos, que estamos livres das restrições psicológicas e dos condicionamentos da infância do quadrado da juventude, livres para tomar decisões quanto ao modo de vida que desejamos encetar. Essas decisões estão, exclusivamente, na mente do indivíduo.

A Bíblia diz: "Como o homem pensa, assim ele é." Não podemos negar o profundo efeito que uma atitude positiva tem sobre a direção das nossas vidas. Olhe à sua volta; o que vê é o resultado da sua maneira de pensar. Nada tem que ver com qualquer outra pessoa; ele é seu e apenas seu. Se estiver satisfeito com a sua situação, sua mente está em ordem e bem equilibrada. Se não estiver contente, então você, e apenas você, tem o poder de mudar seu atual ambiente e relacionamentos, tomando a decisão de que "sim", você é uma pessoa que vale a pena; "sim", você merece ter todos os confortos materiais que deseja; e "sim", você deverá ser amado e respeitado. Pois somente quando "você" toma a decisão de que merece e deseja essas coisas, é que elas começarão a vir na sua direção. Romanos 12:2 diz: "Seja transformado pela renovação da sua mente."

Com a idade de cinqüenta e quatro anos, o segundo bloco de construção foi concluído, e a pessoa estabeleceu um corpo e uma mente. Somos conhecidos pelo que parecemos e pelo que pensamos. Note, todavia, que com cinqüen-

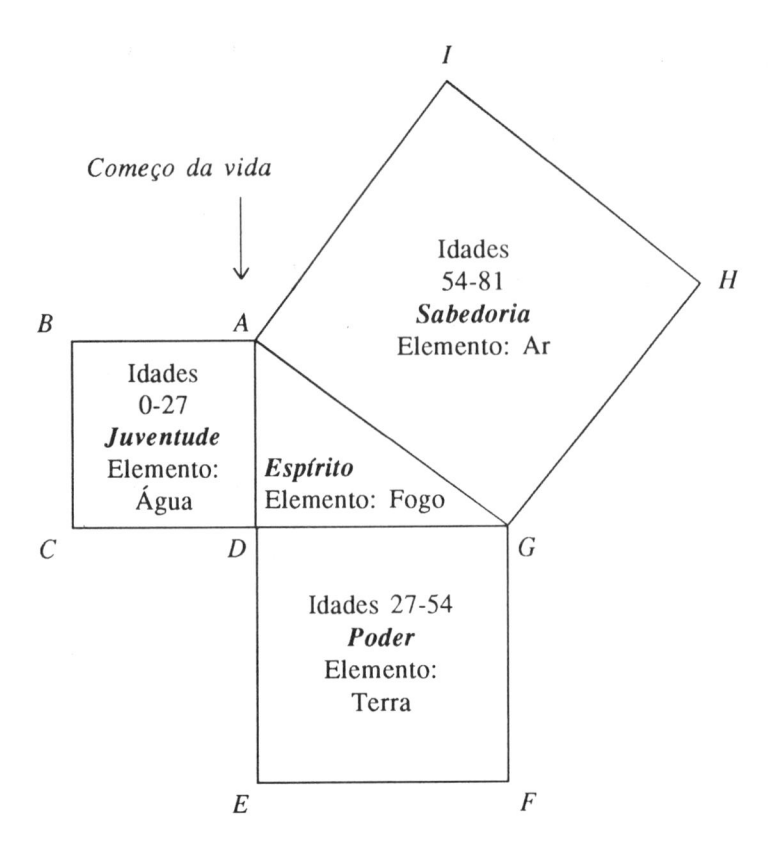

```
                          I

   Começo da vida
                                      
         ↓                Idades
                          54-81           H
  B           A           Sabedoria
              ┌───────    Elemento: Ar
              │ Idades
              │ 0-27
              │ Juventude
              │ Elemento:  Espírito
              │ Água       Elemento: Fogo
  C           D         G
                  │ Idades 27-54
                  │ Poder
                  │ Elemento:
                  │ Terra
              E           F
```

Figura 1. O Plano.

ta e quatro anos estamos experimentando o mesmo fenômeno de transição pelo qual passamos aos vinte e sete anos. Esse ponto corresponde ligeiramente à segunda volta completa de Saturno, e traz consigo as mesmas escolhas e resultados que enfrentamos entre as idades de vinte e sete a vinte e nove anos.

Aos cinqüenta e quatro anos, pela segunda vez na nossa vida, entramos em contato direto com o triângulo central do espírito, o nosso próprio e verdadeiro Eu interior. O ser interior expressará a sua aprovação aos nossos esforços passados e nos recompensará com os frutos do nosso trabalho? Ou será que o Eu interior nos entregará frutos secos e mortos, calcinados pelo fogo ardente da destruição? Seja o que for que colhermos, esteja certo de que o semeamos. A lei universal do equilíbrio produz apenas justiça. A lei da física de que para cada ação há uma reação igual e oposta aqui tem precedência. É imediata, certa e sem emoção, a pura justiça agindo, mas é o resultado das nossas ações do passado. Mantemos sempre o controle. Se não semeamos bem no passado, é nesse ponto que podemos facilmente tomar a decisão de mudar de rumo. O futuro é nosso para que o criemos.

O quadrado da sabedoria, a estrutura da alma, é construído sobre a linha do valor 5, astrologicamente um número de Mercúrio. As idades de cinqüenta e quatro até oitenta e um anos, envolvidas pelo quadrado da sabedoria, constituem um período de vida dedicado a muita introspecção. Refletimos sobre o passado, sobre seus erros e realizações; sobre o presente, em que ponto da vida nos encontramos; e sobre o futuro, em assuntos como a morte e a imortalidade da alma.

Na mitologia, Mercúrio era o mensageiro dos deuses, o elo de comunicação entre os deuses do céu e os mortais da Terra. Simbolicamente, esse mensageiro de pés alados é a mente, a conexão entre a alma e o corpo, que, no período de vida de cinqüenta e quatro a oitenta e um anos, necessita agora afastar-se do mundo material e construir a ponte entre o mundo físico e o mundo do Espírito. Isso é conseguido através da reflexão, da razão, da ordem, da lógica e da compreensão — todas qualidades de Mercúrio. Essa ponte entre o físico e o espiritual será conseguida através de uma síntese dos resultados dos processos anteriores.

No quadrado da juventude, a mente é formada, condicionada e expandida; no quadrado do poder, a mente teve de operar no mundo das formas por conta própria, como entidade única e independente. Agora, no quadrado da sabedoria, a mente necessita analisar os resultados da evolução da alma através dos vários estágios até o presente, e começar a assimilar esses conhecimentos na experiência da evolução da alma até o momento em que ocorre o processo de transição da morte.

Para aqueles, de nós, que vivem nesse quadrado e alcançam a idade mágica de oitenta e um anos, existe um forcado de três pontas, por meio do qual temos de escolher o caminho a seguir no futuro.

Podemos nos decidir a deixar o corpo, ponto em que morreremos, e seguir a flecha ascendente do plano, de volta à fonte da qual viemos.

Podemos também tomar a decisão de permanecer no corpo, o que implica seguir uma de duas direções, dependendo do tipo de sementes que plantamos no passado. A vida depois dos oitenta e um anos é decididamente cármica. Se desperdiçamos as energias da vida e não deixamos nada além de destruição e infelicidade em nosso rastro, poderemos muito bem tomar o caminho que trilhamos originalmente, ao nascer — a primeira linha horizontal do quadrado da juventude, correspondente às idades de zero a nove anos. Uma vez que essa linha envolve a infância, nós, também, nos tornaremos infantis (senis) e precisaremos ser cuidados como crianças.

O terceiro caminho é para aqueles que semearam sabiamente, que usaram as preciosas energias de vida cedidas por Deus e que honraram o templo do corpo a serviço do mundo material, através da compreensão, da compaixão e do amor para com os outros. Nesse caminho sagrado, esses poucos são reverenciados e honrados, pois a sua simples presença abençoa aqueles que estão próximos. Seu toque é de cura, e suas palavras expressam a música das esferas, inspirando e aliviando o coração cansado. Abençoados são aqueles que tomam esse caminho, pois deles é o destino da suprema devoção à vida.

O Capítulo 4 ensina a inscrever o seu nome de nascimento e a data do nascimento no Triângulo Divino, a fim de poder trabalhar com o seu próprio plano de vida.

4

O Triângulo Divino

NESTE CAPÍTULO explicaremos como colocar o seu nome e data de nascimento no Triângulo Divino, e como descobrir os eventos pelos quais passará nesta vida. O Teorema da Vida, de Pitágoras, é a base do Triângulo Divino, e como você pode verificar no plano (Figura 1), o triângulo reto é a base sobre a qual se constrói cada um dos quadrados.

A informação a ser revelada é única. Pelo que nos consta, nunca foi publicada antes. Provavelmente acabou perdida no grande incêndio que destruiu

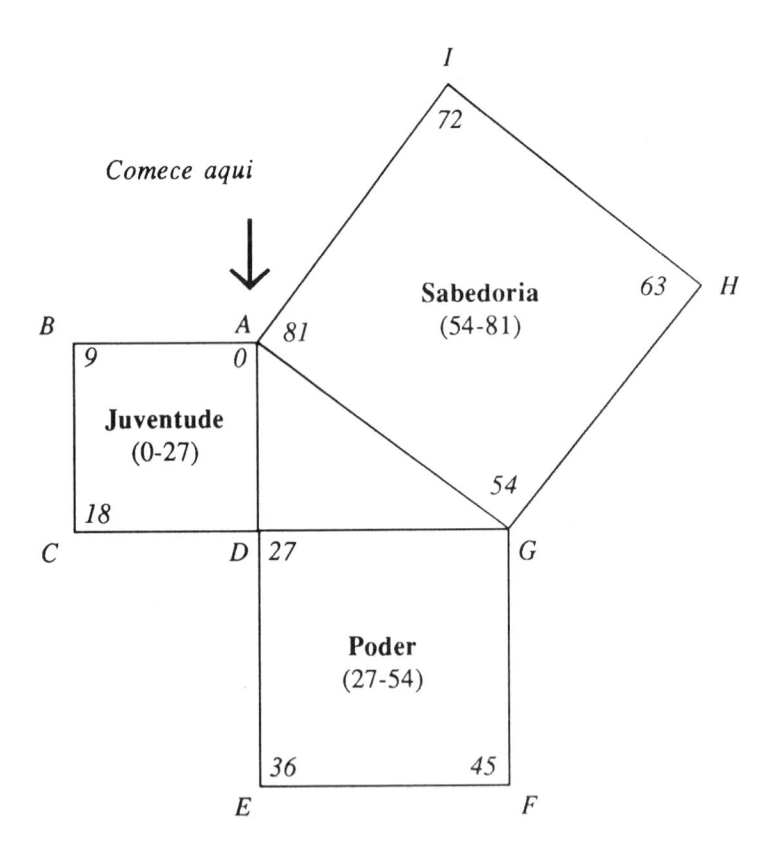

Figura 2. O Plano.

a fabulosa biblioteca de Alexandria, há muitos séculos. Pergaminhos de valor inestimável, contendo a sabedoria de muitos mestres, foram perdidos.

O professor de Faith aprendeu o modo de usar esse plano do mestre K. H. que, de acordo com algumas fontes, foi Pitágoras em alguma encarnação anterior. Talvez Pitágoras tenha ensinado esse método aos seus discípulos. Independentemente de crermos nesses assuntos, o plano funciona; por isso, em nossas mentes, é válido. Tente você mesmo e veja.

Como Traçar o Plano

O plano é traçado como segue: o triângulo reto de Pitágoras ocupa o centro. Quadrados são erguidos em cada lado do triângulo. Cada uma das três linhas que completam o quadrado representa nove anos de vida.

Começamos na linha AB, no ponto de início indicado pela seta na Figura 2. As linhas representam as seguintes idades:

Linha	Idades
AB	0 - 9
BC	9 - 18
CD	18 - 27
DE	27 - 36
EF	36 - 45
FG	45 - 54
GH	54 - 63
HI	63 - 72
IA	72 - 81

No plano da Figura 2 verificamos que o quadrado da juventude cobre as idades desde o nascimento até os vinte e sete anos. O quadrado do poder cobre as idades de vinte e sete a cinqüenta e quatro anos. O quadrado da sabedoria cobre as idades de cinqüenta e quatro a oitenta e um anos. Depois dos oitenta e um, recomeçamos no quadrado da juventude, porém, numa vibração mais alta. Veja a pág. 70.

Inteire-se bem do plano antes de prosseguir. Caso se familiarize com ele rapidamente você entenderá o processo a seguir com maior facilidade.

Como Completar o Plano

A Data do Nascimento. Usando o nosso exemplo, Ada Wynn Lunt, colocaremos a sua data de nascimento, 12 de novembro de 1940, no triângulo central do plano. O mês de nascimento (11/2) é escrito sobre a linha vertical AD; a data do nascimento (12/3), na linha horizontal DG, e o ano de nascimento (1940 = 14/5), na hipotenusa AG.

Reduzimos os dígitos duplos. Aqui o número 11 torna-se 2, o número 12 fica sendo 3 e o ano 1940 é reduzido para 14 e depois para 5. Se o mês e a data de nascimento fossem dígitos simples, como 4 de maio, colocaríamos simplesmente o 5, de maio, na linha AD e o 4, do dia, na linha DG.

O Nome. O valor das letras do nome é colocado nas linhas dos quadrados. Coloque a letra e o valor em cada linha.

No nosso exemplo, Ada Wynn Lunt, a primeira letra do primeiro nome, A, e o seu valor, 1, são colocados na linha AB do quadrado da juventude.

Coloque a segunda letra, D, e o seu valor, 4, na linha BC.

Coloque a terceira letra do nome, A, e o seu valor, 1, na linha CD.

Isso completa o quadrado da juventude, que representa as idades desde o nascimento até os vinte e sete anos.

Quando chegar ao fim do primeiro nome, coloque um X nesse canto, pois significa um tempo importante no seu desenvolvimento. Mudanças ocorrerão ou um evento definitivo mudará suas perspectivas de algum modo. Colocamos um X no ponto D devido a termos completado o primeiro nome de Ada.

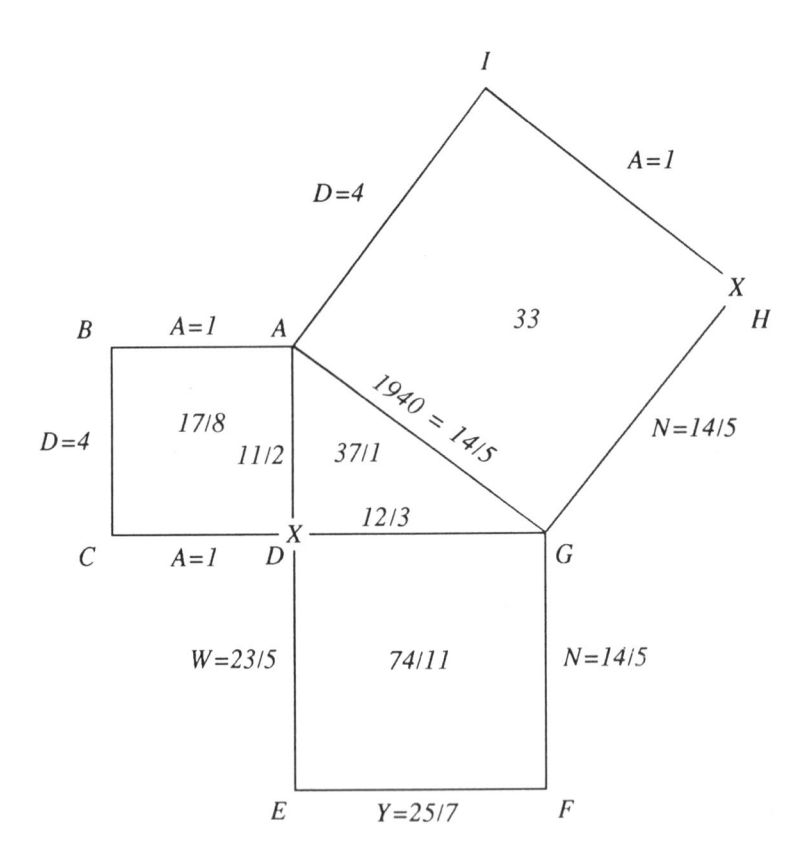

Figura 3. O plano para Ada Wynn Lunt, nascida em 12 de novembro de 1940.

Continue com o quadrado do poder. Coloque a próxima letra do nome, nesse caso o W, e o seu valor, 23/5, na linha DE.

Coloque a letra seguinte, Y, e o seu valor, 25/7, na linha EF.

Coloque a letra seguinte, N, e o seu valor, 14/5, na linha FG.

Isso completa o quadrado do poder, que representa as idades de vinte e sete a cinqüenta e quatro anos.

No quadrado da sabedoria, coloque a letra seguinte do nome, N, e o seu valor, 14/5, na linha GH. Nesse ponto, colocaremos outro X, pois aqui termina o nome do meio.

O último nome nunca é usado no plano, por ser uma vibração de família, e não unicamente individual. Por esse motivo, quando terminarem as letras, recomeçamos pelo primeiro nome. Assim, no nosso exemplo, começamos novamente com o primeiro nome.

Coloque a primeira letra do primeiro nome, A, e o seu valor, 1, na linha HI.

Coloque a segunda letra do primeiro nome, D, e o seu valor, 4, na linha final IA.

Isso completa o quadrado da sabedoria, que representa as idades de cinqüenta e quatro a oitenta e um anos.

Se você ou a pessoa tiver mais de oitenta e um anos, comece novamente no quadrado novo.

Os Totais. Agora que colocamos o nome e a data de nascimento no plano, somamos os quatro lados de cada quadrado e escrevemos o total no centro do quadrado. Sempre some o dígito mais alto, não-reduzido, nesse processo.

No quadrado da juventude, somamos 1 + 4 + 1 + 11, num total de 17/8. Coloque o número 17/8 no centro do quadrado da juventude.

No quadrado do poder, some 23 + 25 + 14 + 12 e coloque o total 74/11 no centro do quadrado. 74/11 é um número-mestre e não é mais reduzido.

No quadrado da sabedoria, some 14 + 1 + 4 + 14, num total de 33, que é colocado no centro do quadrado. 33 é um número-mestre e não é mais reduzido.

Agora some os três lados do triângulo para obter um quarto total, que é colocado no centro do triângulo. Some sempre os dígitos mais altos: 11 + 12 + 14 = 37/1. Coloque 37/1 no centro do triângulo. Note que 37/1 é um Número da Lição da Vida. O número no centro do triângulo sempre é um Número da Lição da Vida.

A Figura 3 mostra como o plano ficará quando os totais forem inscritos.

O número no centro do quadrado da juventude é uma vibração protetora, que cobre o período de vida do nascimento aos vinte e sete anos; o número no centro do quadrado do poder é a vibração fundamental, que cobre as idades de vinte e sete a cinqüenta e quatro anos; e o número no centro do quadrado da sabedoria é a vibração básica que influencia as idades de cinqüenta e quatro a oitenta e um anos. Para descobrir o que cada vibração tem a oferecer para esse período da sua vida, veja a Parte II deste livro e leia a interpretação da Vibração Temporária para esse número. Aqui tem mais um exemplo:

```
1   7       5   1       9 5      1   5    =   34/7    Número da Alma
MARY      GERALDINE    CHARLES
4   9     7  9  3 4 5  3 8  9 3  1       =   65/11   Número da
                                                     Personalidade
                                                     Exterior
                                         99/18/9 Número da Linha
                                                     do Destino
```

O 65/11 é um número-mestre e não é mais reduzido. Como explicado na introdução, não usamos os números que excedem 78; assim, reduzimos o 99 a 18/9.

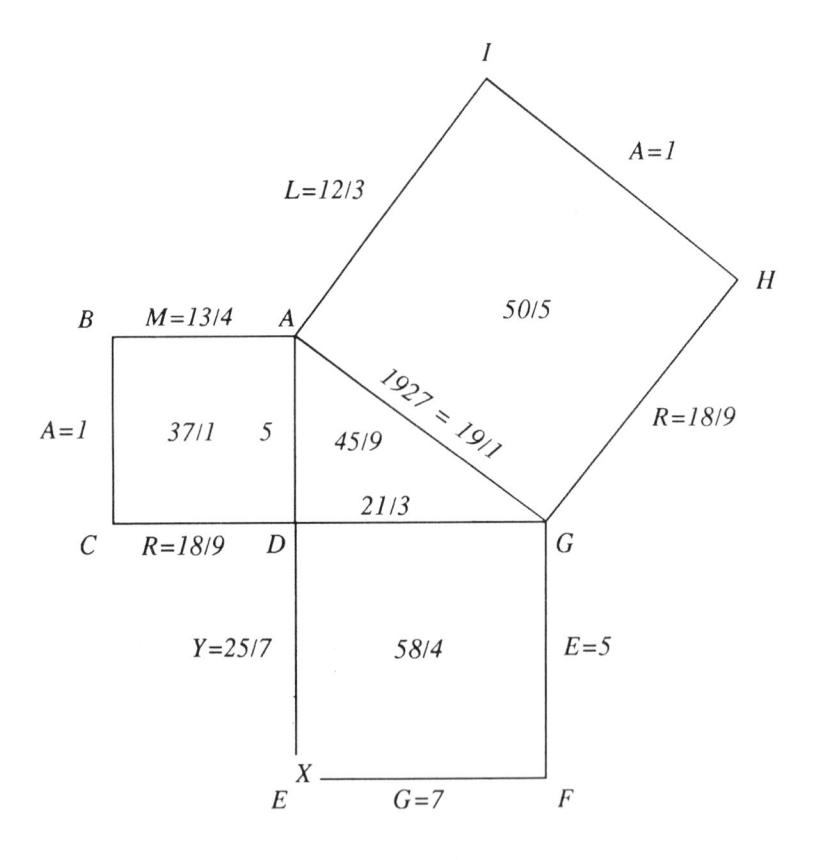

```
21 de maio de 1927
21  +  5  +  (1 + 9 + 2 + 7)
21  +  5  +  19  =  45/9  Número da Lição da Vida
```

Figura 4. O plano para Mary Geraldine Charles.

Como Determinar as Experiências das Linhas

Sabemos que existem nove dígitos simples e que todo dígito duplo é reduzido a um simples. Conseqüentemente, existem apenas nove fases a serem atravessadas na vida. Cada fase tem a duração de nove anos; portanto, levará oitenta e um anos para completar as nove fases.

Cada uma das nove linhas fora do triângulo representa nove anos de vida; por esse motivo, o número mencionado em qualquer linha influenciará esse período de nove anos. Por exemplo, Ada Wynn Lunt tem um 4 na linha BC, que cobre as idades de nove a dezoito anos; ela estará sob a influência da vibração 4 durante esses anos.

Cada uma das linhas do plano revela oito experiências. Usamos dois métodos diferentes para computar os tipos de experiências a serem enfrentados. O primeiro método, chamado tradicionalmente de *processo maior* revela seis tipos de experiências e cobre vinte e sete anos, proporcionando uma ampla perspectiva. O segundo processo, denominado *processo menor,* revela dois tipos de experiências e focaliza um período de nove anos, proporcionando uma descrição mais específica. As palavras "maior" e "menor" referem-se apenas à duração dos períodos de tempo envolvidos. As experiências reveladas pelo processo menor poderão ser tão importantes como as reveladas pelo processo maior. Todavia, as experiências menores poderão ter um efeito mais atual, enquanto as experiências maiores são mais de efeito a longo prazo.

Ao atingir a idade de oitenta e um anos, terá caminhado por nove linhas do plano e passado por setenta e duas experiências. Vamos agora examinar os métodos usados para chegar a essas experiências e às idéias em que ocorrerão. As interpretações dessas experiências poderão ser encontradas na Parte II, sob as descrições das Vibrações Temporárias dos números.

O Processo Maior

À medida que caminhamos ao redor do triângulo para conhecer as experiências reveladas pelo processo maior, usaremos três conjuntos de números, sendo um conjunto para cada passo:
Passo 1: os números do centro do quadrado
Passo 2: os números no lado do triângulo
Passo 3: os números do centro do triângulo

Esses números serão somados às idades, ou subtraídos das mesmas, nos dois extremos de cada linha com a qual estivermos trabalhando.

Usamos sempre um dígito simples para ser somado à idade, ou subtraído da mesma, na respectiva linha. Se tiver um número-mestre, reduza-o ao seu número de base. Por exemplo, o número-mestre 33 tornar-se-ia um 6.

Para ilustrar o assunto, usaremos o plano do nosso exemplo, Ada Wynn Lunt (Figura 3), a fim de verificar que tipo de experiências ela poderia ter em várias épocas da sua vida.

LINHA AB. Use o 0 e o 9, as idades em cada extremo da linha AB.

Passo 1: Use os números do centro do quadrado, 17/8. À idade 0, "some" o dígito simples; da idade 9, "subtraia" o dígito simples. 0 + 8 = 8. 9 – 8 = 1. Com as idades de 1 e de 8, houve uma experiência 17/8.

Passo 2: Use os números do lado do triângulo, 11/2. À idade 0, "some" o dígito simples; da idade 9, "subtraia" o dígito simples. 0 + 2 = 2. 9 – 2 = 7. Com as idades de 2 e 7, houve uma experiência 11/2.

Passo 3: Use os números do centro do triângulo, 37/1. À idade 0, "some" o dígito simples; da idade 9, "subtraia" o dígito simples. 0 + 1 = 1. 9 – 1 = 8. Com as idades de 1 e 8, houve uma experiência 37/1.

LINHA BC. Use 9 e 18, as idades em cada extremo da linha.

Passo 1: Use os números do centro do quadrado, 17/8. À idade 9, "some" o dígito simples; da idade 18, "subtraia" o dígito simples. 9 + 8 = 17. 18 – 8 = 10. Com as idades de 10 e 17, houve uma experiência 17/8.

Passo 2: Use os números do lado do triângulo, 11/2. À idade 9, "some" o dígito simples; da idade 18, "subtraia" o dígito simples. 9 + 2 = 11. 18 – 2 = 16. Com as idades de 11 e 16, houve uma experiência 11/2.

Passo 3: Use os números do centro do triângulo, 37/1. À idade 9, "some" o dígito simples; da idade 18, "subtraia" o dígito simples. 9 + 1 = 10. 18 – 1 = 17. Com as idades de 10 e 17, houve uma experiência 37/1.

LINHA CD. Use 18 e 27, as idades em cada extremo da linha.

Passo 1: Use os números do centro do quadrado, 17/8. À idade 18, "some" o dígito simples; da idade 27, "subtraia" o dígito simples. 18 + 8 = 26. 27 – 8 = 19. Com as idades de 19 e 26, houve uma experiência 17/8.

Passo 2: Use os números do lado do triângulo, 11/2. À idade 18, "some" o dígito simples; da idade 27, "subtraia" o dígito simples. 18 + 2 = 20. 27 – 2 = 25. Com as idades de 20 e 25, houve uma experiência 11/2.

Passo 3: Use os números do centro do triângulo, 37/1. À idade 18, "some" o dígito simples; da idade 27, "subtraia" o dígito simples. 18 + 1 = 19. 27 – 1 = 26. Com as idades de 19 e 26, houve uma experiência 37/1.

A tabela a seguir resume as informações que colhemos do quadrado da juventude de Ada Wynn Lunt.

Agora vejamos o que podemos encontrar nos anos de poder, de 27 a 54 anos, de Ada Wynn Lunt, olhando para o seu quadrado do poder.

LINHA DE. Use 27 e 36, as idades em cada extremo da linha.

Passo 1: Use os números do centro do quadrado, 74/11. À idade 27, "some" o dígito simples; da idade 36, "subtraia" o dígito simples. (Nota: Uma vez que usamos sempre um dígito simples para computar a experiência da linha, reduzimos o número-mestre 11 à sua base 2.) 27 + 2 = 29. 36 – 2 = 34. Com as idades de 29 e 34, houve uma experiência 74/11.

Passo 2: Use os números do lado do triângulo, 12/3. À idade 27, "some" o dígito simples; da idade 36, "subtraia" o dígito simples. 27 + 3 = 30. 36 – 3 = 33. Com as idades de 30 e 33, houve uma experiência 12/3.

	Idade no Extremo	Dígito Simples Escolhido	Idade em que ocorre a experiência	Tipo de Experiência
	Linha AB: Idades 0-9			
Passo 1:	0	+8	=8	17/8
	9	–8	=1	17/8
Passo 2:	0	+2	=2	11/2
	9	–2	=7	11/2
Passo 3:	0	+1	=1	37/1
	9	–1	=8	37/1
	Linha BC: Idades 9-18			
Passo 1:	9	+8	=17	17/8
	18	–8	=10	17/8
Passo 2:	9	+2	=11	11/2
	18	–2	=16	11/2
Passo 3:	9	+1	=10	37/1
	18	–1	=17	37/1
	Linha CD: Idades 18-27			
Passo 1:	18	+8	=26	17/8
	27	–8	=19	17/8
Passo 2:	18	+2	=20	11/2
	27	–2	=25	11/2
Passo 3:	18	+1	=19	37/1
	27	–1	=26	37/1

Passo 3: Use os números do centro do triângulo, 37/1. À idade 27, "some" o dígito simples; da idade 36, "subtraia" o dígito simples. 27 + 1 = 28. 36 – 1 = 35. Com as idades 28 e 35, houve uma experiência 37/1.

LINHA EF. Use 36 e 45, as idades em cada extremo da linha.

Passo 1: Use os números do centro do quadrado, 74/11. À idade 36, "some" o dígito simples; da idade 45, "subtraia" o dígito simples. (Nota: Reduza o número-mestre 11 ao número base 2). 36 + 2 = 38. 45 – 2 = 43. Com as idades de 38 e 43, haverá uma experiência 74/11.

Passo 2: Use os números do lado do triângulo, 12/3. À idade 36, "some" o dígito simples; da idade 45, "subtraia" o dígito simples. 36 + 3 = 39. 45 – 3 = 42. Com as idades de 39 e 42 haverá uma experiência 12/3.

Passo 3: Use os números do centro do triângulo, 37/1. À idade 36, "some" o dígito simples; da idade 45, "subtraia" o dígito simples. 36 + 1 = 37. 45 – 1 = 44. Com as idades de 37 e 44 haverá uma experiência 37/1.

LINHA FG. Use 45 e 54, as idades em cada extremo da linha.

Passo 1: Use os números do centro do quadrado, 74/11. À idade 45, "some" o dígito simples; da idade 54, "subtraia" o dígito simples. (Nota: Reduza o número-mestre ao número base 2.) 45 + 2 = 47. 54 − 2 = 52. Com as idades 47 e 52 haverá uma experiência 74/11.

Passo 2: Use os números do lado do triângulo, 12/3. À idade 45, "some" o dígito simples; da idade 54, "subtraia" o dígito simples. 45 + 3 = 48. 54 − 3 = 51. Com as idades de 48 e 51 haverá uma experiência 12/3.

Passo 3: Use os números do centro do triângulo, 37/1. À idade 45, "some" o dígito simples; da idade 54, "subtraia" o dígito simples. 45 + 1 = 46. 54 − 1 = 53. Com as idades de 46 e 53 haverá uma experiência 37/1.

	Idade no Extremo	Dígito Simples Escolhido	Idade em que ocorre a experiência	Tipo de Experiência
	Linha DE: Idades 27-36			
Passo 1:	27	+2	=29	74/11
	36	−2	=34	74/11
Passo 2:	27	+3	=30	12/3
	36	−3	=33	12/3
Passo 3:	27	+1	=28	37/1
	36	−1	=35	37/1
	Linha EF: Idades 36-45			
Passo 1:	36	+2	=38	74/11
	45	−2	=43	74/11
Passo 2:	36	+3	=39	12/3
	45	−3	=42	12/3
Passo 3:	36	+1	=37	37/1
	45	−1	=44	37/1
	Linha FG: Idades 45-54			
Passo 1:	45	+2	=47	74/11
	54	−2	=52	74/11
Passo 2:	45	+3	=48	12/3
	54	−3	=51	12/3
Passo 3:	45	+1	=46	37/1
	54	−1	=53	37/1

A tabela acima resume as informações que colhemos do quadrado de poder de Ada Wynn Lunt. As duas colunas da direita indicam a idade na qual ocorrerá a experiência e o número que representa a qualidade de cada experiência. Para encontrar a qualidade de cada uma dessas experiências, deveremos considerar esses números como Vibrações Temporárias, encontradas na Parte II do livro. Por exemplo, com a idade de 29 anos, Ada terá uma experiência 74/11. Esse número, como Vibração Temporária, é descrito na página 244.

Vejamos agora o quadrado da sabedoria de Ada Wynn Lunt a fim de conhecermos fatos da sua vida nas idades de 54 a 81 anos.

LINHA GH. Use 54 e 63, as idades em cada extremo da linha.

Passo 1: Use os números do centro do quadrado, 33. À idade 54, "some" o dígito simples 6 (33 reduzido); da idade 63, "subtraia" o dígito 6. 54 + 6 = 60. 63 − 6 = 57. Com as idades de 57 e 60 haverá uma experiência 33.

Passo 2: Use os números do lado do triângulo, 14/5. À idade 54, "some" o dígito simples; da idade 63, "subtraia" o dígito simples. 54 + 5 = 59. 63 − 5 = 58. Com as idades de 58 e 59 haverá uma experiência 14/5.

Passo 3: Use os números do centro do triângulo, 37/1. À idade 54, "some" o dígito simples; da idade 63, "subtraia" o dígito simples. 54 + 1 = 55. 63 − 1 = 62. Com as idades de 55 e 62 haverá uma experiência 37/1.

LINHA HI. Use 63 e 72, as idades em cada extremo da linha.

Passo 1: Use o número do centro do quadrado, 33. À idade 63, "some" o dígito simples 6 (33 reduzido); da idade 72, "subtraia" o dígito simples 6. 63 + 6 = 69. 72 − 6 = 66. Com as idades de 66 e 69 haverá uma experiência 33/6.

Passo 2: Use os números do lado do triângulo, 14/5. À idade 63, "some" o dígito simples; da idade 72, "subtraia" o dígito simples. 63 + 5 = 68. 72 − 5 = 67. Com as idades de 67 e 68 haverá uma experiência 14/5.

Passo 3: Use os números do centro do triângulo, 37/1. À idade 63, "some" o dígito simples; da idade 72, "subtraia" o dígito simples. 63 + 1 = 64. 72 − 1 = 71. Com as idades de 64 e 71 haverá uma experiência 37/1.

LINHA IA. Use 72 e 81 as idades em cada extremo da linha.

Passo 1: Use os números do centro do quadrado, 33. À idade 72, "some" o dígito simples 6 (33 reduzido); da idade 81, "subtraia" o dígito simples. 72 + 6 = 78. 81 − 6 = 75. Com as idades de 75 e 78 haverá uma experiência 33.

Passo 2: Use os números do lado do triângulo, 14/5. À idade 72, "some" o dígito simples; da idade 81, "subtraia" o dígito simples. 72 + 5 = 77. 81 − 5 = 76. Com as idades de 76 e 77 haverá uma experiência 14/5.

Passo 3: Use os números do centro do triângulo, 37/1. À idade 72, "some" o dígito simples; da idade 81, "subtraia" o dígito simples. 72 + 1 = 73. 81 − 1 = 80. Com as idades de 73 e 80 haverá uma experiência 37/1.

A tabela a seguir resume as experiências do quadrado da sabedoria de Ada.

	Idade no Extremo	Dígito Simples Escolhido	Idade em que ocorre a experiência	Tipo de Experiência
	Linha GH: Idades 54-63			
Passo 1:	*54*	*+6*	*=60*	*33*
	63	*−6*	*−57*	*33*
Passo 2:	*54*	*+5*	*=59*	*14/5*
	63	*−5*	*=58*	*14/5*
Passo 3:	*54*	*+1*	*=55*	*37/1*
	63	*−1*	*=62*	*37/1*

	Idade no Extremo	Dígito Simples Escolhido	Idade em que ocorre a experiência	Tipo de Experiência
	Linha HI: Idades 63-72			
Passo 1:	63	+6	=69	33
	72	–6	=66	33
Passo 2:	63	+5	=68	14/5
	72	–5	=67	14/5
Passo 3:	63	+1	=64	37/1
	72	–1	=71	37/1
	Linha IA: Idades 72-81			
Passo 1:	72	+6	=78	33
	81	–6	=75	33
Passo 2:	72	+5	=77	14/5
	81	–5	=76	14/5
Passo 3:	72	+1	=73	37/1
	81	–1	=80	37/1

Isso conclui nossa discussão acerca das experiências reveladas pelo processo maior. Você deve ter notado que Ada teve mais experiências em certas idades do que em outras, por exemplo, nas idades de um a oito anos. É comum encontrarmos mais de um evento acontecendo na sua vida em determinado ano. Com freqüência, muitos eventos ocorrem simultaneamente e, se esse for o caso, o plano o refletirá.

Uma vez que Ada tem muitos números 1 no seu plano (A = 1, e o seu Número da Lição da Vida é 1), o 1 será usado muitas vezes na adição e subtração, ocasionando uma abundância de eventos na mesma idade. Isso sugere que alguns anos da nossa vida serão mais ativos que outros, o que sabemos ser verdadeiro.

Notará também que os números no centro dos quadrados e nos lados do triângulo são ativados com freqüência, mas o Número da Lição da Vida, no centro do triângulo, é ativado em cada linha do plano. A Lição da Vida necessita ser aprendida; portanto, ele é mais repetido do que qualquer outro número do plano.

O Processo Menor

Desta vez temos três passos e dois conjuntos de números. Usamos mais uma vez as idades em cada extremo da linha, mas agora utilizamos o valor numérico das letras do nome em questão.

Passo 1: Use o dígito simples da linha para determinar as duas idades em que ocorrerão as experiências.

Passo 2: Use o número mais alto do centro do quadrado para determinar a experiência da idade mais jovem.

Passo 3: Use o número mais alto do lado do triângulo para determinar a experiência da idade mais avançada.

Uma vez que recorremos ao nome no processo menor, as experiências são mais pessoais. Enquanto duas pessoas podem ter a mesma data de nascimento, é altamente improvável que seus nomes de nascimento sejam idênticos.

A data de nascimento dá origem aos números no seu triângulo; dá origem também ao Número da Lição da Vida. Utilize sempre os números do triângulo para computar as experiências da idade mais avançada, uma vez que, quanto mais velho ficar, tanto mais será dominado pelo seu Número da Lição da Vida. Podemos igualmente admitir que, quanto mais velho ficar, tanto mais será capaz de enfrentar a lição da sua vida. Lembre-se, os números que representam a data de nascimento são os seus números *mais* importantes.

Agora, deixe-nos aplicar o processo menor ao quadrado da juventude de Ada Wynn Lunt para ver o que encontramos.

LINHA AB. Use 0 e 9, as idades em cada extremo da linha.

Passo 1: Use o dígito simples na linha AB, que é 1. À idade 0, "some" o dígito simples; da idade 9, "subtraia" o dígito simples. 0 + 1 = 1. 9 – 1 = 8.

Passo 2: Para a experiência da idade mais "jovem" (idade 1): "some" o número mais alto da linha ao número mais alto do centro do quadrado. 1 + 17 = 18/9. Com a idade 1, houve uma experiência 18/9.

Passo 3: Para a experiência da idade mais "avançada" (idade 8): "some" o número mais alto da linha ao número mais alto do lado do triângulo. 1 + 11 = 12/3. Com a idade de 8, houve uma experiência 12/3.

LINHA BC. Use 9 e 18, as idades em cada extremo da linha.

Passo 1: Use o dígito simples na linha BC, que é 4. À idade 9, "some" o dígito simples; da idade 18, "subtraia" o dígito simples. 9 + 4 = 13. 18 – 4 = 14.

Passo 2: Para a experiência da idade mais "jovem" (idade 13): "some" o número mais alto da linha ao número mais alto do centro do quadrado. 4 + 17 = 21/3. Com a idade 13, houve uma experiência 21/3.

Passo 3: Para a experiência da idade mais "avançada" (idade 14): "some" o número mais alto da linha ao número mais alto do lado do triângulo. 4 + 11 = 15/6. Com a idade 14, houve uma experiência 15/6.

LINHA CD. Use 18 e 27, as idades em cada extremo da linha.

Passo 1: Use o dígito simples na linha CD, que é 1. À idade 18, "some" o dígito simples; da idade 27 "subtraia" o dígito simples. 18 + 1 = 19. 27 – 1 = 26.

Passo 2: Para a experiência da idade mais "jovem" (idade 19): "some" o número mais alto da linha ao número mais alto do centro do quadrado. 1 + 17 = 18/9. Com a idade de 19, houve uma experiência 18/9.

Passo 3: Para a experiência da idade mais "avançada" (idade 26): "some" o número mais alto da linha ao número mais alto do lado do triângulo. 1 + 11 = 12/3. Com a idade 26, houve uma experiência 12/3.

Agora vejamos o quadrado do poder de Ada, através do processo menor.

LINHA DE. Use 27 e 36, as idades em cada extremo da linha.

Passo 1: Use o dígito simples da linha, que é 5. À idade 27, "some" o dígito simples; da idade 36, "subtraia" o dígito simples. 27 + 5 = 32. 36 – 5 = 31.

Passo 2: Para a experiência da idade mais "jovem" (idade 31): "some" o número mais alto da linha ao número mais alto do centro do quadrado. 23 + 74 = 97/16/7. Com a idade 31 houve uma experiência 16/7.

Passo 3: Para a experiência da idade mais "avançada" (idade 32): "some" o número mais alto da linha ao número mais alto do lado do triângulo. 23 + 12 = 35/8. Com a idade 32 houve uma experiência 35/8.

LINHA EF. Use 36 e 45, as idades em cada extremo da linha.

Passo 1: Use o dígito simples na linha EF, que é 7. À idade 36, "some" o dígito simples; da idade 45, "subtraia" o dígito simples. 36 + 7 = 43. 45 – 7 = 38.

Passo 2: Para a experiência da idade mais "jovem" (idade 38): "some" o número mais alto da linha ao número mais alto do centro do quadrado. 25 + 74 = 99/18/9. Com a idade 38 haverá uma experiência 18/9.

Passo 3: Para a experiência da idade mais "avançada" (idade 43): "some" o número mais alto da linha ao número mais alto do lado do triângulo. 25 + 12 = 37/1. Com a idade 43 haverá uma experiência 37/1.

LINHA FG. Use 45 e 54, as idades em cada extremo da linha.

Passo 1: Use o dígito simples na linha, que é 5. À idade 45, "some" o dígito simples; da idade 54, "subtraia" o dígito simples. 45 + 5 = 50. 54 – 5 = 49.

Passo 2: Para a experiência da idade mais "jovem" (idade 49): "some" o número mais alto da linha ao número mais alto do centro do quadrado. 14 + 74 = 88/16/7. Com a idade 49 haverá uma experiência 16/7.

Passo 3: Para a experiência da idade mais "avançada" (idade 50): "some" o número mais alto da linha ao número mais alto do triângulo. 14 + 12 = 26/8. Com a idade 50 haverá uma experiência 26/8.

Finalmente, usaremos o processo menor para examinar o quadrado da sabedoria de Ada Wynn Lunt, a fim de prever os tipos de experiência que terá nas idades de 54 a 81 anos.

LINHA GH. Use 54 e 63, as idades em cada extremo da linha.

Passo 1: Use o dígito simples da linha, que é 5. À idade 54, "some" o dígito simples; da idade 63, "subtraia" o dígito simples. 54 + 5 = 59. 63 – 5 = 58.

Passo 2: Para a experiência da idade mais "jovem" (idade 58): "some" o número mais alto da linha ao número mais alto do centro do quadrado. 14 + 33 = 47/11. Com a idade 58 haverá uma experiência 47/11.

Passo 3: Para a experiência da idade mais "avançada" (idade 59): "some" o número mais alto da linha ao número mais alto do lado do triângulo. 14 + 14 = 28/1. Com a idade 59 haverá uma experiência 28/1.

LINHA HI. Use 63 e 72, as idades em cada extremo da linha.
Passo 1: Use o dígito simples da linha, que é 1. À idade 63, "some" o dígito simples; da idade 72, "subtraia" o dígito simples. 63 + 1 = 64. 72 – 1 = 71.
Passo 2: Para a experiência da idade mais "jovem" (idade 64): "some" o número mais alto da linha ao número mais alto do centro do quadrado. 1 + 33 = 34/7. Com a idade 64 haverá uma experiência 34/7.
Passo 3: Para a experiência da idade mais "avançada" (idade 71): "some" o número mais alto da linha ao número mais alto do lado do triângulo. 1 + 14 = 15/6. Com a idade 71 haverá uma experiência 15/6.

LINHA IA. Use 72 e 81, as idades em cada extremo da linha.
Passo 1: Use o dígito simples da linha, que é 4. À idade 72, "some" o dígito simples; da idade 81, "subtraia" o dígito simples. 72 + 4 = 76. 81 – 4 = 77.
Passo 2: Para a experiência da idade mais "jovem" (idade 76): "some" o número mais alto da linha ao número mais alto do centro do quadrado. 4 + 33 = 37/1. Com a idade 76 haverá uma experiência 37/1.
Passo 3: Para a experiência da idade mais "avançada" (idade 77): "some" o número mais alto da linha ao número mais alto do lado do triângulo. 4 + 14 = 18/9. Com a idade 77 haverá uma experiência 18/9.

Isso completa a nossa discussão das experiências das linhas de um indivíduo, desde o nascimento até a idade de 81 anos.

Sugerimos, a esta altura, que selecione os nomes e datas de nascimento de membros da sua família e amigos; coloque-os no plano e descubra as experiências das suas linhas. Com isso, atingirá duas metas: 1) familiarizar-se-á com o procedimento, e 2) será capaz de correlacionar aquilo que encontrou com as experiências passadas do indivíduo, e assim descobrir, para si, a eficiência do plano.

Depois dos Oitenta e Um Anos de Idade

Aqueles que não estão de posse das suas faculdades mentais com a idade de oitenta e um anos necessitam recomeçar o seu quadrado da juventude com a primeira letra do seu primeiro nome, como na infância.

Presumindo que Ada manteve a inteligência ativa após os oitenta e um anos fazemos os cálculos da mesma maneira, mas com letras novas nas linhas. Uma vez que Ada deixou a linha IA no ponto D (veja a Figura 3) começamos o seu novo quadrado da juventude com o segundo A de ADA WYNN, na linha AB. A = 1. W = 23/5 e entra na linha BC. Y = 25/7 e vai na linha CD. O número no lado do triângulo (o seu mês de nascimento) continua sendo 11. O total para o seu novo quadrado da juventude é 1 + 23 + 25 + 11 = 60/6.

```
        B       A=1        A
        ┌─────────────────┐
        │ 102          81 │
        │                 │
W=23/5  │     60/6   11/2 │
        │                 │
        │                 │
        │ 123         144 │
        └─────────────────┘
        C      Y=25/7      D
```

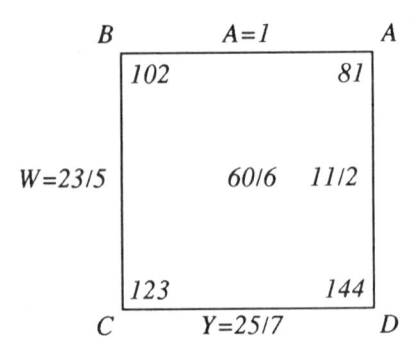

Figura 5: Novo quadrado da juventude de Ada Wynn Lunt após 81 anos.

Depois dos oitenta e um anos de idade, se ainda estiver mentalmente alerta, cada linha do seu novo quadrado equivalerá a vinte e um anos, em vez dos nove anos do primeiro quadrado da juventude. Até os oitenta e um, completou nove ciclos de nove anos. Depois dos oitenta e um, você vive sob uma trindade, ou ciclos espirituais de três vezes sete anos. Você atingiu um nível mais elevado de consciência; portanto, cada linha nova cobre vinte e um anos.

Ao aplicarmos o processo maior à primeira linha do novo quadrado da juventude, eis o que encontramos:

Passo 1: Usamos o 60/6 do centro do quadrado e as idades de cada extremo da linha AB. 81 + 6 = 87. 102 − 6 = 96. Ela terá a experiência 60/6 com as idades de oitenta e sete e noventa e seis anos.

Passo 2: Usamos os números no lado do triângulo, 11/2, e as idades em ambos os extremos da linha AB. 81 + 2 = 83. 102 − 2 = 100. Com as idades de oitenta e três e cem anos, ela terá a experiência 11/2.

Passo 3: Usamos os números do centro do triângulo, 37/1, e as idades de cada extremo da linha AB. 81 + 1 = 82. 102 − 1 = 101. Ela terá a experiência 37/1 com as idades de oitenta e dois e cento e um anos.

Agora aplicaremos o processo menor ao novo quadrado da juventude de Ada.

Passo 1: Usamos o dígito simples da linha AB, 1, e as idades em cada um dos extremos da linha. 81 + 1 = 82. 102 − 1 = 101.

Passo 2: Para determinar a experiência da idade mais "jovem", acrescentaremos o número não-reduzido da linha ao número não-reduzido do centro do quadrado. 1 + 60 = 61/7. Ada terá a experiência 61/7 aos oitenta e dois anos de idade.

Passo 3: Para determinar a experiência da idade mais "avançada", acrescentamos o número não-reduzido da linha ao número não-reduzido do lado do triângulo. 1 + 11 = 12/3. Ada terá a experiência 12/3 com a idade de cento e um anos.

5

Novos Métodos para Trabalhar com os Números

NESTE CAPÍTULO, SÃO DISCUTIDAS quatro técnicas adicionais, baseadas nos números pessoais. Seria impossível descrever num só livro todos os métodos possíveis que podem ser empregados para trabalhar com os números e suas combinações. Aqui você tem apenas alguns. Esperamos que os aprecie.

Os ABC

Você aprendeu a fazer uma análise da vida através dos números encontrados no seu nome e na sua data de nascimento, no Triângulo Divino. Junto com este método, no qual os números representados por cada letra do nome são somados um ao outro para se obter o Número da Linha do Destino, é também possível fazer uma análise mais profunda, avaliando cada letra separadamente e em seqüência. Os números representados por cada letra em separado têm uma influência subjacente na sua vida e afetam todas as energias em ação em qualquer ocasião. Você deverá ler as interpretações de cada número do seu nome em conjunto com as informações obtidas do seu plano.

Quando um número representado por uma das letras do seu nome for encontrado numa linha do seu plano, essa letra é enfatizada e esse período de idade é denominado "ciclo do pico". Uma letra também é enfatizada quando aparece três ou mais vezes no nome ou quando for a primeira vogal ou a primeira letra do nome. A letra age como um fator de saúde sempre que estiver no ciclo de pico.

Os 1

A É A LETRA MAIS IMPORTANTE, poderosa e completa. Você é intelectualmente bom e necessita de várias saídas para as suas energias. Não é um construtor, mas um planejador, e deseja que outros executem seus planos. Tem muitas idéias e inicia vários projetos, mas nem sempre os termina. A é uma letra de iniciativa, de autoconfiança e de força de vontade.

O "A" num ciclo de pico traz atividade e a oportunidade de novos inícios. Pode alcançar a liderança nos negócios ou na comunidade. É o tempo de aprender as lições de autoconfiança e de dobrar sua resolução de seguir adiante através dos próprios esforços.

Como indicador de saúde, o "A" aponta para cuidados com o pulmão e para doenças do sistema respiratório.

J CORRESPONDE A NOVE GRAUS AUMENTADOS. Por esse motivo, é uma vibração mais intensa. Material e espiritualmente, conta com elevadas aspirações, necessárias ao desenvolvimento de energias mais profundas. Você é honesto, brilhante e, com freqüência, inventivo.

Num ciclo de pico, o "J" quase sempre significa alguma forma de ganho e de vantagem. Se desejar usufruir de fortuna sob o ritmo do J você deverá estender a mão aos menos afortunados e manter o espírito elevado. Querendo ou não, será colocado numa posição de liderança e, caso seja no ramo dos negócios, resultará em promoções. Poderá também ser um líder em questões de família. Através da letra J quase sempre experimentará algum tipo de ganho ou de vantagens.

O "J" como fator de saúde confere a sensação de bem-estar.

S É UMA LETRA DA PACIÊNCIA. Os antigos chamavam-na de "letra da resignação". Você é espiritualmente profundo e pode ferir ou encantar. O "S" traz amor e novos inícios à vida, bem como atrai o dinheiro, mas nem sempre é uma letra feliz.

Num ciclo de pico, o "S" triunfará contra obstáculos para concretizar suas ambições. Haverá muitas mudanças no caminho da sua vida. Se reagir negativamente a essa letra, poderão acontecer revoltas emocionais, fracassos e impulsos incontroláveis. Seja positivo.

O "S" como fator de saúde pode potencializar uma doença, mas também tende a trazer a recuperação e reduzir o transtorno, criando assim condições melhores.

Os 2

B NO NOME DE UMA MULHER indica o amor maternal. No de um homem significa amor pela natureza e o caráter doméstico. Não é uma letra demasiado material. Tanto pode alcançar grandes alturas como grandes profundidades. Você é emotivo e teimoso nas suas opiniões. Seu instinto é seguir os outros. É hospitaleiro, mas se o B for expressado negativamente, tornar-se-á egoísta.

Num ciclo de pico, o "B" é influenciado por correntes psicológicas. Esta letra confere um grande desejo por parcerias ou casamento. A lição é a paciência, a calma e a serenidade da mente. As decisões deverão ficar por conta de outros. Este é um ciclo de desenvolvimento oculto, que pode não ser percebido pelos outros.

O "B" como fator de saúde pode ocasionar nervosismo, dores de cabeça e transtornos emocionais.

K SIGNIFICA EXTREMOS na fortuna, na saúde e na espiritualidade. Você é muito versátil, idealista e intuitivo. Ou desfruta de grande sucesso ou sofre de miséria profunda. A solução é servir aos outros. Use as suas habilidades de liderança para a humanidade e não para a autoglorificação.

Num ciclo de pico, o "K" proporciona a inspiração criativa e o idealismo. Deverão ser dirigidos para uma meta positiva, ou esse ciclo poderá resultar num conflito. Existe aqui grande força emocional para uma intensa experiência romântica ou para a exaltação espiritual. Proporciona viagens e mudanças, e pode trazer o sucesso caso se use de precaução.

O "K" como fator de saúde indica nervosismo, que pode ser causado pelo excesso de atividade. Todavia, é uma força boa, proporcionando energia e resistência.

T DESENVOLVERÁ ou destruirá, salvará ou matará a raça humana. Você gosta de controlar todas as pessoas dentro da sua influência, a fim de moldar as coisas segundo o seu desejo. Necessita aprender o autocontrole, uma vez que é muito emotivo e pode mudar de opinião. Caso seja positivo, desenvolverá alta espiritualidade, pois a qualidade do 2 é reforçada pelo 0 da proteção Divina.

Num ciclo de pico, o "T" representa a reconstrução. Essa influência cria um sentido de inquietude, a não ser que as idéias sejam expressadas através de atividade prática capaz de beneficiar a humanidade. O tempo não deverá ser desperdiçado e nem a inatividade ser tolerada. É a ocasião de trabalhar por melhores condições mundiais. É também época do crescimento espiritual.

O "T" como fator de saúde indica a estafa causada pelas mudanças ou por viagens. Se for conjugado com um A, poderão ocorrer acidentes e operações.

Os 3

C REPRESENTA A DISPERSÃO DA ENERGIA. O 3 é uma vibração dispersante pois deseja tomar muitos rumos ao mesmo tempo. Se o "C" for a primeira letra, você terá uma natureza jovial, mas estará apto para uma vida emocional. Parece-lhe difícil guardar dinheiro. Gosta de ter várias linhas de esforços desenvolvendo-se ao mesmo tempo. É um bom conversador e promotor, e raramente preocupa-se com algo. Por vezes, pode ser impaciente, irritável e impulsivo. No lado negativo, tende a ser descuidado e imoral.

Num ciclo de pico, o "C" favorece o sucesso artístico, político ou comercial. É bom para a auto-expressão, a produtividade e o crescimento. Deverão acontecer ricas experiências emocionais, prosperidade e alegria. É uma forte vibração de casamento.

O "C" como fator de saúde poderá causar transtornos com a garganta, a tireóide e as cordas vocais.

L JUNTA onde o C dispersa. Você sempre completa aquilo que inicia. É generoso, mas deseja um retorno das suas doações. O "L", como símbolo do chicote, indica ação e uma vez que você tenha habilidades executivas, é um líder. De boa moral, equilibrado, honesto e intelectual, você pode atingir a espiritualidade. O "L" indica viagens.

Num ciclo de pico, o "L" proporciona serviço e auto-sacrifício, mas também ricas recompensas nos relacionamentos humanos. As idéias criativas lhe trazem lucros. Essa letra pode proporcionar o casamento e a preocupação crescente por assuntos financeiros.

O "L" como fator de saúde sugere cuidados com a garganta, o que é verdadeiro sob todas as vibrações de 3. Duas letras L juntas tendem a causar acidentes ou quedas.

U TEM O ESPÍRITO UNIVERSAL tanto do C como do L. Ele tem a forma de uma taça que contém os dons do talento, do encanto e da sorte, mas, se você ficar ganancioso e tentar encher demais a taça, poderá sofrer perdas por egoísmo. Você é um colecionador entusiasta e será perseverante em conservar as coisas que acumula. O "U" é chamado de letra do embalo, e você tende a ser vítima da indecisão. Enquanto está decidindo, outros poderão adiantar-se e tomar-lhe aquilo que deseja. Tem boa memória e deverá esforçar-se por assumir uma atitude positiva.

Num ciclo de pico, o "U" indica uma ocasião para o desenvolvimento subconsciente. Poderá haver demoras e restrições no momento, e as responsabilidades familiares venham eventualmente a aumentar, mas existe um senso crescente de segurança e proteção. O casamento é ativado. Seja cauteloso sob o U, pois as coisas tendem a fugir do controle com freqüência devido a uma falha pessoal, tal como omitindo-se ou deixando de aproveitar uma oportunidade. Os assuntos deverão ser examinados com todo cuidado, e um advogado ser consultado em questões comerciais.

O "U" como fator de saúde tende a ocasionar perdas e ansiedade. As preocupações causam outras doenças, tal como pressão alta. Esforce-se por permanecer calmo e com paz interior.

Os 4

D É EQUILÍBRIO; atua como uma boa âncora. Você é forte em assuntos materiais, determinado e obstinado. Tem habilidade para negócios. É um bom trabalhador, assíduo e prático, um construtor que assume as suas responsabilidades. Essas qualidades poderão proporcionar-lhe uma posição de autoridade e poder.

Num ciclo de pico, o "D" representa o empenho na construção de um alicerce sólido para o futuro. Demoras temporárias são possíveis, mas poderão ser aprendidas valiosas lições de paciência. Deverá evitar a especulação e praticar o conservantismo. As viagens são possíveis.

O "D" como fator de saúde não é notável, a não ser no caso de duas letras D juntas. Isso poderá indicar situações de viagens desafortunadas e provações infelizes nos assuntos comerciais ou pessoais, capazes de afetar negativamente sua saúde.

M ESPIRITUALIZA os atributos do D e é mais idealista. Você não é um líder, mas continuará o trabalho de outros. Possui energias psíquicas.

Poderá ter de carregar pesados encargos nesta vida, mas não há ninguém que suporte a cruz com tanta bravura e com tão pouca lamentação. Você é receptivo e poderá suportar os fardos de outros devido aos aspectos sacrificais desta vibração. Gosta do lar e da segurança, acima de tudo.

Num ciclo de pico, o "M" procura a regeneração e a renovação. É um período de reconstrução, no qual velhas idéias são afastadas para dar lugar a outras melhores. Mudanças inesperadas poderão ocorrer agora, e deverão ser reconhecidas como uma porta para o progresso, no qual se abrirá uma nova fase de felicidade.

O "M" como fator de saúde pode indicar mau humor, ocasionando o comportamento impetuoso e dores de cabeça. Devido ao potencial para mudanças drásticas, mais de um M poderá ser perigoso, a não ser que se tomem precauções. Toda letra dupla dobra o seu efeito.

V É O MESTRE-CONSTRUTOR. Firme nas suas opiniões e amizades, e franco no trato com os outros, você é um excelente trabalhador. Por ser tanto possessivo como emocional, poderá revelar-se muito prático ou muito inexperiente e imprevisível. A sua natureza dual necessita tornar-se firme. Você é do tipo casadouro.

Num ciclo de pico, o "V" possui um potencial para viagens unido ao excesso de generosidade ou a extravagâncias com o dinheiro. Quando aparece ligado ao U poderão ocorrer perdas devido a especulação ou a jogos de azar. No pior dos casos poderá haver dissipação e excessos — no melhor, coragem diante das dificuldades.

O "V" como fator de saúde tende a ocasionar colapsos nervosos e emocionais devido ao excesso de atividade. Cultive a paz interior.

Os 5

E É UMA VOGAL FORTE, regida por Mercúrio, o mensageiro cósmico. Você é bom quando está em harmonia, mas mutável quando em desacordo, pois muitas das suas melhores qualidades são então invertidas. É mais atraído pelo mundano do que pelo espiritual. É agradável mas pode ser impulsivo. A liberdade é necessária e você considera difícil fixar-se a fim de se especializar. A sua versatilidade resulta em muitas mudanças e, com freqüência, leva-o a viajar. O seu intelecto refinado é capaz de altas honrarias se aplicado com seriedade. Se for atraído pelo espiritual, tornar-se-á idealista, esperançoso e intuitivo.

Num ciclo de pico, o "E" deverá escolher entre várias chances de mudanças. Haverá atividade constante, novas pessoas e novas situações. Se for solteiro, esta é a oportunidade para casar, mas deverá certificar-se de que se trata de amor puro e não de um impulso emocional.

O "E" como fator de saúde indica o bem-estar. O coração sente-se livre, mas a impulsividade deverá ser controlada.

N É O SÍMBOLO ANTIGO do escriba; por esse motivo, essa letra implica uma pessoa de imaginação vívida, capaz de levar mensagens inspiradoras ao mundo. Deve permanecer positivo, caso contrário ocorrerá a instabilidade. Gosta de desfrutar dos prazeres da vida, e quando o "eu" tiver sido dominado, pode chegar às alturas. A inveja, o ciúme e o divórcio são comuns aos que têm um N no nome.

Num ciclo de pico, o "N" proporciona variedade, mudanças e experiências. É favorável aos empreendimentos comerciais ou políticos e pode envolver muita competição.

O "N" como fator de saúde tende a ocasionar irritabilidade devido a transtornos emocionais decorrentes de problemas conjugais. Quando o N está ligado a um G, o casamento será bem-sucedido. Quando um N e um T estiverem juntos, as perspectivas de casamento e harmonia após o mesmo são seguras.

W PARA SE EXPRESSAR necessita seguir a divina lei do amor. Você é muito persistente e odeia desistir. É um bom combinador, charmoso, magnético e intuitivo. No caso negativo, pode ser egoísta, ganancioso e ousado demais.

Num ciclo de pico, o "W" significa um revezamento entre as alturas e as profundezas. É o tempo para auto-avaliação e para encontrar o seu potencial. Este ciclo poderá levá-lo ao casamento.

O "W" como fator de saúde pode ocasionar dores de cabeça devido à vibração nervosa e impulsiva da letra.

Os 6

F TEM AS CARACTERÍSTICAS FORTES de Vênus. Você é bondoso, amante do lar, hospitaleiro e amigável. Uma vez que assume as responsabilidades, é um bom organizador de acontecimentos sociais. A compaixão pelos outros é um aspecto proeminente. Na expressão negativa do F, você será triste.

Num ciclo de pico, o "F" centraliza a sua atenção em assuntos de família e nos deveres ligados aos entes queridos, seja casado ou não. É tempo de aprender o significado da prestação de serviços de boa vontade, pois as alternativas poderão ser desapontadoras. Escolhas sábias serão necessárias.

O "F" como fator de saúde indica transtornos, inclusive condições nervosas do coração. Se for conjugado com um N, a doença é possível. Se o F estiver ligado ao U ou ao O, cuide dos seus assuntos financeiros, pois poderão ocorrer prejuízos.

O É PACIENTE, perseverante e tem força de vontade. Você é um bom estudante, absorvendo facilmente o conhecimento e retendo-o bem. O ciúme poderá causar transtornos no relacionamento conjugal e nas condições domésticas; por essa razão, deverá aprender a controlar suas emoções. O "O" representa a virtude ou o vício — não há meio termo. Você é um santo ou um pecador.

No ciclo de pico, o "O" apresenta uma oportunidade de progresso, permitindo a libertação das limitações atuais. Poderá ocorrer uma mudança radical no seu ponto de vista e os temores serão afastados. Se o "O" estiver ligado a um G, haverá lucro. Se estiver unido ao U, poderão ocorrer perdas e, se aparecer junto a um D, você incorrerá em despesas de viagem, além da possibilidade de mudanças no lar.

O "O" como fator de saúde tende a causar preocupações e depressão caso você esteja reagindo de modo negativo. Readquirindo a calma, poderá prevenir irregularidades cardíacas e desesperos. O "O" é compatível com assuntos religiosos; por esse motivo, a oração ajuda e inspira.

X É UMA LETRA DUAL — a metade superior está aberta para receber as coisas boas da vida, e a parte inferior está aberta ao abuso, especialmente de natureza sexual. Se for positivo, pode avançar mental e espiritualmente. Se for negativo, você é irado, infiel e sensual.

No ciclo de pico, o "X" faz reluzir um sinal de perigo nas encruzilhadas, um alarme contra a decepção. Se for expresso o lado positivo, os assuntos financeiros serão beneficiados e estabelecer-se-ão bons relacionamentos com pessoas de influência.

O "X" como fator de saúde, indica o perigo de quedas e ou ferimentos nas costas. Não é aconselhável montar a cavalo durante este período, ou viajar para lugares altos. O alpinismo deverá ser postergado.

Os 7

G É DE INCLINAÇÃO RELIGIOSA e mística, acompanhada de profunda compreensão. Você é inventivo, intuitivo e extremamente metódico. Uma vez que tem grande determinação, é difícil de ser convencido. Também não gosta de receber conselhos.

No ciclo de pico, o "G" representa uma época de expansão, produtividade e sucesso material. É favorável às letras, à música, aos dramas ou à literatura.

O "G" como fator de saúde é sempre bom. Caso ocorra uma doença, há ajuda para a recuperação. Se o G estiver junto a um D ou um F, indica lucro financeiro.

P CONFERE O PODER de expressão, seja na fala ou na escrita. Você é inteligente, lúcido e intelectual. Pode ser dominante e bastante impaciente em situações nas quais não se sinta livre. No caso negativo, será egoísta e antipático.

Durante o ciclo de pico, o "P" apresenta boas perspectivas para o futuro. Devido aos seus talentos criativos, a boa fortuna está em vista. Durante este ciclo, planeje com inteligência e empenhe-se no futuro.

O "P" como fator de saúde indica que não deverá trabalhar em excesso sob esta letra. Caso esteja junto a um G, a saúde será boa; se estiver com um T ou um B, poderão ocorrer condições de nervosismo.

Y NECESSITA DE LIBERDADE física, mental e espiritual. Odeia toda forma de servidão. Ama a beleza e a filosofia, e deseja a realização. Pitágoras referiu-se ao Y como os dois caminhos que requerem uma escolha.

Num ciclo de pico, o "Y" proporciona mudanças súbitas pois, por se tratar de um ciclo de bifurcação, requer decisões rápidas. Decida com firmeza e recuse-se a olhar para trás ou a lamentar o passado. Faça o melhor que puder depois de ter feito a sua opção.

O "Y" como fator de saúde proporciona uma sensação de bem-estar e proteção quando estiver sobre a água.

Os 8

H NECESSITA CRIAR e cumprir. Você atrai o sucesso e o dinheiro, mas será muito rico ou muito pobre, pois o seu bom senso às vezes é falho. Amante da natureza, não necessita dos outros para sua felicidade. O "H" é uma letra de poder, suficiente por si só. Se for negativo, será egoísta.

Num ciclo de pico, o "H" age como uma porta para o caminho da vida, uma porta que pode ser tanto uma barreira como uma abertura. É a ocasião em que as leis cósmicas trabalham no cumprimento do carma. Há preocupações com os assuntos financeiros ou legais, e com o lado físico e material da vida.

O "H" como fator de saúde pode causar esgotamento pessoal. Se o H estiver ligado a um N, poderá ocorrer o esgotamento nervoso e até mesmo a doença.

Q TEM MAIS ORIGINALIDADE que o H e maior intensidade de sentimentos. Você é um líder. Tem uma mente refinada e gosta de falar. O relacionamento com forças desconhecidas confere-lhe uma energia secreta e um ar de mistério. Você é profundo.

No ciclo de pico, o "Q" proporciona grande vitalidade mental, força intuitiva e realização criativa. Existe uma oportunidade de extraordinária liderança e distinção em sua carreira. É uma boa ocasião para as atividades públicas e as viagens. Encoraje outros desinteressadamente.

O "Q" como fator de saúde indica um período de bem-estar físico.

Z MANTÉM TODAS AS QUALIDADES do H e do Q, mas é mais espiritual. Você possui aspirações e inspirações, esperança e orientação. Por ser intuitivo e perceptivo, compreende a natureza humana. Você tem o poder de realizar. A diplomacia e a discrição fazem de você um bom mediador.

Num ciclo de pico, o "Z" faz um ziguezague num circuito de progresso oculto. Embora existam reveses, está avançando para um nível mais elevado. Neste período, aprenda a ter paciência e aguarde suas recompensas.

O "Z" como fator de saúde proporciona o controle sobre a doença. Poderá existir a necessidade de controlar outros ou de desempenhar missões secretas de cura.

Os 9

I É UMA LEI para si mesmo. Sua tendência é terminar aquilo que inicia. Pode ser muito obstinado ao sentir-se limitado por outros, e irrita-se com a ditadura. Por ser o I uma vogal artística, você gosta de usar a caneta ou a agulha (a escrita ou o desenho de modas, etc.). Poderá ser um bom conferencista, mas também terá propensão a dedicar-se ao clero. Pode tornar-se amável, compassivo, intuitivo e humano. Épocas de sorte, sejam boas ou más, perseguem-no. Se for negativo, terá um temperamento nervoso e inquieto.

Num ciclo de pico, o "I" cria um interlúdio de altos e baixos. Mantendo-se firme em suas convicções, obterá grandes inspirações. As indecisões trarão flutuações na prosperidade, resultando em novos inícios. É um período em que os sentimentos pessoais são soberanos; a sensibilidade, a simpatia e a intuição serão elevadas.

O "I" como fator de saúde traz o nervosismo, provavelmente devido ao esforço excessivo. Emoções intensas poderão levar à exautão.

R MANTÉM TODAS AS POSSIBILIDADES do I, com a exceção que representa o lado mais reluzente dos 9. Você é tolerante e gosta de ajudar a humanidade. É muito ativo. Se for negativo, deverá cuidar-se contra prejuízos. Se o R for seguido de um I, você poderá ser melindroso e irritável.

Num ciclo de pico, o "R" proporciona uma abertura para novos planos e idéias, exigindo uma nova ocupação na vida. Decida-se a ganhar um *status* durante esse período. Uma vez que os passos são rápidos, deverá diminuir o ritmo correspondentemente.

O "R" como fator de saúde é conhecido como a letra que rosna, indicando fortes ruídos subjacentes, mas não muito danoso, a não ser que duas letras R sejam estimuladas ao mesmo tempo. Na expressão negativa poderão ocorrer acidentes devido à precipitação ou ao descuido, e que poderão ocasionar doenças.

Sua Carreira

Escolher uma carreira é um passo importante na vida. Se tiver mais de um talento, poderá ter dificuldades na escolha da carreira a seguir. Nessa ocasião um estudo dos seus números e das suas vibrações específicas poderá ser de grande ajuda. Os seus números indicam as habilidades que tem; use-os a fim de planejar o futuro.

O número da carreira é o seu Número da Lição da Vida. Para encontrá-lo, some os números da data de nascimento. Some sempre o número inteiro do mês e do dia, sem reduzi-los a um dígito simples. Some os números do ano e use o total na operação. Por exemplo, 1945 = 1 + 9 + 4 + 5 = 19. Use 19 para o ano de 1945.

12 de novembro de 1940 corresponde ao número de carreira 1: 12 + 11 + 14 (1 + 9 + 4 + 0 = 14) = 37/1.

Se a sua data de nascimento for um número-mestre, não o reduza.

Muitas vezes a mesma vocação é encontrada sob números diferentes. Nesses casos, veja as outras carreiras no número de carreira, isso o ajudará a determinar como usaria essa vocação específica. Por exemplo, advogado aparece sob os números 2, 3, 6, 7, 8 e 9. No número 3 seria expresso como advogado da corte, no número 7 como advogado da família, no número 8 como advogado de empresa, de patentes ou conselheiro econômico, e assim por diante.

Leia agora as descrições abaixo a fim de encontrar as carreiras compatíveis.

1 COMO NÚMERO DE CARREIRA: Inventor, desenhista, aviador, líder de um grupo, departamento ou de uma organização comercial. Embaixador, diretor, programador, dono de loja, militar de carreira. Produtor de filmes, de televisão ou de peças teatrais. Conferencista, promotor, gerente de vendas, executivo, explorador. Trabalhos criativos de toda espécie.

2 COMO NÚMERO DE CARREIRA: Diplomata, agente, comprador, escriturário, advogado, avaliador de seguros ou qualquer posição que requeira arbitragem. Arquiteto, contador, cobrador, zelador, legislador, bibliotecário, pastor, ministro do exterior, político, professor.

3 COMO NÚMERO DE CARREIRA: Artista, músico, enfermeira, dietista, físico. Escritor, animador, especialista em cosméticos, vendedor de cosméticos ou de produtos para as artes. Um artesão em qualquer linha. Advogado, juiz, engenheiro, pastor, sacerdote, diretor de área de lazer, técnico de atletismo, diretor de escoteiros, professor de escola vocacional, filósofo. Um 3 deverá evitar posições de confinamento rigoroso ou que exija longas horas, uma vez que a auto-expressão é necessária para a felicidade e o melhor trabalho.

4 COMO NÚMERO DE CARREIRA: Todos os ramos de construção, numerólogo, fazendeiro, mineiro, industrial, pedreiro, desenhista, mecânico, contador, empreiteiro, perito eficiente, executivo, boxeador profissional, engenheiro, químico, técnico de laboratório.

5 COMO NÚMERO DE CARREIRA: Vendedor, gerente de propaganda, investigador ou detetive, escritor, professor, conferencista, conferente, colunista, editor, qualquer carreira das comunicações. Grafólogo, revisor, editor, teatrólogo, operador de rádio ou TV, ator, secretário, consultor, psicólogo ou professor de línguas, intérprete e importador-exportador.

6 COMO NÚMERO DE CARREIRA: Ator, relações-públicas, construtor, professor, escritor, enfermeiro, médico. Decorador de interiores, artista, floricultor, cantor, professor de oratória, tutor. Cabeleireiro, costureiro ou modelista, especialista em moda, músico, perfumista, químico de incensos, herborista. Qualquer ramo de teatro. Conselheiro conjugal, advogado de família. O 6 tem necessidade de servir a outros, de algum modo.

7 COMO NÚMERO DE CARREIRA: Arqueólogo, astrólogo, engenheiro, terapeuta, pastor, autor, dentista, fazendeiro, advogado, fotógrafo, pesquisador de psiquismo, qualquer tipo de trabalho de pesquisa. Poderia trabalhar em biblioteca como catalogador ou indexador. O 7 não gosta de trabalhos manuais e sente-se melhor num ambiente refinado e de cultura.

8 COMO NÚMERO DE CARREIRA: Banqueiro, financista, engenheiro, empreiteiro, químico, carpinteiro, investigador criminal, farmacêutico, exterminador, perito em armas de fogo e em dinamite. Advogado, organizador, supervisor, filantropo, produtor, arquiteto, corretor.

9 COMO NÚMERO DE CARREIRA: Pesquisador, eletricista, explorador, mágico, agente de narcóticos, cientista, médico, professor, padre, conferencista, cirurgião, diplomata. Metalúrgico, artista, músico, advogado, curador espiritual, horticultor, paisagista.

11 COMO NÚMERO DE CARREIRA: Escritor impulsivo, professor, conferencista, promotor, gerente de vendas, líder em negócios públicos. Profissional em trabalhos metafísicos, astrólogo, astrônomo, numerólogo. Eletricista, perito em eletrônica espacial, astronauta.

22 COMO NÚMERO DE CARREIRA: Executivo, diplomata, embaixador, agente do governo, ajustador, mediador, filantropo, bibliotecário, superintendente escolar. O 22 pertence ao serviço público ou a alguma forma de aconselhamento.

33 COMO NÚMERO DE CARREIRA: Professor de interpretação bíblica, servidor público. A data de nascimento 33 volta-se, em geral, a serviços que exigem muito empenho e mesmo sacrifício em algum setor. Poderá ser uma vida de criação ou o abandono da própria carreira para servir a um familiar, uma comunidade ou ao mundo.

44 COMO NÚMERO DE CARREIRA: Fazendeiro, construtor, médico, enfermeiro, dietista, soldado, político, banqueiro, comerciante, assistente social. O 44 deve contribuir para o mundo de modo substancial e materialista.

A Compatibilidade dos Números

Muitas pessoas gostam de determinar sua compatibilidade com alguém. Podemos fazer isso ao comparar os Números da Lição da Vida. É o número que tem a maior influência sobre as nossas vidas.

Usaremos aqui apenas o dígito simples do Número da Lição da Vida. Se tiver um número-mestre, reduza-o a um dígito simples e trabalhe com o mesmo. Para aqueles que não desejam revelar sua data de nascimento, simplesmente peça-lhes que calculem o próprio Número da Lição da Vida e que lhe forneçam esse número.

A lista que se segue oferece todas as combinações possíveis de Números da Lição da Vida. O 3 pode ser compatível com o 5? Vejamos.

1 COM 1: Uma vez que a liderança é a palavra-chave para ambos, seria uma combinação dinâmica. Desejariam a mesma coisa ao mesmo tempo e uniriam suas forças para competir com outros. Poderiam ter de harmonizar suas personalidades, já que ambos tendem a ser agressivos. É uma combinação que requer cooperação e a necessária resistência a fim de ver um projeto concluído.

1 COM 2: A pessoa 1 tem os planos, a iniciativa e qualidades de liderança, enquanto o 2 possui os talentos de cooperação e de apoio para executar os planos e idéias iniciados pelo 1. A pessoa 1 é inovadora e a pessoa 2 é apoiadora, e um agente ou promotor perfeito para essas inovações. Como sócios, cônjuges ou colegas de serviço, serão vencedores pois cada um possui aquilo que falta ao outro.

1 COM 3: Através da combinação das qualidades de liderança e originalidade da pessoa 1 com o charme, magnetismo e a prática para expandir uma idéia e torná-la um real sucesso, essa combinação pode proporcionar honras e fama, bem como felicidade. O único perigo real é que a pessoa 1 poderá ser impulsiva, e a pessoa 3 poderá dispersar suas energias; mas, através da concentração dos seus talentos combinados, quase tudo pode ser alcançado.

1 COM 4: Esta combinação proporciona uma base firme para o sucesso comercial. A pessoa 1 age para tomar as decisões, além de oferecer talentos criativos, inventivos e originais. Todavia, a pessoa 1 necessita da prática, da perfeição e do apoio estabilizador da pessoa 4, como um freio para a impulsividade. A pessoa 1 pode irritar a pessoa 4 através dessa impulsividade, enquanto o 4 pode irritar o 1 devido à sua extrema cautela. De modo geral, entretanto, é uma boa combinação.

1 COM 5: Ambos são criativos, flexíveis e originais, com um toque de versatilidade. Ambos podem ter o mundo a seus pés, e têm tudo para aprender a ganhar muito em conjunto. A pessoa 5 pode vender as idéias da pessoa 1. Os projetos educacionais poderiam ser ideais para vocês, mas deixem que a pessoa 5 cuide da publicidade.

1 COM 6: A pessoa 6 ama as artes, a sociedade, a beleza e o luxo, e esses mundos poderão ser abertos pela pessoa 1, que proporciona o lampejo, o impulso e a liderança para resultados bem-sucedidos. Haverá atritos caso a pessoa 1 insistir nos seus modos de realização, e, por esse motivo, o esforço cooperativo num campo cultural como a decoração de interiores, o paisagismo, o preparo de refeições requintadas ou algo parecido poderia ser compensador para essa dupla.

1 COM 7: O relacionamento espiritual ou metafísico poderia caber bem neste caso. A pessoa 1 não deverá ser demasiado exigente ou apressada, uma vez que o 7 necessita de privacidade, análise e meditação. Enquanto a pessoa 1 é extrovertida, o 7 é introvertido, e cada uma deveria estar consciente da necessidade que a outra tem de independência. A pessoa 7 deverá comunicar as idéias e seguir a liderança da pessoa 1, agindo assim como um freio para a impulsividade do 1. Esta poderá ser uma combinação poderosa.

1 COM 8: Se ambos forem agressivos, acostumados a tomarem suas próprias decisões, o caso é de cooperarem prontamente ou de se tornarem rivais e antagonistas. Caso se acalmarem em forma de uma unidade, usando sabiamente e com análise cuidadosa as forças combinadas, haverá grande poder e coragem para enfrentar as dificuldades. Reúnam suas energias e talentos e vençam juntos, pois, de outro modo, destruir-se-ão mutuamente. É uma combinação forte para negócios.

1 COM 9: A amplitude da visão e da compreensão do 9, combinada com a originalidade e o ímpeto da pessoa do 1, pode criar uma combinação de gênios inventivos. A pessoa 1 dá os impulsos nesta parceria, proporcionando as diversas idéias que caem em ouvidos amadurecidos e sábios. Juntos, a coragem e a sabedoria desta combinação farão com que se aprofundem no sucesso.

2 COM 2: O lema aqui é o equilíbrio perfeito e a divisão por igual. Ambos gostam de formar experiências, e são capazes de proporcionar e de ganhar compreensão. Aprenda a trabalhar com o outro, em vez de para o mesmo, e ambos compartilharão os benefícios materiais dessa parceria. Um está extremamente consciente do ponto de vista do outro e, portanto, não necessitam ficar atolados a ponto de não poderem tomar decisões ou iniciar ações com eficiência.

2 COM 3: Trata-se de uma combinação de popularidade. Enquanto o 2 sabe como angariar amigos, contratos e fazer com que tudo decorra harmoniosamente, a pessoa do 3 pode expandir-se nas amizades e injetar vida e espontaneidade na mesma. Os talentos criativos do 3 podem ser manipulados e equilibrados eficientemente pela habilidade do 2 de permanecer na retaguarda e de tomar conta dos aspectos práticos, fazendo com que tudo siga o rumo certo.

2 COM 4: Não há competição ou atrito nesta combinação de números. Na realidade, um faz aparecer o lado melhor do outro. Há grande harmonia e compreensão em qualquer empreendimento que iniciem. A pessoa 2 age como harmonizadora e coordenadora, e a pessoa 4 planeja a base prática para alicerces sólidos. Dar-se-iam bem na construção de casas, no ramo imobiliário, na agricultura e em outras profissões correlatas.

2 COM 5: Esta parceria produzirá uma experiência de "tudo ou nada". A pessoa 2 deveria manter-se em segundo plano, aguardando que a sua força se faça necessária. A pessoa 5 pode falar e planejar por ambos, e um atrito poderia ocorrer se a pessoa 2 jogasse água fria na capacidade e brilho do 5. Se a pessoa 2 puder manter a atenção e o interesse do 5, ela poderá sustentar as idéias do 5 e ajudar a colocá-las em prática.

2 COM 6: Esta poderá ser uma combinação de números extremamente bem-sucedida. O tato e o magnetismo da pessoa 2 combinados com o amor pelo belo e a apreciação do lar e da família, expressados pelo 6, poderá atrair a confiança de terceiros, que vêem essas duas pessoas como sensitivas, protetoras, artísticas e cooperativas. O público corresponderá ao charme combinado dos dois. Teriam sucesso em obras de caridade, atividades financeiras ou qualquer trabalho organizacional relacionado a lares, crianças ou assuntos domésticos.

2 COM 7: Trata-se de uma combinação bastante harmoniosa e não ocasiona atritos; antes disso, é necessário cuidar-se contra serenidade em demasia. Existe concordância quanto a estudos ocultos, filosóficos e místicos, e muito potencial para o crescimento conjunto no plano espiritual. A pessoa 2 entende e sabe como cooperar, e a pessoa 7 necessita de períodos de solidão para meditar e aperfeiçoar idéias que eventualmente podem ser compartilhadas de modo benéfico por ambos.

2 COM 8: Suas energias combinadas podem levá-los longe rumo ao sucesso material, e esta é uma excelente combinação de dinheiro e financeira. Em conjunto, poderão angariar prestígio e desfrutar de boa reputação pela honestidade e integridade nos negócios. Ambos são eficientes, e se a pessoa 8 cuidar de não obscurecer e subjugar a pessoa 2 através da sua vibração dinâmica, uma boa amizade poderá desenvolver-se. A pessoa 8 pode confiar na diplomacia e no tato da pessoa 2 em todas as transações comerciais.

2 COM 9: As capacidades de mediação e de equilíbrio da pessoa 2, conjugadas à percepção e visão da pessoa 9, podem produzir uma combinação vencedora. Cada um contribui harmoniosamente para o outro, e quando ambos estiverem empenhados numa causa, o movimento aumenta através da causa em comum. A habilidade do 2 de ver ambos os lados de uma situação proporciona um alicerce firme para a imaginação e os instintos humanitários da pessoa 9; juntos poderão realizar muito para melhorar as necessidades do mundo.

3 COM 3: Esta é uma combinação a ser olhada com cuidado. Uma vez que ambos são capazes de assumir muitos riscos, e acreditam na sorte, que, até certo ponto é favorável, tenderão a arricar-se demais. A sua ânsia por grandes idéias e por métodos expansivos de lidar com os assuntos poderá levá-los a desperdícios e à frivolidade. Há um pouco de jogador em cada um. Caso essas qualidades sejam refreadas e controladas, eles poderão dedicar-se a quase tudo.

3 COM 4: Para que essas duas pessoas possam coexistir, é necessário um compromisso. Cada uma deve ouvir a outra, uma vez que a pessoa 3 é expansiva e tem livre-pensamento, enquanto a pessoa 4 é econômica e conservadora, e essas qualidades poderão colidir. A associação duradoura será possível se a pessoa 3 se conscientizar da necessidade de precaução e estabilidade

do parceiro, e caso a pessoa 4 facilitar um pouco, ouvindo as idéias expansivas do 3. Juntos poderão implementar brilhantes idéias em bases sólidas.

3 COM 5: Estas vibrações são harmoniosas, e quase tudo que tentem juntos é fadado ao sucesso. Estão ambos ajustados para a velocidade máxima. "Faça agora" é o seu lema; o único perigo é serem muito precipitados com suas idéias. Ambos têm muitas idéias, que a pessoa 3 pode apresentar com eficiência e a pessoa 5 pode vender facilmente. Eventualmente estarão lidando com muitos negócios ao mesmo tempo, como forma de canalizar as numerosas idéias.

3 COM 6: Este deverá ser um relacionamento muito bom, pois ambos são congeniais e apegados ao prazer e à vida social. Existe compreensão e harmonia entre ambos, pois possuem tratos semelhantes de personalidade, que deverão desenvolver-se numa amizade duradoura, na qual se sentem seguros para traçar planos e investimentos de longo prazo em conjunto. Empreendimentos que proporcionem amizade e amor, tais como a organização de festas de noivado e casamento, caber-lhes-iam bem.

3 COM 7: A pessoa 3 fornece a energia e a inspiração neste relacionamento, enquanto o 7 proporciona compreensão e profunda percepção. É uma combinação vencedora, na qual o místico 7 se beneficia com os tratos vívidos do 3, e o 3 aprende a avaliar suas próprias tendências dispersantes e a lidar mais produtivamente com seus talentos. O 3 necessita socializar-se e o 7 requer um tempo de solidão. Com as necessidades de um e de outro em mente, essa parceria poderá ser ideal.

3 COM 8: Se tratada de modo construtivo, nada poderá deter essa combinação. A pessoa 3 possui talento para idéias, comunicação e divulgação eficiente; o 8 possui a força e o impulso para grandes negócios e projetos filantrópicos. Cada um completa as necessidades do outro. Caso seus anseios sejam compatíveis, trata-se de uma combinação imbatível, e suas mais altas esperanças poderão ser alcançadas através do sentido comercial prático do 8 e dos talentos sociais do 3.

3 COM 9: Existe muito idealismo nesses dois números, e o trabalho no mundo material poderá ser negligenciado em favor dos prazeres sociais do 3 e das inclinações filantrópicas do 9. A cooperação e a compreensão mútua são abundantes nesse caso, e talvez a combinação seja demasiado compatível. Como dupla, necessitam focalizar seu idealismo e reconhecer que a natureza prática é essencial e que o mundo material é tão importante quanto o espiritual.

4 COM 4: Esta poderá ser uma combinação extremamente auspiciosa e compatível, proporcionando sucesso financeiro e conforto material. Ambos são construtores, no sentido material, e gostam de ter produtos concretos ao final dos seus empenhos. O seu trabalho necessita ter um valor prático. Cuidem para não se aprofundarem demais no lado físico da vida, negligenciando o lado espiritual do desenvolvimento. Esse é um perigo, pois ambos são muito iguais.

4 COM 5: Esta poderá ser uma boa combinação, sobretudo por serem tão diferentes. O 4 possui a natureza prática e a solidez para estabilizar seus esforços combinados. O 4 constitui o volante de equilíbrio nesta parceria. A pessoa 5 fornece a perspicácia e uma variedade de idéias. O 5 também tem muitos contatos, pois comunica-se bem com os outros. O 5 pode mais facilmente ajustar um ambiente que combine harmoniosamente com o 4, e os resultados dos esforços valerão a pena.

4 COM 6: Vocês são sérios e práticos, mas gostam o suficiente do prazer para saber manter um equilíbrio entre o trabalho e o lazer. Desse modo, criam uma atmosfera de alegria e felicidade. A pessoa 4 está disposta a trabalhar visando lucros, e a pessoa 6 adora o lar e as artes. Os seus talentos combinados poderão levá-los a profissões que envolvam o paisagismo. O seu trabalho seria apreciado e desfrutado pelos outros.

4 COM 7: O talento do 4 para o planejamento fortemente prático e voltado à perfeição, combinado com a ampla percepção e os talentos imaginativos da pessoa 7, pode criar uma combinação de forças capaz de levar a grandes realizações. É um bom equilíbrio, pois a pessoa 4 vive num mundo material enquanto o 7 vive num mundo mental. Combinando sabiamente esses dois aspectos, um equilíbrio perfeito poderá ser alcançado.

4 COM 8: Onde a pessoa 8 pensa em termos de muito poder e de grandes transações comerciais, a pessoa 4 pode proporcionar o equilíbrio perfeito, com a habilidade de ver os pequenos detalhes e acrescentar a estabilidade prática necessária para escorar qualquer grande empreendimento. Ambos tendem à realização física e material; o 4 movimenta-se de modo mais cauteloso e conservador, enquanto o 8 progride de forma mais ampla e impetuosa. Todavia, em conjunto, equilibram-se bem mutuamente.

4 COM 9: Nesta parceria, a pessoa 4 tem uma valiosa oportunidade de aprender as lições da vida, uma vez que a pessoa 9 possui muita sabedoria e percepção a oferecer, e que poderão alçar o 4 do mundo material e mostrar-lhe o valor do trabalho num sentido mais elevado. A pessoa 9 aprende as lições da natureza prática e do trabalho, no plano material, com a pessoa 4. Há uma troca de idéias e de filosofias nesta combinação, e uma fusão do brilho da razão com o julgamento.

5 COM 5: Ambos são temperamentais e excitáveis e, quando trabalham em conjunto, essas qualidades surgem à tona. Se desejarem trabalhar bem, como dupla, deverão suprimir explosões provenientes da energia nervosa. Canalizem suas energias num trabalho aventuroso e excitante, que poderá envolver viagens, ou pelo menos algo que ofereça a ambos mudanças e um

estímulo intelectual. Nenhum de vocês gosta de ficar amarrado por muito tempo e, se desejarem ser bem-sucedidos como dupla, deverão encontrar saídas para as suas energias.

5 COM 6: A pessoa 5 estimula intelectualmente e influencia as qualidades domésticas e artísticas da pessoa 6. O 6 confere forma, beleza e ordem à variedade de idéias e à natureza impulsiva da pessoa 5. O lar seria bem cuidado e decorado com bom gosto, e haveria muita atividade no mesmo. É uma combinação estimulante, ainda que tranqüila, e que deixa os outros à vontade.

5 COM 7: Muita conversa e excitação por parte da pessoa 5 poderá desestimular a pessoa 7. O 7 necessita de períodos calmos de introspecção e meditação, e pode influenciar o 5 de modo relaxante. O 5 poderá trazer a energia e o prazer que faltam ao 7. Juntos, através do respeito mútuo e da compreensão das qualidades inatas do outro, esta combinação poderá ser extremamente bem-sucedida no mundo das idéias.

5 COM 8: Esta combinação poderá ser chamada de "relâmpago lubrificado" se conseguirem reunir sabiamente suas vibrações. Ambos são altamente carregados, o 5 no reino das idéias e da comunicação, o 8 nos mundos dos negócios, das finanças e dos esportes. Existe um grande anseio por aventuras, e o 8 proporciona a força subjacente para escorar quaisquer projetos. Ambos poderão precisar dar atenção aos sentimentos interiores e refrear o dinamismo em momentos adequados.

5 COM 9: Esta poderá ser uma combinação vencedora, na qual o 5 proporciona as habilidades versáteis e promocionais para apresentar ao mundo o discernimento do 9 a respeito dos campos da ciência e da pesquisa. O 5 possui a energia, os contatos e a prática para divulgar a destreza e a sabedoria do 9, enquanto o 9 tem as qualidades de equilíbrio para transformar as aventuras do 5 em resultados confiáveis e firmes.

6 COM 6: A beleza, a arte e o conforto são soberanas na natureza do 6, e ternura e rosas em demasia poderão se tornar cansativas se não houver um estímulo realmente construtivo a seguir. O perigo aqui é a semelhança das suas naturezas, capaz de deixar que as coisas transcorram em calma, enquanto o trabalho é evitado. Combinando seus talentos sabiamente poderão criar uma atmosfera de incrível beleza no lar ou na comunidade. Existe uma grande bondade e o amor pelo lar nesta combinação.

6 COM 7: Esta poderá ser uma combinação difícil, no sentido de que a pessoa 6 está demasiadamente envolvida no mundo doméstico e artístico, com a exclusão de qualquer outra coisa, e a pessoa 7 também vive mergulhada em mundos separados de mente e pensamento. O perigo aqui reside na total falta de comunicação entre ambos. A cooperação e a determinação de se comunicarem mutuamente deverá ser decidida desde o início.

6 COM 8: Esta combinação tem grandes possibilidades. A pessoa 6 oferece o apoio amoroso e o brilho criativo que beneficiarão a pessoa 8 em qualquer profissão escolhida. A pessoa 8, com tendências mais fortes para as finanças e o comércio, provavelmente assumirá a liderança nesta combinação, e o 6 poderá oferecer métodos criativos para tratar e apresentar tais idéias, além de proporcionar a retaguarda da subsistência doméstica, que torna o fim do dia um prazer.

6 COM 9: Aqui está a possibilidade para uma amizade ou parceria duradoura. Desfrutam de sentimentos mútuos com relação à maioria dos assuntos, e ambos acreditam que o casamento exige o espírito de dar e receber. O 6 proporciona a beleza, o 9 a verdade; juntos, poderão aprender muito um com o outro, no campo do "6 doméstico" — a unidade microcósmica —, e no campo do "9 universal", a unidade macrocósmica. Cada um ensina ao outro a importância do menor e do maior.

7 COM 7: A palavra-chave aqui é Paz. Ambos são maduros em suas emoções e nenhum desentendimento ou argumentação entre ambos poderá perdurar. Os dois tendem a viver num mundo de idéias, e reconhecem a natureza transitória do mundo material. O perigo reside na rejeição do mundo físico, como ilusório; conseqüentemente, poderão passar o tempo inteiro dedicado às suas mentes, sem ninguém para pagar as contas e afastar o lobo da porta.

7 COM 8: Esta poderá ser uma parceria excelente. O fogo e a força, o calor e a energia do 8, poderão sobrepujar o calmo 7, mas as habilidades organizativas executivas do 8 tendem a ampliar substancialmente a visão e o discernimento do 7. Desse modo, o 8 proporciona a força, enquanto o 7 prognostica o resultado, acrescentando a calma de intelecto que aumenta as qualidades de ousadia do 8. Juntos, poderão constituir uma parceria muito eficiente.

7 COM 9: Existe grande compreensão e simpatia nesse par. O crescimento interior é a meta que ambos procuram, e a universalidade de idéias lhes traz harmonia, entendimento e paz. É uma combinação quase perfeita, pois há uma confluência de mente, coração e alma, em harmonia. Um relacionamento místico poderia se desenvolver, e seus talentos combinados têm tudo para produzir benefícios para toda a humanidade, no sentido de que a sua sabedoria poderá melhorar a vida de todos aqueles com quem lidem.

8 COM 8: Trata-se de um par perfeito para uma revolução. Quando a força enfrenta a força, faíscas costumam surgir. Por outro lado, o par poderia produzir o efeito contrário e se aniquilar mutuamente. Como acontece com todas as energias, esta combinação poderá ser de uso amplo. Quando tratadas com cuidado, suas capacidades combinadas de força e execução, poderiam apresentar ao mundo uma frente unida, incapaz de ser batida por qualquer oposição comum. É uma parceria apta a conseguir quase tudo no mundo.

8 COM 9: Esta é uma boa parceria para atividades e pesquisas científicas ou filantrópicas. As qualidades criativas do 9, combinadas com a força e a natureza prática do 8, fazem desta uma combinação de tremendo sucesso nos círculos de pesquisas, ou financeiros e econômicos. Ao mesmo tempo, poderiam contribuir muito um para o outro no sentido espiritual, pois o 8 proporciona a estabilidade e os valores do mundo material, enquanto o 9 exemplifica o filósofo universal.

9 COM 9: Pode-se dizer que esta é uma combinação do destino, pois ambos são intuitivos, perspicazes e imaginativamente criativos. Os dois conhecem o valor do aperfeiçoamento de suas próprias vidas através do ensino e do auxílio aos outros, e algum grande benefício para a humanidade poderia resultar desta parceria. Um elo profundo crescerá entre ambos, e um poderá ser muito esclarecido pelo outro.

Números que Faltam em Seu Nome

Os números que faltam em seu nome, algumas vezes denominados números "cármicos", indicam as qualidades que deverá desenvolver nesta vida. Representam as qualidades e atitudes que devemos adotar a fim de expiar as faltas cometidas em vidas passadas.

No nosso exemplo, Ada Wynn Lunt possui a seguinte vibração numérica:

```
1  +  1   +  7      +  3         = 12/3  Número
                                          da Alma
A D A    W Y N N    L U N T
4     +  5 + 5+5  + 3 + 5+2      = 29/11 Número da
                                          Personalidade Exterior
                                   41/5  Número da Linha do
                                          Destino
11 + 12 + 14 (1 + 9 + 4 + 0)     = 37/1  Número da Lição da
                                          Vida
```

A esses, acrescentaremos uma nova vibração numérica. Some o dígito duplo do Número da Linha do Destino ao dígito duplo do Número da Lição da Vida. O resultado é conhecido como "Número do Poder".

```
41/5      Número da Linha do Destino
37/1      Número da Lição da Vida
78/15/6   Número do Poder
```

O Número do Poder representa uma vibração que surge através dos seus dígitos duplos de 30 e 40. É uma combinação de todos os seus talentos.

Se examinarmos as vibrações numéricas do nome de Ada, veremos que faltam os números 6, 8 e 9. Se qualquer um desses números estiver presente nos seus quatro números pessoais, no seu Número do Poder, ou num apelido que poderá ter, então essa vibração já se encontra presente em sua vida. Os seus quatro números pessoais são 12/3, 29/11/2, 41/5, 37/1 e o seu Número do Poder é 78/15/6. Do grupo de números que faltam, 6, 8 e 9, podemos eliminar o 6, que ela tem como Número do Poder. Portanto, Ada não dispõe apenas dos números 8 e 9. As qualidades representadas por esses números deverão ser incorporadas à sua vida.

Lembre-se que além dos números pessoais e do Número do Poder, um apelido ou alguma outra mudança de nome poderão suprir a vibração numérica em falta. Por esse motivo, examine todas as combinações possíveis de nome e números antes de decidir que lhe falta um certo número ou números. Neste caso, os números-mestre poderão ser reduzidos para cumprir vibrações. Um 11 cumpre a vibração 2, um 22 cumpre a 4, o 33 cumpre a 6 e o 44 cumpre a 8.

Procure os números que lhe faltam, se for o caso, e leia as seguintes interpretações a fim de determinar quais as qualidades a serem incorporadas ao seu caráter. Para uma interpretação mais detalhada, veja o número na Parte II.

1 COMO NÚMERO EM FALTA: Você precisa desenvolver as qualidades de liderança, coragem e ousadia. É importante que aprenda a tomar decisões e a assumir o controle de qualquer situação que exija o seu esforço. Necessita afirmar sua individualidade, para que receba atenção e seja ouvido. Precisa aprender a ser o primeiro e o melhor de algo, e empenhar-se em situações novas e ainda não tentadas. Demonstre seus instintos pioneiros e ouse ser você mesmo.

2 COMO NÚMERO EM FALTA: Deverá aprender a refinada arte da cooperação, tato e diplomacia. O trabalho em parceria com outro requer que faça a sua parte; aprenda a permanecer nos bastidores, se necessário. Quando entender como uma outra pessoa pensa e sente, poderá entrar em contato com suas próprias emoções e sentimentos, uma vez que terá uma visão da reação que causa nos outros. Ao desenvolver uma consciência de opostos, aumentará seus próprios potenciais criativos.

3 COMO NÚMERO EM FALTA: Você tem de aprender a se expressar. Desenvolva seus talentos de comunicação treinando-se na arte da oratória através da arte dramática, da dicção, de línguas estrangeiras, etc., a fim de poder constituir-se numa influência na vida dos outros. Deverá desenvolver uma perspectiva feliz e otimista e espalhar o entusiasmo e a esperança para onde for. Há uma necessidade de maior socialização e entretenimento em sua vida. Viaje, amplie sua mente e examine novas oportunidades. Esteja consciente de sua aparência, pois ela tem uma influência distinta sobre aqueles que encontra.

4 COMO NÚMERO EM FALTA: Você deve desenvolver um estilo de vida ordeiro e sistemático para produzir uma existência estruturada. Precisa transformar suas energias em formas tangíveis através de trabalho árduo e disciplina. Controle as finanças e mantenha as contas em ordem. Torne-se econômico e prático, firme e confiável. Use a razão para chegar a conclusões. Aprenda o que significa ser "o sal da terra", pois sua vida necessita de um alicerce firme construído sobre a pedra angular da ordem, da lógica e do trabalho árduo.

5 COMO NÚMERO EM FALTA: Você precisa aprender a se ajustar às mudanças e a se tornar mais versátil. Deve desenvolver a liberdade, física, mental e espiritual, para que o lado mais aventuroso da sua natureza possa se expressar. Necessita viajar e conviver socialmente com muitas pessoas, a fim de que a sua própria perspectiva da vida possa ser ampliada e aperfeiçoada. Desenvolva a mente e aprenda a comunicar-se eficientemente com os outros. A mente é o seu maior recurso e deverá ser utilizada em seu potencial máximo.

6 COMO NÚMERO EM FALTA: Você precisa expressar mais amor pelos outros. O 6 é uma vibração doméstica, e a falta da mesma indica a necessidade de estreitar os laços de afeição com os seus familiares imediatos e o seu ambiente. Deverá desenvolver um senso pessoal de responsabilidade para com aqueles que dependem de você, e um senso de responsabilidade social para o bem daqueles em sua comunidade. Tornar-se consciente das necessidades dos outros aumenta a sua habilidade de ver os dois lados de um assunto e assim refina o seu talento para tomar decisões justas. Esse senso agudo de equilíbrio aumenta a sua percepção artística e poderá ajudá-lo a desenvolver habilidades criativas ocultas. O artista existente em você poderá então aparecer.

7 COMO NÚMERO EM FALTA: Você precisa desenvolver a mente e o seu lado intuitivo e filosófico. Em certas ocasiões deverá abandonar o mundo material e aprender a entrar no seu interior, para meditar e ponderar sobre a essência do seu ser. Viagens solitárias para o campo ou a praia deverão fazer parte do seu programa anual. Durante tais períodos de isolamento, a sua imaginação criativa pode divagar livremente para explorar o mundo dos pensamentos. Desenvolva suas percepções a fim de não ser enganado por aparências externas. Estude filosofia, religião e metafísica para expandir sua mente.

8 COMO NÚMERO EM FALTA: Deverá canalizar suas energias para o mundo material a fim de conseguir uma posição de liderança. Desenvolva o seu senso comercial. O seu papel deve ser o de "grande chefe", o executivo que organiza e gerencia grandes negócios. Sua ambição deverá cavar um nicho para si no mundo financeiro, onde a fortuna pode ser facilmente conseguida. Este número representa força e vontade e, ao usar essas qualidades, você poderá tornar-se um atleta proeminente sem dificuldade. O uso adequado dessa vibração lhe trará reconhecimento no mundo financeiro ou nos esportes, pois, ao abraçar esses dons vibratórios, você terá a força e a determinação para vencer todos os obstáculos e alcançar suas metas.

9 COMO NÚMERO EM FALTA: Você deverá tornar-se o que universaliza, o humanitário, que se preocupa primordialmente com o bem-estar dos outros. Deverá desenvolver uma amplitude de pensamento, e um amor universal pelos outros. Laços pessoais íntimos deverão ocupar o segundo lugar em favor da sua prioridade, que é a de compartilhar o seu conhecimento espiritual com o mundo e inspirar aqueles cujas vidas parecem sombrias e desesperadas. Deverá tornar-se um exemplo para outros através da sua natureza compassiva e simpatizante. Não permita limites em seus pensamentos. Ouse sonhar o sonho mais alto, e execute a tarefa mais difícil. Torne-se caritativo, amável e compreensível.

6

A Vida de Edgar Cayce

DEMONSTRAREMOS, através da vida do famoso médium Edgar Cayce, como os processos descritos nos capítulos anteriores deste livro podem ser implementados para delinear a vida de uma pessoa. Antes de começar pelo nascimento e o seu trabalho durante toda a vida, escolhemos alguns dos eventos mais importantes da biografia de Cayce. Através dos mesmos, estabeleceremos a validade do Triângulo Divino como plano da sua vida. Apresentaremos apenas informações biográficas básicas, uma vez que Edgar Cayce é bastante conhecido, e o material impresso a respeito de sua vida é abundante. (Veja a Bibliografia.)

Edgar Cayce nasceu perto de Hopkinsville, Kentucky, no dia 18 de março de 1877. Apesar de pobre e inculto, tornou-se uma figura querida, conhecida como o "profeta adormecido". Homem profundamente religioso, viveu uma vida devota e cristã, e usou seus notáveis talentos psíquicos para beneficiar os outros. Entrando em transe, Cayce diagnosticava as doenças daqueles que o consultavam, e recomendava tratamentos e curas. Tinha também a habilidade de ler os "registros acáshicos". Afirma-se que cada som, pensamento e vibração, desde o começo dos tempos, está anotado nesses registros, inclusive a primeira vibração sonora, que deu origem à manifestação. Baseado nos registros acáshicos daqueles que o consultavam, ele obtinha informações sobre suas vidas passadas, que lhes eram úteis na encarnação atual. Desse modo, ajudou milhares de pessoas a recuperarem a saúde e a conduzirem suas vidas de acordo com padrões mais construtivos.

Edgar Cayce expressou sua crença de que o nome indica o lugar da alma na evolução. Afirmou na leitura Nº 281-31*:

Cada entidade, cada alma, é conhecida, em toda experiência, através das suas atividades — como um nome para diferenciá-la de outra. Não se trata, então, apenas de uma conveniência material, mas implica ... um período definido na evolução da experiência da entidade no plano material.

---

* Todas as citações são das leituras que Cayce efetuou. Estão sob a guarda da Fundação Edgar Cayce, uma subdivisão da Association for Research and Enlightenment — A. R. E. (Associação de Pesquisas e Esclarecimentos), de Virginia Beach, Virginia, e estão protegidas por direitos autorais: © 1971 pela Fundação Edgar Cayce. Todos os direitos reservados.

Na leitura Nº 261-15 ele disse:

Com relação aos indivíduos, cada um vibra conforme certos números, de acordo com o nome, data de nascimento... Pois, quando estes aparecem, tornam-se forças ou perdas, auxílios ou mudanças... mas... antes disso, são sinais, ou presságios; e podem ser dados como alertas... de alguma maneira que possa ser construtiva na experiência do indivíduo.

Na leitura Nº 311-3 ele afirmou:

Em qualquer influência, vontade... um ser, o ego, o EU SOU... é a força maior com que lidar, mas, como os números influenciam... o conhecimento dos mesmos certamente confere ao indivíduo uma previsão quanto aos relacionamentos...

Escolhemos Edgar Cayce para demonstrar a aplicação da numerologia de dígitos duplos e do Triângulo Divino, uma vez que a sua vida demonstra claramente a verdade das citações acima. Interpretando o nome e a data de nascimento de Edgar Cayce, encontramos os seus quatro números pessoais: o Número da Alma 12/3; o Número da Personalidade Exterior 33; o Número da Linha do Destino 45/9 e o Número da Lição da Vida 44.

```
 5   +  1   +     1   +  5       = 12/3   Número da Alma
 E D G A R       C A Y C E
 4+7 +  9   +    3   +  7+3      = 33     Número da Personalidade
                                           Exterior
                                   45/9   Número da Linha do Destino
18 de março de 1877
 3 + 18 + 23                     = 44     Número da Lição da Vida
```

Número da Alma 12/3: Trata-se de uma vibração altamente espiritual. Representa um indivíduo consciencioso e conhecedor, de forma inata, do nosso relacionamento espiritual com Deus, e que tem o grande desejo de auxiliar os outros. Através de seus ideais, Cayce foi inspirado a dedicar sua vida ao aprimoramento da humanidade. Possuía um sincero interesse por todos que procuravam seus conselhos, e o seu maior desejo era ajudá-los a encontrar a saúde e a felicidade. Ensinou o valor da prece e da meditação, e praticou-as em sua própria vida. Para muitos, foi o exemplo vivo de um ser humano verdadeiramente espiritual.

Número da Personalidade Exterior 33: O 33 é um número-mestre que tem uma vibração quase semelhante à de Cristo. Em sua vida física exterior, Cayce trabalhou incessantemente, realizando sessões de diagnóstico e de vida, através das quais apresentou a teoria da reencarnação e revelou um conhecimento sobre a astrologia e os números, relacionados com a vida do ser humano. Interpretou também a Bíblia. Considerado por muitos como um salvador, ele sentiu a necessidade e a obrigação de trabalhar para o bem de outros, mesmo que sua prosperidade viesse a sofrer com isso.

Número da Linha do Destino 45/9: Este número indica que sua missão da vida era altamente espiritual e mística. Não se satisfazia somente com o sucesso no mundo. Este Número da Linha do Destino significa uma pessoa que gosta de ensinar e servir aos outros. Dotou Cayce com a coragem e a firmeza de enfrentar mudanças e emergências em sua vida, dando-lhe a fé de que tudo sairia bem com a ajuda e a orientação de Deus. Este número também indica a pessoa que está disposta a trabalhar arduamente, até mesmo às custas da sua própria saúde. O lema de Cayce parecia ser: "Deixe-me sempre ser um canal de bênçãos, hoje, agora, para aqueles com quem falo, de qualquer modo." (Nº 262/3).

Número da Lição da Vida 44: Este número, derivado da data de nascimento, indica o que uma pessoa deverá aprender nesta vida. Este número-mestre é denominado Atlas. Na mitologia, Atlas "carrega os céus nos seus ombros". (Veja o nosso livro *13-Nascimento ou Morte?*) Em outras palavras, Cayce assumiria a responsabilidade por outros, atenderia fielmente ao dever e faria o melhor em qualquer situação a ser enfrentada. Possuía um senso comum e a previsão para fazer julgamentos justos. Era muito compreensivo no trato com outros, ansioso por agradar e ajudar de qualquer maneira possível. Acreditava que o serviço era o caminho para a maestria, e sua vida e trabalhos constituem ampla prova disso.

Para escolher os números importantes para a interpretação dos eventos de uma vida, selecione aqueles que coincidem com os quatro números pessoais (no nosso exemplo, 12/3, 33, 45/9 e 44). Os números pessoais são ativados sempre que energizados por números correspondentes. Assim, um evento 12/3 energizaria o Número da Alma 12/3 de Cayce, como o faria qualquer tipo de 3 —, um 3 simples, um 21/3, um 30/3, um 39/3, etc. Portanto, qualquer variação de 3, 6, 8 ou 9 ativaria o número pessoal correspondente; entretanto, faria a ativação de acordo com a variação do dígito duplo. Além disso, muitas vezes, parece que os números-mestre — os números 33 e 44 de Cayce — são acionados por qualquer um dos quatro números-mestre: 11, 22, 33, 44 ou pelos seus dígitos básicos 2, 4, 6 e 8.

Para ver como a vida de Cayce é refletida no seu plano numerológico, examinaremos cada ciclo de nove anos de duas maneiras. Primeiro, veremos as correlações entre os eventos da sua vida e as experiências sob o processo maior e o processo menor, em ação durante cada ciclo de nove anos. Em segundo lugar, poderemos ver se qualquer um dos eventos corresponde ao ano pessoal e aos três números de período, de quatro meses cada um, também em ação nessa época.

Discutiremos aqui apenas os eventos mais significativos da vida de Edgar Cayce. Todavia, faremos uma lista de todas as experiências sob o processo maior e menor, para cada ciclo de nove anos; além disso, anotaremos cada ano pessoal e a divisão desse ano nos três períodos de quatro meses. Você terá, então, diante de si todos os números temporários que afetaram Cayce durante sua vida, embora sejam discutidos aqui apenas os eventos mais significativos da sua vida.

Idades do Nascimento até Nove Anos: A fim de calcular as experiências dos primeiros nove anos de Edgar Cayce através do processo maior (veja a figura 6),

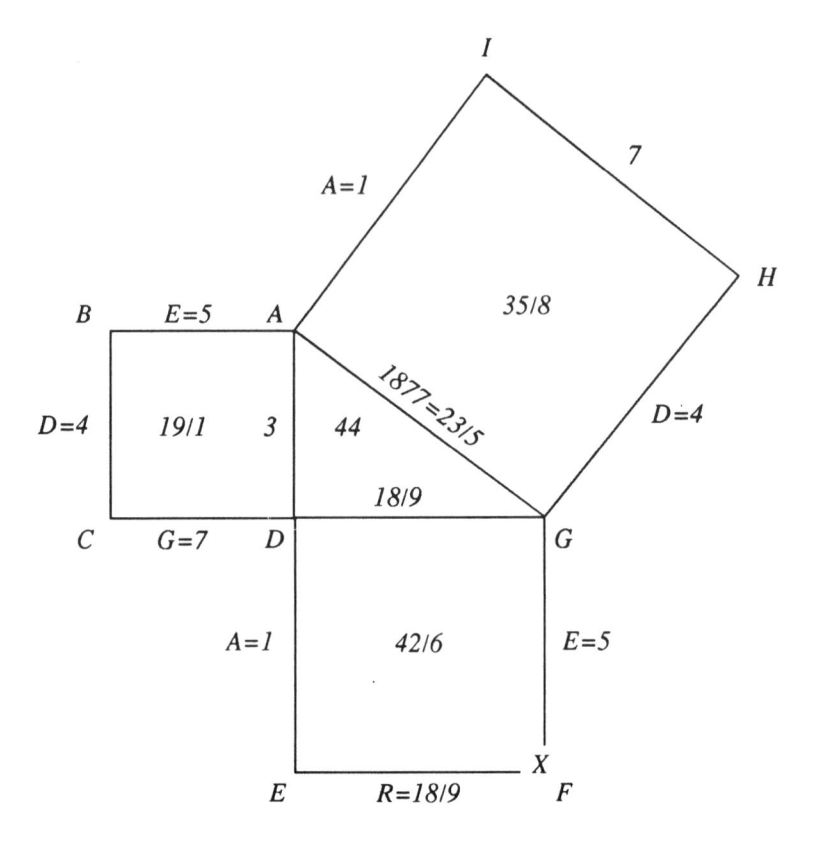

Figura 6. Edgar Cayce.

trabalharemos com o número do centro do quadrado, 19/1, o número no lado do triângulo, 3, o número no centro do triângulo, 44, e as idades em cada extremo da linha AB, 0 e 9. 0 + 1 = 1. 9 – 1 = 8. Com as idades de 1 e 8, Cayce teve uma experiência 19/1. 0 + 3 = 3. 9 – 3 = 6. Com as idades 3 e 6, Cayce teve uma experiência 3. 0 + 8 = 8. 9 – 8 = 1. Com as idades 8 e 1, Cayce teve uma experiência 44.

Para calcular as experiências pelo processo menor, trabalhamos com os números do centro do quadrado, 19/1, do lado do triângulo, 3, e da primeira linha, 5, e as idades em cada extremo da linha AB. 0 + 5 = 5. 5 + 3 = 8. Com a idade de 5, Cayce teve uma experiência 8. 9 – 5 = 4. 5 + 19 = 24/6. Com a idade de 4, Cayce teve uma experiência 24/6.

Não dispomos de muitas informações sobre os primeiros nove anos de Cayce. Sabemos que, de acordo com sua mãe, mesmo quando ainda era muito pequeno, via companheiros invisíveis e falava com os mesmos. Com a idade de 4 anos, a morte de um avô muito estimado provou ser uma experiência bastante emocional. Poucos meses depois, pretendeu que seu avô havia aparecido e falado com ele. Isso ocorreu sob uma experiência 24/6 do processo menor, uma vibração de amor e família. Na tabela de períodos, com a idade de quatro anos, todos os números básicos são energizados.

Abaixo estão os cálculos para os períodos anuais, desde o nascimento até os 9 anos.

Ano Pessoal	Março a Julho	Julho a Novembro	Novembro a Março
3 + 18 + 1877 = 44	1877 0 1877 = 23/5	1877 44 1921 = 13/4	1877 12 1889 = 26/8
3 + 18 + 1878 = 45/9	1878 1 1879 = 25/7	1878 44 1922 = 14/5	1878 12 1890 = 18/9
3 + 18 + 1879 = 46/1	1879 2 1881 = 18/9	1879 44 1923 = 15/6	1879 12 1891 = 19/1
3 + 18 + 1880 = 38/11	1880 3 1883 = 20/2	1880 44 1924 = 16/7	1880 12 1892 = 20/2
3 + 18 + 1881 = 39/3	1881 4 1885 = 22	1881 44 1925 = 17/8	1881 12 1893 = 21/3
3 + 18 + 1882 = 40/4	1882 5 1887 = 24/6	1882 44 1926 = 18/9	1882 12 1894 = 22
3 + 18 + 1883 = 41/5	1883 6 1889 = 26/8	1883 44 1927 = 19/1	1883 12 1895 = 23/5
3 + 18 + 1884 = 42/6	1884 7 1891 = 19/1	1884 44 1928 = 20/2	1884 12 1896 = 24/6
3 + 18 + 1885 = 43/7	1885 8 1893 = 21/3	1885 44 1929 = 21/3	1885 12 1897 = 25/7

Idades de Nove a Dezoito Anos: A fim de calcular as experiências destes anos pelo processo maior, trabalhamos com o número do centro do quadrado, 19/1, o número do lado do triângulo, 3, e o número do centro do triângulo, 44, bem como as idades em cada extremo da linha BC, 9 e 18. 9 + 1 = 10. 18 – 1 = 17. Com as idades 10 e 17, Cayce teve uma experiência 19/1. 9 + 3 = 12. 18 – 3 = 15. Com as idades de 12 e 15, Cayce teve uma experiência 3. 9 + 8 = 17. 18 – 8 = 10. Com as idades de 10 e 17, Cayce teve uma experiência 44.

Para calcular as experiências pelo processo menor, trabalhamos com o número do centro do quadrado, 19/1, o número no lado do triângulo, 3, o número da linha, 4, e com as idades em cada extremo da linha BC, 9 e 18. 9 + 4 = 13. 4 + 19 = 23/5. Com a idade de 13, Cayce teve uma experiência 23/5. 18 – 4 = 14. 4 + 3 = 7. Com a idade de 14, Cayce teve uma experiência 7.

Aos 10 anos de idade, num ano pessoal 45/9, Cayce começou a trabalhar como sacristão numa igreja. Esse ano corresponde ao seu Número da Linha do Destino, 45/9, e as experiências desse período em particular foram indicativas do seu futuro caminho.

Aos 12 ou 13 anos de idade, Cayce estava brincando num dos seus lugares favoritos, junto a um riacho. Sentou-se para ler a Bíblia, que sempre levava consigo. Abriu a página do Livro dos Juízes (13: 2-22) para ler a respeito da visão de Manoá e, enquanto examinava essa passagem, ouviu um som estranho, viu uma luz forte, e então ouviu uma voz dizendo: "Suas preces foram ouvidas. O que perguntaria para que eu atenda o seu desejo?"

Cayce respondeu: "Apenas desejaria ser útil aos outros, especialmente às crianças doentes, e que eu ame meus semelhantes."

No dia seguinte, não conseguia concentrar-se na sua tarefa escolar. Devido à sua soletração insatisfatória, o professor obrigou-o a permanecer na escola e a escrever uma palavra malsoletrada, no quadro-negro, quinhentas vezes. Nessa noite seu pai decidiu treiná-lo a soletrar as lições de casa, mas Cayce não se saiu bem. Era tarde e ele estava ficando com sono. Foi então que Edgar pareceu ouvir uma voz em seu interior dizendo: "Durma um pouco e poderemos ajudá-lo."

Deitou a cabeça no livro de soletração e dormiu por alguns minutos. Quando acordou sabia soletrar todas as palavras do livro inteiro. Essa é a história de como a consciência universal chegou a Cayce.

Alguns dias depois foi atingido por uma bola de beisebol. Voltou para casa, aturdido, e solicitou à mãe que preparasse um certo cataplasma para a parte posterior da cabeça. Ela o fez, e na manhã seguinte ele estava bem. Este foi o seu primeiro conhecimento positivo de prescrições de saúde.

Durante esses dois anos, o seu Número da Alma básico, 12/3, estava sendo ativado. Com a idade de 12 anos teve uma experiência 3 do processo maior do plano e, aos 13 anos, vivia um ano pessoal 39/3. Durante esse ano, experimentou um número de período 12/3 entre novembro e março, que mais uma vez energizou o seu Número da Alma, e ilustrou graficamente como os seus talentos e habilidades interiores, de vidas passadas, estavam sendo infiltrados em sua consciência.

Aos 15 anos, Cayce deixou a escola e começou a trabalhar numa fazenda. Nessa época, também estava sob uma experiência 3 do processo maior do plano, que mostrou que os seus talentos latentes começavam a ser despertados. Talvez uma educação superior tivesse perturbado os seus talentos psíquicos crescentes. Também na tabela de períodos, isso ocorreu num período trimestral 17/8. Isso se relaciona ao seu Número da Lição da Vida, 44. Basicamente, o 8 (um número-mestre, 44, reduzido) significa que os assuntos sérios da Lição da Vida estão sendo energizados. O 8 é um número disciplinar, e significa que o trabalho e a responsabilidade deverão agora ser cumpridos.

Veja, abaixo, os cálculos para os períodos anuais de 9 a 18, que refletem a parte da vida de Cayce descrita acima.

Ano Pessoal	Março a Julho	Julho a Novembro	Novembro a Março
3 + 18 + 1886 = 44	1886 9 1895 = 23/5	1886 44 1930 = 13/4	1886 12 1898 = 26/8
3 + 18 + 1887 = 45/9	1887 10 1897 = 25/7	1887 44 1931 = 14/5	1887 12 1899 = 27/9
3 + 18 + 1888 = 46/1	1888 11 1899 = 27/9	1888 44 1932 = 15/6	1888 12 1900 = 10/1
3 + 18 + 1889 = 47/11	1889 12 1901 = 11	1889 44 1933 = 16/7	1889 12 1901 = 11
3 + 18 + 1890 = 39/3	1890 13 1903 = 13/4	1890 44 1934 = 17/8	1890 12 1902 = 12/3
3 + 18 + 1891 = 40/4	1891 14 1905 = 15/6	1891 44 1935 = 18/9	1891 12 1903 = 13/4
3 + 18 + 1892 = 41/5	1892 15 1907 = 17/8	1892 44 1936 = 19/1	1892 12 1904 = 14/5
3 + 18 + 1893 = 42/6	1893 16 1909 = 19/1	1893 44 1937 = 20/2	1893 12 1905 − 15/6
3 + 18 + 1894 = 43/7	1894 17 1911 = 12/3	1894 44 1938 = 21/3	1894 12 1906 = 16/7

Idades de Dezoito a Vinte e Sete Anos: Para calcular as experiências pelo processo maior, trabalhamos com o número do centro do quadrado, 19/1; o número no lado do triângulo, 3; e o número do centro do triângulo, 44; e as idades em cada extremo da linha CD, 18 e 27. 18 + 1 = 19. 27 − 1 = 26. Com as idades de 19 e 26, Cayce teve uma experiência 19/1. 18 + 3 = 21. 27 − 3 = 24. Com as idades de 21 e 24, Cayce teve uma experiência 3. 18 + 8 = 26. 27 − 8 = 19. Com as idades de 19 e 26, Cayce teve uma experiência 44.

Para calcular as experiências pelo processo menor, trabalhamos com o número do centro do quadrado, 19/1; o número no lado do triângulo, 3; e as idades em cada extremo da linha CD, 18 e 27; e com o número da terceira linha, 7. 18 + 7 = 25. 7 + 3 = 10/1. Com a idade de 25 anos, Cayce teve uma experiência 10/1. 27 − 7 = 20. 7 + 19 = 26/8. Com a idade de 20 anos, Cayce teve uma experiência 26/8.

Aos 18 anos, Cayce conheceu Dwight L. Moody, um evangelista itinerante, cujo conselho mudou o curso da sua vida. O evento ocorreu num ano pessoal 44. Através do processo menor, podemos verificar que Cayce teve uma experiência 26/8 aos 20 anos de idade, o ano em que se apaixonou e propôs casamento a Gertrude Evans. O 8 não corresponde apenas ao Número da Lição da Vida (44 reduzido), mas também 26/8 é um número de carma. O seu casamento foi definitivamente cármico, como revelado em sessões posteriores, que descreveram suas encarnações passadas em conjunto. Era destino que desenvolvessem suas vidas anteriores no seu atual relacionamento.

Abaixo estão os cálculos para os períodos anuais, das idades de 18 a 27 anos, que refletem essa parte da vida de Cayce:

Ano Pessoal	Março a Julho	Julho a Novembro	Novembro a Março
3 + 18 + 1895 = 44	1895 + 18 = 1913 = 14/5	1895 + 44 = 1939 = 22	1895 + 12 = 1907 = 17/8
3 + 18 + 1896 = 45/9	1896 + 19 = 1915 = 16/7	1896 + 44 = 1940 = 14/5	1896 + 12 = 1908 = 18/9
3 + 18 + 1897 = 46/1	1897 + 20 = 1917 = 18/9	1897 + 44 = 1941 = 15/6	1897 + 12 = 1909 = 19/1
3 + 18 + 1898 = 47/11	1898 + 21 = 1919 = 20/2	1898 + 44 = 1942 = 16/7	1898 + 12 = 1910 = 11
3 + 18 + 1899 = 48/3	1899 + 22 = 1921 = 13/4	1899 + 44 = 1943 = 17/8	1899 + 12 = 1911 = 12/3

Ano Pessoal	Março a Julho	Julho a Novembro	Novembro a Março
3 + 18 + 1900 = 31/4	1900 + 23 = 1923 = 15/6	1900 + 44 = 1944 = 18/9	1900 + 12 = 1912 = 13/4
3 + 18 + 1901 = 32/5	1901 + 24 = 1925 = 17/8	1901 + 44 = 1945 = 19/1	1901 + 12 = 1913 = 14/5
3 + 18 + 1902 = 33	1902 + 25 = 1927 = 19/1	1902 + 44 = 1946 = 20/2	1902 + 12 = 1914 = 15/6
3 + 18 + 1903 = 34/7	1903 + 26 = 1929 = 21/3	1903 + 44 = 1947 = 21/3	1903 + 12 = 1915 = 16/7

Aos 22 anos, Cayce conseguiu um emprego como vendedor-viajante. Isso foi durante um período 12/3. Depois de alguns meses, adoeceu e decidiu voltar para Hopkinsville. Não conseguia expressar mais do que um sussurro, conta-nos a história, e um hipnotizador-viajante, tomando conhecimento do fato, sugeriu que se usasse o hipnotismo para determinar a causa da doença. Cayce submeteu-se à hipnose com facilidade, e falou com naturalidade enquanto estava sob essa influência. Descreveu sua própria condição como uma paralisia parcial das cordas vocais e também prescreveu a cura. Afirmou: "O corpo deverá aumentar a circulação na parte afetada, por algum tempo."

Para surpresa de todos, sua garganta ficou vermelha, depois avermelhou mais ainda, até que Cayce disse em voz clara: "Sugiro que a circulação volte ao normal, e que o corpo acorde."

Esse foi um ponto decisivo numa técnica que desenvolveria e usaria inúmeras vezes para auxiliar os outros. Tinha então 24 anos. Agia sob uma experiência 3 do processo maior, ativando o seu Número da Alma, 12/3. Estava também em ação um Número de período 17/8, que correspondia ao Número da Lição da Vida, 44.

Mudou-se para Bowling Green, Kentucky, aos 25 anos, e começou a trabalhar numa livraria. As histórias sobre os seus dons estranhos estavam sendo muito divulgados. Nesta época da sua vida, foi solicitado a realizar uma sessão para a filha do superintendente da escola, de 5 anos. A mente da menina parara de se desenvolver e ela sofria de várias outras indisposições. Muitos médicos haviam sido consultados, mas nenhum encontrara um meio de ajudar a criança. Cayce concordou em efetuar a leitura e, enquanto em transe, relatou a causa e prescreveu o tratamento para a doença. Verificou que a criança machucara a espinha ao descer de um veículo. Isso causara a compressão de alguns nervos. Após alguns tratamentos, a menina conseguiu recuperar a fala e, em conseqüência, voltou ao normal.

Este foi outro ponto crítico na vida de Cayce, quando as notícias sobre esse caso notável se espalharam rapidamente. Note a experiência 10/1 do processo menor, indicando uma mudança para melhor, enquanto ao mesmo tempo passava por uma experiência 33 do ano pessoal, que correspondia ao seu Número da Personalidade Exterior. A maior atenção pública exigia maiores responsabilidades.

Cayce casou-se com Gertrude Evans no dia 17 de junho de 1903. Tinha então 26 anos. O casamento ocorreu durante um número de período 21/3, relacionado ao seu Número da Alma 12/3. Estava igualmente sob uma experiência 44 no plano, um número que combina com o seu Número da Lição da Vida. Além disso, a data do casamento combina com o seu Número da Linha do Destino, 45/9. A data 17 de junho de 1903 é reduzida a 17 + 6 + 13 = 36/9. Todos os números 9 relacionam-se a experiências emocionais, e o 36/9, em particular, traz responsabilidades maiores.

Idades de Vinte e Sete a Trinta e Seis Anos: Para calcular as experiências pelo processo maior, trabalhamos com o número do centro do quadrado, 42/6; o número no lado inferior do triângulo, 18/9; o número do centro do triângulo, 44; e as idades nos extremos da linha DE, 27 e 36. 27 + 6 = 33. 36 − 6 = 30. Com as idades de 30 e 33, Cayce teve uma experiência 42/6. 27 + 9 = 36. 36 − 9 = 27. Com as idades de 27 e 36, Cayce teve uma experiência 18/9. 27 + 8 = 35. 36 − 8 = 28. Com as idades de 28 e 35 anos, Cayce teve uma experiência 44.

Para calcular as experiências pelo processo menor, trabalhamos com o número do centro do quadrado, 42/6; o número do lado inferior do triângulo, 18/9; o número na linha DE, 1; e as idades nos extremos da linha DE, 27 e 36. 27 + 1 = 28. 1 + 42 = 43/7. Com a idade de 28, Cayce teve uma experiência 43/7. 36 − 1 = 35. 1 + 18 = 19/1. Com a idade de 35, Cayce teve uma experiência 19/1.

No dia 16 de março de 1907, dois dias antes do trigésimo aniversário de Cayce, nasceu o seu filho Hugh Lynn. Essa data corresponde ao número de período 19/1, conhecido como um número do amor. Por ser um número básico, o 1 mostra um novo início surgindo em sua vida. Ao completar 30 anos, entrou num ano pessoal 38/11, com um período 20/2. Esses dois números de dígitos básicos ativam os seus dois números-mestre, o 33 do Número da Personalidade Exterior, e o 44, do Número da Lição da Vida. Essa foi uma época de importância de grande amplitude, pois os números energizaram a maioria das áreas do seu plano e da tabela numérica. Ainda na idade de 30 anos e sob o processo maior, encontramos Cayce influenciado por uma experiência 42/6; o 6 correspondia ao dígito básico do seu número-mestre 33. Todo 6 representa algum tipo de mudança doméstica ou no lar. Não foi apenas a vibração 42/6 que agiu nesse relacionamento, mas Hugh Lynn ajudou a conservar a imagem do pai no mundo, cumprindo assim o elo da personalidade exterior, entre a época do seu nascimento e o período sob o qual seu pai estava trabalhando nesse tempo. (Note que não existe uma data exata de separação entre um período e outro, pois os eventos podem ocorrer pouco antes do início do novo período.)

Ao mesmo tempo, o Número da Lição da Vida de Hugh Lynn, 36/9, combinava com o Número da Linha do Destino do pai, 45/9. Isso tem sido confirmado através dos anos. De 1940 até o presente, esse filho tem sido o fator primordial na divulgação dos trabalhos da Fundação Edgar Cayce, e no desenvolvimento dessa organização na forma da entidade bem-sucedida que é hoje.

Aos 33 anos, um artigo publicado no jornal *The New York Times* a respeito dos seus talentos, deu a Cayce notoriedade nacional. Não foi apenas a idade de 33 anos que correspondeu ao seu Número da Personalidade Exterior, na época desse evento; Cayce também estava operando sob um número de período 17/8, que combinava com seu Número da Lição da Vida, 44. Ele trabalhava, igualmente, numa experiência 42/6 do processo maior, ativando desse modo mais uma vez o seu Número da Personalidade Exterior. Ele trabalhava na ribalta, agora, e sua imagem pública tornou-se um evento em sua vida. Ele estava aprendendo as lições que acompanhavam essa inesperada popularidade.

No ano seguinte, outro filho nasceu, mas morreu logo depois. Sua esposa, Gertrude, ficou tuberculosa. As sessões de Cayce salvaram-lhe a vida e convenceram-no do seu valor. Nessa mesma época, aos 34 anos, Cayce foi examinado pelo dr. Munsterberg, da Universidade de Harvard. Esses eventos ocorreram todos durante um ano pessoal 33, que também é o seu Número da Personalidade Exterior. Necessitava desempenhar um papel que outros esperavam dele.

Abaixo estão os cálculos para os períodos anuais, das idades de 27 a 36 anos, relacionados com as experiências da vida de Cayce, descritas acima.

Ano Pessoal	Março a Julho	Julho a Novembro	Novembro a Março
3 + 18 + 1904 = 35/8	1904 27 1931 = 14/5	1904 44 1948 = 22	1904 12 1916 = 17/8
3 + 18 + 1905 = 36/9	1905 28 1933 = 16/7	1905 44 1949 = 23/5	1905 12 1917 = 18/9
3 + 18 + 1906 = 37/1	1906 29 1935 = 18/9	1906 44 1950 = 15/6	1906 12 1918 = 19/1
3 + 18 + 1907 = 38/11	1907 30 1937 = 20/2	1907 44 1951 = 16/7	1907 12 1919 = 20/2
3 + 18 + 1908 = 39/3	1908 31 1939 = 22	1908 44 1952 = 17/8	1908 12 1920 = 12/3

Ano Pessoal	Março a Julho	Julho a Novembro	Novembro a Março
3 + 18 + 1909 = 40/4	1909 32 ――― 1941 = 15/6	1909 44 ――― 1953 = 18/9	1909 12 ――― 1921 = 13/4
3 + 18 + 1910 = 32/5	1910 33 ――― 1943 = 17/8	1910 44 ――― 1954 = 19/1	1910 12 ――― 1922 = 14/5
3 + 18 + 1911 = 33	1911 34 ――― 1945 = 19/1	1911 44 ――― 1955 = 20/2	1911 12 ――― 1923 = 15/6
3 + 18 + 1912 = 34/7	1912 35 ――― 1947 = 21/3	1912 44 ――― 1956 = 21/3	1912 12 ――― 1924 = 16/7

Idades de Trinta e Seis a Quarenta e Cinco Anos: Para calcular as experiências pelo processo maior, trabalhamos com o número do centro do quadrado, 42/6; o número no lado inferior do triângulo, 18/9; o número do centro do triângulo, 44; e as idades em cada extremo da linha EF, 36 e 45. 36 + 6 = 42. 45 − 6 = 39. Com as idades de 39 e 42, Cayce teve uma experiência 42/6. 36 + 9 = 45. 45 − 9 = 36. Com as idades de 36 e 45, Cayce teve uma experiência 18/9. 36 + 8 = 44. 45 − 8 = 37. Com as idades de 37 e 44, Cayce teve uma experiência 44.

Para calcular as experiências pelo processo menor, trabalhamos com o número do centro do quadrado, 42/6; o número no lado inferior do triângulo, 18/9; as idades em cada extremo da linha EF, 36 e 45; e o número na linha EF, 18/9. 36 + 9 = 45. 18 + 18 = 36/9. Com a idade de 45, Cayce teve uma experiência 36/9. 45 − 9 = 36. 18 + 42 = 60/6. Com a idade de 36, Cayce teve uma experiência 60/6.

Quando Cayce completou 37 anos, o seu filho Hugh Lynn, então com 6 anos, machucou os olhos enquanto brincava. Os médicos recomendaram a remoção de um olho e estavam apreensivos quanto ao outro. O menino solicitou ao pai que realizasse uma sessão, o que foi feito. Foi-lhe prescrito um método para salvar ambos os olhos e restaurar a visão. Seguindo os conselhos do pai, Hugh Lynn teve recuperação completa; ainda possui muito boa visão hoje. Nesse mesmo ano, Cayce submeteu-se a uma operação do apêndice. Esses acontecimentos ocorreram sob uma experiência 44 do processo maior, que é o Número da Lição da Vida de Cayce.

Poucos dias antes do seu aniversário, em 1918, outro filho, Edgar Evans, nasceu. Foi no dia 9 de fevereiro de 1918, que corresponde ao Número de Lição da Vida 30/3 da nova criança. Cayce estava então terminando um ano pessoal

39/3 e um número de período 21/3, bem como entrando num período numérico 24/6, que reunia os seus Números da Alma e da Personalidade Exterior durante esse período. Com uma Lição da Vida 30/3, o destino do novo filho estava ligado ao Número da Alma do pai. Verificamos que, com certa freqüência, famílias expressam os mesmos padrões numéricos.

Abaixo estão os cálculos para os períodos anuais, das idades de 36 a 45 anos, relacionados às experiências de Cayce descritas acima.

Ano Pessoal	Março a Julho	Julho a Novembro	Novembro a Março
3 + 18 + 1913 = 35/8	1913 + 36 = 1949 = 23/5	1913 + 44 = 1957 = 22	1913 + 12 = 1925 = 17/8
3 + 18 + 1914 = 36/9	1914 + 37 = 1951 = 16/7	1914 + 44 = 1958 = 23/5	1914 + 12 = 1926 = 18/9
3 + 18 + 1915 = 37/1	1915 + 38 = 1953 = 18/9	1915 + 44 = 1959 = 24/6	1915 + 12 = 1927 = 19/1
3 + 18 + 1916 = 38/11	1916 + 39 = 1955 = 20/2	1916 + 44 = 1960 = 16/7	1916 + 12 = 1928 = 20/2
3 + 18 + 1917 = 39/3	1917 + 40 = 1957 = 22	1917 + 44 = 1961 = 17/8	1917 + 12 = 1929 = 21/3
3 + 18 + 1918 = 40/4	1918 + 41 = 1959 = 24/6	1918 + 44 = 1962 = 18/9	1918 + 12 = 1930 = 13/4
3 + 18 + 1919 = 41/5	1919 + 42 = 1961 = 17/8	1919 + 44 = 1963 = 19/1	1919 + 12 = 1931 = 14/5
3 + 18 + 1920 = 33	1920 + 43 = 1963 = 19/1	1920 + 44 = 1964 = 20/2	1920 + 12 = 1932 = 15/6
3 + 18 + 1921 = 34/7	1921 + 44 = 1965 = 21/3	1921 + 44 = 1965 = 21/3	1921 + 12 = 1933 = 16/7

Idades de Quarenta e Cinco a Cinqüenta e Quatro Anos: Para calcular as experiências pelo processo maior, trabalhamos com o número do centro do quadrado, 42/6; o número no lado inferior do triângulo, 18/9; o número do centro do triângulo, 44; e as idades em cada extremo da linha FG, 45 e 54. 45 + 6 = 51. 54 − 6 = 48. Com as idades de 45 e 51, Cayce teve uma experiência 42/6. 45 + 9 = 54. 54 − 9 = 45. Com as idades de 45 e 54, Cayce teve uma experiência 18/9. 45 + 8 = 53. 54 − 8 = 46. Com as idades de 46 e 53, Cayce teve uma experiência 44.

Para calcular as experiências pelo processo menor, trabalhamos com o número do centro do quadrado, 42/6; o número no lado inferior do triângulo, 18/9; as idades em cada extremo da linha FG, 45 e 54; e o número da linha FG, 5. 45 + 5 = 50. 5 + 18 = 23/5. Com a idade de 50, Cayce teve uma experiência 23/5. 54 − 5 = 49. 5 + 42 = 47/11. Com a idade de 49, Cayce teve uma experiência 47/11.

Aos 46 anos de idade, após muitas viagens, Cayce voltou a Selma, Alabama, para realizar sessões, como o trabalho da sua vida. Nessa época, teve como secretária Gladys Davis. No mesmo ano, mudou-se para Dayton, Ohio, a fim de trabalhar com Arthur Lammers, realizando sessões relacionadas à mente e à alma, bem como a doenças. Assim começaram as suas sessões relacionadas à vida, com informações sobre reencarnação, numerologia, astrologia e assuntos similares. Era o ano de 1923. Cayce estava trabalhando sob o Número da Lição da Vida 44, ativado por uma experiência 44 do processo maior do plano.

As sessões de Cayce revelaram-lhe que uma mudança para Virginia Beach, Virgínia, seria útil de muitas maneiras. Ali poderia construir um hospital para ministrar os tratamentos prescritos. Cada vez mais pessoas interessavam-se pelo trabalho de Cayce. Morton Blumenthal, homem de muita influência, providenciou para que a família se mudasse para Virginia Beach. Cayce tinha então 48 anos. Durante esse período, uma experiência do processo maior do plano estava em andamento, ativando o seu Número da Personalidade Exterior 33. Devido à evidência externa de suas habilidades, foi auxiliado por uma pessoa de prestígio.

A inauguração do hospital ocorreu em 11 de novembro de 1928, um dia de vibração 42/6. Cayce também se encontrava numa experiência 42/6 do processo maior nessa época, e que ativou o seu Número da Personalidade Exterior, 33. O 42/6 é um número fortemente religioso, orientado para o auxílio aos outros.

Em 1931, Cayce verificou que o hospital tinha suas deficiências e em conseqüência disso tinha de ser desativado. Essa foi uma das piores épocas da vida de Cayce, pois suas esperanças tinham sido muito grandes. Cayce vivia um ano pessoal 35/8, que ativou o seu Número da Lição da Vida, 44. Apesar de sofrer alguns desapontamentos, esse ano foi também o ano que deu vida a um evento talvez ainda mais significativo do que tinha imaginado — a incorporação da Association for Research and Enlightenment — A. R. E (Associação de Pesquisas e Esclarecimentos), em julho. Esse evento ocorreu sob o número 22 do plano de Cayce (número de período para julho a novembro de 1931). Este é o número-mestre do plano material, mostrando uma vibração ligada à terra, de sentido empreendedor. Apesar de apenas algumas centenas de membros estarem afiliados à Associação em 1931, ela hoje conta com mais de 10.000 participantes ativos.

Abaixo estão os cálculos para os períodos anuais, das idades de 45 a 54 anos, relacionados às experiências da vida de Cayce descritas acima.

Ano Pessoal	Março a Julho	Julho a Novembro	Novembro a Março
3 + 18 + 1922 = 35/8	1922 45 1967 = 23/5	1922 44 1966 = 22	1922 12 1934 = 17/8
3 + 18 + 1923 = 36/9	1923 46 1969 = 25/7	1923 44 1967 = 23/5	1923 12 1935 = 18/9
3 + 18 + 1924 = 37/1	1924 47 1971 = 18/9	1924 44 1968 = 24/6	1924 12 1936 = 19/1
3 + 18 + 1925 = 38/11	1925 48 1973 = 20/2	1925 44 1969 = 25/7	1925 12 1937 = 20/2
3 + 18 + 1926 = 39/3	1926 49 1975 = 22	1926 44 1970 = 17/8	1926 12 1938 = 21/3
3 + 18 + 1927 = 40/4	1927 50 1977 = 24/6	1927 44 1971 = 18/9	1927 12 1939 = 22
3 + 18 + 1928 = 41/5	1928 51 1979 = 26/8	1928 44 1972 = 19/1	1928 12 1940 = 14/5
3 + 18 + 1929 = 42/6	1929 52 1981 = 19/1	1929 44 1973 = 20/2	1929 12 1941 = 15/6
3 + 18 + 1930 = 34/7	1930 53 1983 = 21/3	1930 44 1974 = 21/3	1930 12 1942 = 16/7

Idades de Cinqüenta e Quatro a Sessenta e Três Anos: Para calcular as experiências pelo processo maior, trabalhamos com o número do centro do quadrado, 35/8; o número no lado do triângulo, 23/5; o número no centro do triângulo, 44; e as idades em cada um dos extremos da linha GH, 54 e 63. 54 + 8 = 62. 63 – 8 = 55. Com as idades de 55 e 62, Cayce teve uma experiência 35/8. 54 + 5 = 59. 63 – 5 = 58. Com as idades de 58 e 59, Cayce teve uma experiência 23/5. 54 + 8 = 62. 63 – 8 = 55. Com as idades de 55 e 62, Cayce teve uma experiência 44.

Para calcular as experiências pelo processo menor, trabalhamos com o número no centro do quadrado, 35/8; o número no lado do triângulo, 23/5; o número na linha GH, 4; e as idades nos extremos da linha GH, 54 e 63. 54 + 4 = 58. 4 + 35 = 39/3. Com a idade de 58, Cayce teve uma experiência 39/3. 63 – 4 = 59. 4 + 23 = 27/9. Com a idade de 59, Cayce teve uma experiência 27/9.

Aos 55 anos, Cayce mudou-se mais uma vez com a família, agora para uma casa em Arctic Circle. Este seria o seu lar permanente, até o fim da vida. Ali, em junho de 1932, realizou-se o primeiro Congresso da A. R. E., um evento anual que perdura até hoje. O fato de o primeiro congresso ter sido realizado durante um ano 36/9 representava uma experiência cármica, que ativou o Número da Linha do Destino, 9, e o Número da Lição da Vida, 44, de Cayce.

A mãe da sra. Cayce faleceu no mesmo ano em que Edgar Evans Cayce entrou para o colégio. Quando Cayce tinha 60 anos, seu pai faleceu. Ao completar 62 anos, Cayce recebeu em sua casa um homem chamado Thomas Sugrue. Apesar de o sr. Sugrue estar doente, escreveu uma biografia de Edgar Cayce após viver em sua casa por dois anos. O título do livro é *There is a River* ("Existe um Rio"), e foi publicado em 1942.

Aos 63 anos, Cayce ganhou um escritório anexo à sua residência, o que lhe proporcionou a privacidade necessária para as sessões. É significativo o fato de que a tabela anual mostrou o seu Número da Lição da Vida, 44, cobrindo o ano inteiro, enquanto os números de período, 5, 22 e 8 indicavam mudança (5), depois grande progresso material (22) e finalmente a realização do 8 básico, (seu Número da Lição da Vida, 44, reduzido), que permeou vibracionalmente muitos períodos dominantes da sua vida.

Nessa época, Hugh Lynn havia assumido a direção da A. R. E., e Cayce sentiu-se bastante feliz por se livrar dessa responsabilidade.

Abaixo estão os cálculos dos períodos anuais, das idades de 54 a 63 anos, relacionados com as experiências da vida de Cayce descritas acima.

Ano Pessoal	Março a Julho	Julho a Novembro	Novembro a Março
3 + 18 + 1931 = 35/8	1931 + 54 = 1985 = 23/5	1931 + 44 = 1975 = 22	1931 + 12 = 1943 = 17/8
3 + 18 + 1932 = 36/9	1932 + 55 = 1987 = 25/7	1932 + 44 = 1976 = 23/5	1932 + 12 = 1944 = 18/9

Ano Pessoal	Março a Julho	Julho a Novembro	Novembro a Março
3 + 18 + 1933 = 37/1	1933 _56_ 1989 = 27/9	1933 _44_ 1977 = 24/6	1933 _12_ 1945 = 19/1
3 + 18 + 1934 = 38/11	1934 _57_ 1991 = 20/2	1934 _44_ 1978 = 25/7	1934 _12_ 1946 = 20/2
3 + 18 + 1935 = 39/3	1935 _58_ 1993 = 22	1935 _44_ 1979 = 26/8	1935 _12_ 1947 = 21/3
3 + 18 + 1936 = 40/4	1936 _59_ 1995 = 24/6	1936 _44_ 1980 = 18/9	1936 _12_ 1948 = 22
3 + 18 + 1937 = 41/5	1937 _60_ 1997 = 26/8	1937 _44_ 1981 = 19/1	1937 _12_ 1949 = 23/5
3 + 18 + 1938 = 42/6	1938 _61_ 1999 = 28/1	1938 _44_ 1982 = 20/2	1938 _12_ 1950 = 15/6
3 + 18 + 1939 = 43/7	1939 _62_ 2001 = 3	1939 _44_ 1983 = 21/3	1939 _12_ 1951 = 16/7

Idades de Sessenta e Três a Setenta e Dois Anos: Para calcular as experiências pelo processo maior, trabalhamos com o número do centro do quadrado, 35/8; o número no lado do triângulo, 23/5; o número no centro do triângulo, 44; as idades em cada extremo da linha HI, 63 e 72. 63 + 8 = 71. 72 – 8 = 64. Com a idade de 64 (e 71, caso não tivesse morrido), teve uma experiência 35/8. 63 + 5 = 68. 72 – 5 = 67. Com a idade de 67 (e 68, caso não tivesse morrido), teve uma experiência 23/5. 63 + 8 = 71. 72.– 8 = 64. Com a idade de 64 (e 71, caso não tivesse morrido), teve uma experiência 44.

Para calcular as experiências pelo processo menor, trabalhamos com o número do centro do quadrado, 35/8; o número no lado do triângulo, 23/5; o número na linha HI, 7; e as idades em cada extremo da linha HI, 63 e 72. 63 + 7 = 70. 7 + 23 = 30/3. Com a idade de 70, Cayce teria tido uma experiência 30/3. 72 – 7 = 65. 7 + 35 = 42/6. Com a idade de 65, Cayce teve uma experiência 42/6.

De acordo com os cálculos do processo maior, o número básico de Cayce, 8 (44 reduzido), é ativado duplamente, indicando que essa era uma época para ele experimentar sua Lição da Vida. Com a idade de 65 anos, os livros *Search for God* [*Procura por Deus*] ficaram disponíveis. Tais livros ainda vêm sendo usados por todos os grupos de estudos da A. R. E., tanto nos Estados Unidos como no exterior.

Abaixo estão os cálculos para os períodos anuais, das idades de 63 até 68 anos, relacionados com as experiências da vida de Cayce mencionadas acima.

Ano Pessoal	Março a Julho	Julho a Novembro	Novembro a Março
3 + 18 + 1940 = 35/8	1940 + 63 = 2003 = 5	1940 + 44 = 1984 = 22	1940 + 12 = 1952 = 17/8
3 + 18 + 1941 = 36/9	1941 + 64 = 2005 = 7	1941 + 44 = 1985 = 23/5	1941 + 12 = 1953 = 18/9
3 + 18 + 1942 = 37/1	1942 + 65 = 2007 = 9	1942 + 44 = 1986 = 24/6	1942 + 12 = 1954 = 19/1
3 + 18 + 1943 = 38/11	1943 + 66 = 2009 = 11	1943 + 44 = 1987 = 25/7	1943 + 12 = 1955 = 20/2
3 + 18 + 1944 = 39/3	1944 + 67 = 2011 = 4	1944 + 44 = 1988 = 26/8	1944 + 12 = 1956 = 21/3

Um ano pessoal vai de aniversário a aniversário; assim, Cayce ainda estava no seu ano 1944 quando morreu. A data atual do falecimento foi 3 de janeiro de 1945, uma experiência 23/5.

A última sessão de Cayce ocorreu em 17 de setembro de 1944, durante um período 26/8. No dia 3 de janeiro de 1945, o trabalho de Cayce no seu corpo físico estava terminado. Morreu aos 67 anos e 10 meses de idade, num ano pessoal 39/3 e sob um número de período 21/3, o que demonstra que a sua transição ocorreu sob o Número da Alma 12/3.

Mesmo após a sua morte, a influência de Cayce ainda é sentida por muitos. Algumas das suas predições foram cumpridas; outras ainda não aconteceram. A A. R. E. continua prosperando e, em 1956, foi capaz de readquirir o velho prédio do hospital de Virginia Beach transformando-o em sua sede, aberta ao público. Em 1975, uma nova e bonita biblioteca foi inaugurada, dedicada ao trabalho da A. R. E. Lá poderão ser encontradas todas as informações sobre as leituras de Cayce, organizadas e dispostas em forma de enciclopédia, tornando assim acessível a vasta informação colhida através da mediunidade de um homem, Edgar Cayce.

7

A Simbologia da Bíblia

A BÍBLIA é uma verdadeira mina de simbologia numérica. Tanto o Velho como o Novo Testamento revelam, através dos números, a profundidade do significado e conceitos ocultos que comumente escapam ao leitor ocasional.

O Zoar, uma coleção de escrituras místicas e da Cabala, afirma que "o Universo foi criado por três formas de expressão — Números, Letras e Palavras". As letras, em todos os alfabetos, representam poderes definidos. Estudar o valor vibratório dos números e das letras é estudar as energias criativas divinas, em vários graus de manifestação. Cada nome na Bíblia tem um significado mais profundo sobre a pessoa ou o lugar a que se refere. De modo similar, certas palavras possuem um significado oculto.

O Velho Testamento

Ler o Velho Testamento, a Tora, a Cabala e outras escrituras hebraicas sagradas, é ficar bem informado de como os hebreus usavam a ciência dos nomes e números no seu código de números-letra. Através desse código, desejavam ocultar seus significados dos profanos e, ao mesmo tempo, revelar seus ensinamentos interiores ao iniciado.

Cada letra do alfabeto hebraico tem vários significados — por exemplo, a letra "Aleph" (A) significa "vida-respiração, poder, fonte"; enquanto a letra "Beth" (B) significa "casa, abrigo" — e assim por diante, com cada letra. A simbologia permitia que ensinamentos ocultos se tornassem evidentes para aqueles que sabiam como ler a mensagem profunda contida nos nomes de todas as pessoas e lugares descritos. Aos estudantes também era permitido penetrar a máscara da alegoria, e receber, bem como dar, orientação divina através de números e letras.

Por exemplo, a história de Caim matando Abel relaciona-se com a rivalidade entre irmãos. Todavia, simbolicamente, o nome Caim significa corpo e desejos humanos materialistas, enquanto Abel representa a alma e a natureza humana idealista. Esses personagens foram assim denominados para alertar que o materialismo destruiria idéias espirituais; é por isso que se diz que Caim matou Abel (Gênese 4:8).

Muitos personagens bíblicos que alcançaram períodos de crescimento e desenvolvimento espiritual receberam nomes novos, por orientação divina. Assim, Abrão tornou-se Abrahão (Gênese 17:5) e Sara tornou-se Sarah (Gênese 17:15).

Em ambos casos, o "Heh" (H) hebraico, uma letra que significa "luz" e tem uma vibração 9, foi acrescentado ao nome a fim de denotar a iluminação espiritual.

Escritores do Novo Testamento também promoveram mudanças de nomes, para enfatizar o progresso espiritual de uma pessoa. Por exemplo, Saulo tornou-se Paulo, depois da sua conversão ao Cristianismo (Atos 9:1-22 e 13:9). Isso simbolizava a remoção do "Shin" (S) hebraico e a sua substituição pelo "Peh" (P) hebraico. Shin significa "dente ou presa de uma serpente". Peh significa "boca". Após essa alteração, Saulo tornou-se Paulo, o porta-voz de Cristo (Atos 13:9). Como afirma o Provérbio 22:1, "antes se escolha um bom nome do que grandes riquezas".

Outro uso dos números na linguagem bíblica envolve a contagem do número de anos que uma pessoa viveu, durante os quais procriou e morreu. Tais números não se referem à idade da pessoa, em anos, mas ao progresso espiritual. O significado do nome do procriado indicava o desenvolvimento de uma característica. Os ciclos também eram indicados pelas gerações de descendência. Por exemplo, de Adão a Noé houve nove gerações, e de Noé a Abrão também houve nove gerações. Isso tornou Noé o nono a contar de Adão, e Abrão o nono a contar de Noé.

Adão teve três filhos — Caim (corpo), Abel (alma) e Seth (substituto de Abel, para carregar a luz espiritual). Numa situação paralela, Noé também teve três filhos — Shem (espírito), Ham (natureza física) e Jafé (natureza mental). Esses nomes representam o crescimento da consciência humana após dezoito ciclos de mudanças.

Abrão significava "pai", enquanto Abrahão implicava o acréscimo da fé em Deus, do qual se tornou ciente. Aos 99 anos, Abrahão gerou Isac, cujo nome significava "felicidade na condição de filho". Isac gerou Jacó, cujo nome significava "iluminação através do desdobramento da alma". Os doze filhos de Jacó (Gênese 35:22-27) referem-se aos doze tipos de consciência representados pelos doze tipos de caráter dos signos do zodíaco.

Estudar a Bíblia inteira desse ponto de vista é ter uma vida inteira de descobertas fascinantes. Pode-se dizer que o hebraico, mais que qualquer outra língua, oferece-nos a oportunidade de estudar o profundo poder e significado dos nomes.

Abaixo tem uma curta lista de palavras-chave para números em épocas bíblicas:

0. Fonte anterior à manifestação.
1. Deus, a unidade divina imutável.
2. Dualidade — humana, não divina.
3. Atributos de 1 + 2 = 3 — união das qualidades divina e humana.
4. A idéia de solidez — firmeza.
5. A humanidade com seus cinco sentidos desenvolvidos.
6. Equilíbrio, aptidão, paz.
7. A natureza setenário da humanidade, plenitude cíclica.
8. Acumulação, força, poder, aumento.
9. Consolidação, conservação, compaixão. (A verdadeira missão do 9 é servir como representante de Deus na Terra.)
10. Deus e a humanidade, pai-mãe-deidade, conclusão.

A numerologia moderna originou-se parcialmente desses conceitos. Os números e letras refletem significados do passado, combinados com a adição de muitas interpretações espirituais. Os significados dos nossos nomes, hoje em dia, têm importância substancial, e podem ser descritos letra por letra, número por número, à medida que atingimos ciclos de expressão, ano a ano, em nossas vidas. Esses são amplamente explicados em capítulos anteriores deste livro.

0 GÊNESE, que significa "primeira causa", refere-se à fonte primordial. Os primeiros dois versos do Gênese dizem respeito somente ao único Deus, como criador divino, que traz o mundo para a existência do vazio, ou do não-manifestado.

1 "HAJA LUZ" (Gênese 1:3). A primeira emanação espiritual foi a luz. Se a nossa alma continuar seguindo a luz, retornaremos à nossa fonte. O 1 representa o começo, um novo início e a unidade.

2 "... E DEUS SEPAROU a luz das trevas" (Gênese 1:4). No 2 existe dualidade, o dia e a noite, o céu e a terra, o homem e a mulher, e todos os pares de opostos. Assim, o desenvolvimento da *escolha* começou entre o bem e o mal, o verdadeiro e o falso, e o positivo e o negativo.

Pitágoras diz: "O 2 é a condição imperfeita na qual o 'ser' cai quando se separa da mônada, Deus." O autor Manly Hall, na obra *The Mystical Christ*, afirma: "Quando os olhos dos dois estiverem abertos, a visão da alma é obscurecida."

3 A PRIMEIRA TRINDADE — Adão, Eva e criança. Assim, o 3 significa manifestação e expansão. Outras trindades sobrevivem em nosso mundo — corpo, alma e espírito — e as três divisões da mente — consciente, subconsciente e superconsciência.

4 MUITAS REFERÊNCIAS BÍBLICAS foram tomadas de ciclos do mundo natural. A simbologia das quatro estações e dos quatro ventos está incorporada na visão de Ezequiel das quatro criaturas viventes — a face de um homem, a face de um leão, a face de um boi e a face de uma águia (Ezequiel 1:5-14). Essas quatro referem-se aos quatro signos fixos do zodíaco.

Os quatro elementos aparecem simbolicamente como os pássaros do ar, o peixe da água, o fogo do Senhor e os produtos da terra. No Gênese 2:10-14 fala-se do "rio do Éden que se dividia em quatro braços". Os rios chamavam-se Pisom, Giom, Hidéquel e Eufrates. Metafisicamente, esses nomes significam espírito (fogo), respiração (ar), corpo (terra) e sangue (água). Esses simbolizam o espírito, a mente, o corpo e a alma, que são os quatro princípios vitalizantes do corpo material durante a vida terrena.

5 METAFISICAMENTE, um "rio" representa a força vital. Os seres humanos são os recipientes dessa força, enquanto um "jardim" simboliza o corpo. O rio do Gênese 2:10-14, descrito sob o número 4, representa o próprio fluxo da humanidade através da Terra, dividindo-se repetidas vezes até cobri-la toda. O 5 é o número da humanidade com seus cinco sentidos desenvolvidos. Esses cinco sentidos são introduzidos nos capítulos iniciais do Gênese, para indicar que são essenciais à criação humana; por esse motivo, o 5 é o número da humanidade.

O 5 desempenha um papel importante na história de Davi e Golias. "...e Davi escolheu para si cinco seixos do ribeiro" e "Davi tomou uma pedra e feriu o filisteu (Golias) na testa. A pedra cravou-se-lhe na testa e ele caiu ao solo" (I Samuel 17:40-49). As cinco pedras representam a espiritualização dos sentidos de Davi. Ele acreditava no Deus do amor interior e aprendeu a depender do poder espiritual em seu interior. De acordo com uma lenda mística, quando Davi tocou as cinco pedras, elas se uniram numa só, combinando assim as forças totais dos seus sentidos. O nome Golias significa poder material; desse modo, a história serve para demonstrar o poder do espiritual sobre o material.

6 OS PREPARATIVOS para o aparecimento da humanidade tinham sido feitos durante os cinco dias da criação, e assim, no sexto dia, Deus criou os seres humanos. "E criou Deus o homem à sua imagem; à imagem de Deus o criou; macho e fêmea os criou" (Gênese 1:27). Assim, o 6 está associado com a geração, a maternidade, a paternidade, a domesticidade e o serviço. O lar, a família e os filhos constituem o interesse do 6; as relações humanas e o amor são abundantes.

Moisés, o primeiro legislador, formulou os Dez Mandamentos seguindo o exemplo do Senhor, que criou o universo em seis dias. "Seis dias trabalharás, e farás toda a tua obra" (Êxodo 20:9). Por esse motivo, o 6 está relacionado com o trabalho e com o serviço, como está demonstrado pelo sexto signo do zodíaco, Virgem.

Através do amor, o sexto sentido deverá ser desenvolvido, à medida que as pessoas demonstrarem sua religiosidade. O Livro de Rute está relacionado com o 6 e com o amor. Em Rute 3:15, Boaz dá a Rute seis medidas de cevada, símbolo de amor e proteção.

7 É O NÚMERO PRINCIPAL da Bíblia; usado inúmeras vezes (alguns dizem mais de trezentas e sessenta) por todo o Velho e Novo Testamento. "Mas o sétimo dia é o sábado do Senhor teu Deus... Porque em seis dias fez o Senhor os céus e a terra... e no sétimo dia descansou; portanto, abençoou o Senhor o dia do sábado, e o santificou" (Êxodo 20:10-11).

Um dos exemplos mais profundos do uso simbólico do número 7 está relacionado com a queda de Jericó, no Livro de Josué, 6:2-5:

> *Então disse o Senhor a Josué: Vós, pois, rodeareis a cidade... cercando a cidade uma vez; assim fareis por seis dias... E sete sacerdotes levarão sete trombetas de carneiros diante da arca, e no sétimo dia rodeareis a*

cidade sete vezes: e os sacerdotes tocarão as trombetas... E será que, tocando-se longamente a trombeta de carneiro, ouvindo vós o sonido da trombeta, todo o povo gritará com grande grita: e o muro da cidade cairá abaixo...

Torna-se evidente que a queda de Jericó não se deu pela guerra, mas pelo princípio do 7. A vitória foi alcançada através da vibração sonora positiva, que se transformou numa energia, a que nada pôde resistir.

8 O MISTÉRIO do 8 é o de movimento espiral eterno e contínuo, que é constante no universo. As correntes da força vital percorrem o corpo em forma de um 8, seguindo o sistema cérebro-espinhal e o sistema nervoso simpático, semelhante a radiações de luz. Esse é o motivo pelo qual, durante a meditação profunda, vemos uma verdadeira luz no nosso interior. O símbolo ∞, do 8 horizontal, significa "assim como em cima, assim é embaixo". Trata-se de um símbolo de poder. No Gênese 17:10, o ritual e o pacto da circuncisão devia ser efetuado no oitavo dia de vida do homem. Era considerado um dos compromissos mais importantes entre Deus e a humanidade.

9 É O FINAL, contendo as forças de todos os outros números. Representa um ciclo completo de crescimento. As nove gerações, de Adão a Noé, e de Noé a Abrahão, indicam estágios de crescimento e desenvolvimento. Noé foi o nono a contar de Adão, e Abrahão foi o nono a contar de Noé.

Quando Abrão concluiu seu acordo com Deus e recebeu o novo nome, Abrahão, tinha "noventa e nove anos de idade" (Gênese 17:1-5). Simbolicamente, sua idade é reduzida a 9, para indicar que essa foi uma época na qual se completou um ciclo espiritual. O acréscimo do "Hch" (H) hebraico ao nome de Abrão, também possui a vibração 9.

O Novo Testamento

Nos primeiros quatro livros do Novo Testamento, Mateus, Marcos, Lucas e João, os autores expressam seus ensinamentos cristãos mormente através de alegorias e parábolas. Essas deverão ser interpretadas de várias maneiras; algumas aplicam-se ao mundo cósmico como um todo, outras ao nosso sistema solar e outras ainda a toda a raça humana e a alguns indivíduos. Uma vez que a pessoa é considerada o microcosmo no macrocosmo, um indivíduo representa, em miniatura, tudo aquilo que é, que foi e que será.

No Velho Testamento, a simbologia é usada também para apontar significados ocultos importantes em nomes e números. A arte e a ciência da numerologia é um dos métodos mais óbvios empregados, se bem que devemos dispor de um conhecimento profundo dos significados básicos dos números para uma completa interpretação dos propósitos subjacentes.

O Novo Testamento descreve o caminho da fé como a aceitação consciente da sabedoria e do amor. Com uma fé profunda, a mente está em paz e o corpo livre da tensão. A fé é uma convicção mística do fator de Deus presente no interior do indivíduo. O instinto de acreditar é tão forte como o instinto de sobreviver, impelindo-nos a procurar uma filosofia que sustente nossas esperanças e desejos na jornada pela vida. Diz-se que as pessoas primitivas eram místicas por instinto e que as pessoas modernas são místicas por intuição.

Nos ensinamentos cristãos, Cristo é a revelação do amor e do perdão de Deus. O Sermão da Montanha (Mateus 5:17) é o código do cristianismo místico, sendo compreendido no coração pleno de fé.

Os doze discípulos de Jesus representam uma extensão das doze tribos de Israel. Os outros setenta e dois discípulos correspondem aos seis anciãos escolhidos de cada uma das doze tribos originais.

O dodecaedro de Pitágoras (figura simétrica de doze lados, comparável às doze linhas do Triângulo Divino) representa o universo em relação à humanidade. Isso indica que o indivíduo tem em si o potencial dos doze poderes, tal como se relacionam com os atributos inerentes, dentro dos doze signos do zodíaco. A procura do conhecimento é motivada pelo desejo de compreender a si mesmo em relação a Deus.

Os autores do Novo Testamento aplicaram simbolicamente todos os números básicos para expressarem suas idéias, mas fizeram mais referências a números específicos relacionados com o corpo humano sétuplo, ao potencial divino da mente e alma humana, e ao destino espiritual. Muitos anos se passaram entre a escritura do Velho e do Novo Testamento, o que permitiu uma grande expansão da consciência humana. Como resultado, muitos outros significados para os números tinham aparecido. O uso do simbolismo havia aumentado, e era liberalmente empregado como meio de revelação.

1 É O ZERO, tornado mais manifesto; é o eu, a independência e a unidade. "No Princípio era o Verbo... e o Verbo era Deus" (João 1:1). O 1 é a base ou causa de um começo; é um começo, uma idéia criativa para expressão.

2 ENVOLVE TODOS OS PARES de opostos — macho e fêmea, espírito e matéria, céu e inferno. "Ninguém pode servir a dois senhores... Não podeis servir a Deus e a Mamom" (Mateus 6:24). Deverá ser feita sempre uma escolha entre os pares de opostos; assim, somos alertados de que na dualidade existe o perigo. "A casa dividida contra si mesma não subsistirá" (Mateus 12:25). Mas, "se dois concordarem, será feito" (Mateus 18:19).

3 SIMBOLIZA A TRINDADE, tríade e trina — as três dimensões. Num sentido mais amplo, o 3 representa multiplicação e crescimento.

Três dos discípulos entraram com Jesus no jardim de Getsêmani. Eram Pedro, Jacó e João; representam luz, vida e amor. "E Jesus afastou-se deles e rezou três vezes... e voltando para os discípulos, encontrou-os adormecidos." O significado subjacente é que Jesus sentiu que a luz, a vida e o amor o estavam perdoando, ao dizer em sua oração "Pai, se é possível, passa de mim este cálice; todavia, seja como Tu queres" (Mateus 26:37-45; Marcos 14:32-41).

Jesus perguntou a Pedro três vezes: "Tu me amas?" (João 21:15-17). As três perguntas referem-se ao amor nos três planos de consciência — a mente consciente, a mente subconsciente e a mente superconsciente. "Porque onde estiverem dois ou três reunidos em meu nome, aí estou eu no meio deles" (Mateus 18:20). Isso também se refere às três partes da mente, pois, caso todas concordarem, o poder de Cristo prevalecerá.

A história de Jesus é uma história relacionada com o 3. Ele ressuscitou depois de três dias e foi negado três vezes por Pedro. O fato de Jesus ter sido crucificado entre dois ladrões simboliza o sistema dividido de crenças, que roubou muitos ensinamentos verdadeiros. Cristo sentou-se com os doze, uma vibração mais alta do 3. Judas negociou por trinta moedas de prata, outra vibração do 3.

4 REPRESENTA A LEI e a ordem, a medida, o reino físico e o material, a razão, a lógica, o quadrado e a cruz. Sempre que um número for constituído de linhas retas, simboliza o princípio divino; por esse motivo, o 4 e o 7 são denominados números sagrados. Os símbolos são o quadrado e a cruz. A cruz sempre é um símbolo sagrado, seja onde for. Tradicionalmente, a cruz de braços iguais significa o homem. Com a vinda do Cristo, a linha horizontal da cruz foi erguida do centro umbilical para o centro do coração. Não é, necessariamente, um símbolo do cristianismo; outros líderes espirituais morreram na cruz, como Krishna, da Índia, Thamus, da Síria, Hesus, dos druidas, Mithra, da Pérsia e Quetzalcoatl, do México.

"E ali esteve no deserto quarenta dias, tentado por Satanás. E vivia entre as feras, e os anjos o serviam" (Marcos 1:13). O 40 é mostrado na Escritura para indicar um ciclo completo de afastamento das coisas do mundo, como preparação para algo melhor a seguir.

Na manhã do quarto dia depois da sua morte (significando falta de compreensão espiritual), Lázaro estava no túmulo, com as mãos e pés amarrados, e envolto em mortalhas. O amanhecer do quarto dia acontece quando a compreensão espiritual nos liberta do túmulo do materialismo, trazendo o despertar da luz única.

"Mas, à quarta vigília da noite, dirigiu-se Jesus para eles, caminhando por cima do mar" (Mateus 14:25). Isto se refere, metaforicamente, ao alvorecer da Era de Aquário, a era da comunidade.

5 REPRESENTA A MEDIAÇÃO, o entendimento e o julgamento. Os antigos representavam o mundo pelo número 5, com a explicação de que no 5 estavam representados os quatro elementos — terra, água, fogo e ar — mais a quinta essência éter ou espírito. O cinco tornou-se o número da humanidade, com os cinco sentidos desenvolvidos. A grande tarefa dos seres humanos é conquistar o controle dos cinco sentidos, depois do que se desenvolve o sexto sentido, a intuição.

As cinco chagas de Cristo simbolizam o sofrimento por que passamos enquanto encarnados, e que nos leva a nos voltarmos para Deus. Na parábola das cinco virgens prudentes e das cinco virgens loucas (Mateus 25:3), "as loucas, tomando as suas lâmpadas, não levaram azeite consigo. Mas as prudentes levaram azeite em suas vasilhas, com as suas lâmpadas". O azeite refere-se às ungidas, ou às que possuíam a luz. Os seres humanos poderão escolher a luz ou rejeitá-la, através das suas ações.

6 É O NÚMERO DO EQUILÍBRIO, da harmonia, cooperação, casamento, da afeição conjugal e da beleza. "E estavam ali postas seis talhas de pedra" (João 2:6), para a festa do casamento. O casamento representa o amor (como acontece com o 6), no seu estado mais bem-aventurado de consciência terrena. O 6 expressa o amor universal, pois através das aflições do amor pessoal, a alma acorda para a vida mais elevada, que conduz à iluminação ou à iniciação. No seu primeiro milagre, Jesus transformou seis jarros de água em vinho.

7 É O NÚMERO DO DESCANSO, da cessação, porém, sem suspensão, da segurança e da plenitude da tríade e do quaternário.

Uma das maiores heranças das Escrituras Sagradas são as sete partes da oração do Senhor. As sete afirmações expressam a tríade e o quaternário (Mateus 6:9-13):

1. *Pai* nosso, que estais nos céus,
2. Santificado seja o Vosso *Nome*.
3. Venha a nós o Vosso reino, Seja feita a Vossa *vontade,* assim na terra como no céu.
4. O *pão* nosso de cada dia nos dai hoje,
5. Perdoai-nos as nossas *dívidas,* assim como nós perdoamos os nossos devedores.
6. E não nos deixeis cair em *tentação,*
7. Mas livrai-nos do *mal.*

A afirmação final ("Pois Vosso é o reino, e o poder e a glória para sempre") foi acrescentada bem mais tarde, para simbolizar a volta ao estado celestial.

8 REPRESENTA A INVOLUÇÃO E A EVOLUÇÃO, ciclos de maré cheia e vazante, a imensidão, o ritmo, o progresso, a força e a confiança.

O 8 não é um número fundamental no Novo Testamento. Antes disso, encontramos a figura do 8 fortemente expressa nas oito partes da senda de Buda e na literatura oculta.

9 REFERE-SE À CONCLUSÃO, à consecução, ao cumprimento, à regeneração e à revelação. Muitas palavras na Bíblia são usadas pelos seus significados simbólicos e ensinamentos misticamente ocultos. "Pão" e "vinho" estão geralmente ligados. Pão é uma palavra com o poder do 3; vinho tem o poder 6; juntas, formam o símbolo do poder do 9, ou da regeneração. Assim, servir pão e vinho significa que devemos participar de um processo regenerativo ao tomar a comunhão.*

---

* Pão, em inglês = *"Bread"* (vibração 3). Vinho, em inglês = *"Wine"* (vibração 6). Em português, essas vibrações não são aplicáveis às palavras pão e vinho (N.T.).

No livro do Apocalipse existem dois números cujos significados têm causado muita discussão. Esses números, o 666 e o 144.000, vibram ambos com o 9. Os 144.000 que foram assinalados como membros das Tribos de Israel, referem-se à humanidade salva ou desenvolvida. O selo refere-se ao "sinal" de proteção em suas testas (Apocalipse 9:4). O 666, descrito como o "número da besta" (Apocalipse 13:18), refere-se à humanidade funcionando no nível materialístico pecaminoso. Dessa forma, esses dois números se referem, de modo místico, à evolução da humanidade, seja como "perdida" (666) ou "salva" (144.000).

A humanidade, simbolicamente denominada a "mão de Deus", demonstra o mesmo princípio. Mão é uma palavra com o poder 9,* e refere-se à humanidade como um dos ajudantes de Deus para desenvolver o Seu Reino.

As nove afirmações de bem-aventurança no Sermão da Montanha, que mostram um ciclo completo, representam a essência do ensinamento do Novo Testamento, de que o amor é a maior das energias. Amor é uma palavra com o poder 9.**

"Aquele que não ama não conhece a Deus; porque Deus é amor" (João I 4:8). "Deus é amor; e quem permanece no amor está em Deus, e Deus nele" (João I 4:16). Na nona hora — a hora da prece — Cristo, na cruz, disse: "Está consumado" (João 19:30).

Os números 12 e 13 têm um lugar especial, tanto no Velho como no Novo Testamento.

12

HAVIA Doze Tribos de Israel, que eram os filhos de Jacó. Quando Jacó abençoou seus doze filhos, não estava se referindo a apenas doze indivíduos, mas ao desenvolvimento de doze atributos a serem despertados na alma humana. Esses eram correlacionados às doze características dos doze signos do zodíaco (Gênese 49:1-28). O trabalho desses doze filhos abrangeu a maior parte do Velho Testamento. Cada tribo expressava as qualidades de um dos signos do zodíaco e correspondia a um certo número. Nenhuma tribo era totalmente boa ou totalmente má. Os doze signos e seus respectivos números operam na vida de cada indivíduo, pois cada pessoa realmente é um universo em miniatura.

Jesus escolheu doze apóstolos. Esses também se relacionam, em caráter, aos doze signos do zodíaco, a fim de formar uma assembléia completa de tipos de pessoas no círculo interno dos seguidores de Jesus. Assim, a força vibratória sob o número 12, é característica da alma desenvolvida, que acumulou força interior incomum através de muitas e variadas experiências.

13

É UM NÚMERO de significado especial. Note que havia doze apóstolos, mas Jesus, o Cristo, era o décimo terceiro membro na última ceia. 12 é o número de meses solares do ano, mas 13 é o número dos meses lunares. Enquanto as vibrações solares são positivo-criativas, em tipo, as vibrações lunares

---

* e ** Em inglês, *hand* [mão] e *love* [amor].

são negativo-receptivas, em tipo. Cada uma, como reflexo de Deus, é importante por igual.

O 13 significa a morte pela degeneração, ou a vida e a realização, através da regeneração. Não existe o meio-termo no 13; esse número requer tudo ou nada. Se o 13 for o seu número, enfrente-o e vença!

"Escolhei hoje a quem quereis servir" (Josué 24:15). No Deuteronômio 30:15 Moisés afirmou: "Vês aqui, hoje te tenho proposto a vida e o bem, ou a morte e o mal — escolhe pois a vida, para que vivas, tu e a tua semente."

A entrada na carne representa o mergulho da alma na matéria, onde ela perde o poder originalmente possuído no reino etéreo; ali fora criada para servir de companheira a Deus. Alimentar-se da Árvore do Conhecimento do Bem e do Mal conduz à morte espiritual, e não à morte física. Quando a alma se volta de Deus para si mesma, morre figurativamente. Perambulamos pela Terra encarnados, como pródigos filhos e filhas, vítimas de amnésia espiritual. O pródigo, como você e eu, saiu da casa do pai por sua própria livre vontade; o pai não o mandou sair.

Tanto o Velho como o Novo Testamento contêm numerosas passagens do uso de símbolos numerológicos em forma de parábolas e alegorias. Uma vez que cada número e letra possui um significado duplo, as mensagens ocultas são discerníveis pelos leitores que conhecem os códigos de número-letra empregados em épocas bíblicas.

Além disso, existem três níveis de significado ou conhecimento que o leitor poderá adquirir. O primeiro nível provém da mente consciente e se refere ao mundo material ou físico. O segundo nível é absorvido pela mente subconsciente, sendo adquirido através de parábolas e símbolos. O terceiro nível lida com as revelações no plano da superconsciência do pensamento, e afirma que devemos redescobrir, em nosso interior, quem somos.

A Bíblia é a história da humanidade e de suas gerações (crescimento e realização), da sua degeneração (o pródigo que saiu da casa do pai, esquecido da sua divindade), e da sua regeneração através do possível caminho do retorno à consciência interior, que proclama "Seja feita a Tua Vontade".

II

Interpretações dos Dígitos Duplos

O SEU CAMINHO DO SUCESSO e da felicidade está oculto no seu nome e data de nascimento, bem como os meios de sobrepujar as dificuldades que ali se encontram. Essas pistas deverão ser procuradas, compreendidas e explicadas, ao analisar uma tabela numérica, pois o modo de superar os obstáculos se encontra junto aos indicadores do sucesso e da felicidade. É sempre uma questão de ação e reação, quer seja feita a escolha positiva quer a negativa. Ao compreender que pode fazer escolhas, e souber quais são, você poderá conduzir a sua vida de modo a conseguir qualquer meta que estabelecer para si. É importante que escolha uma meta, e que então examine a forma pela qual seus dons cósmicos o prepararam para atingi-la.

Os significados dos dígitos simples são explícitos; quando os dígitos simples estiverem combinados em dígitos duplos, proporcionam um quadro mais completo de como expressará seus talentos. Os dígitos duplos mostram padrões de experiências; indicam o destino e apontam o caminho do sucesso. Esses aspectos do seu caráter não podem ser descobertos em detalhe, exceto pela cuidadosa consideração dos números duplos produzidos pelo seu nome e data de nascimento.

Este é, primordialmente, um livro sobre numerologia, contudo, uma vez que usamos os dígitos duplos até 78, que é o número de cartas do baralho de Tarô, estamos incluindo extratos resumidos da filosofia do Tarô, como dimensão adicional na compreensão dos números. As chaves do Tarô simbolizam modos de determinar as forças e fraquezas das forças vitais dinâmicas.

Rico em simbolismo, o Tarô tem sido usado, desde épocas remotas, para ajudar as pessoas a compreender as leis do universo e a nossa relação com as mesmas. As vinte e duas chaves do Arcano Maior relatam a história da nossa vida, como somos constituídos e quais são as nossas possibilidades. Se todos estudássemos e seguíssemos essas leis, a nossa vida melhoraria em consciência e segurança interior. As cinqüenta e seis chaves menores explicam as numerosas fases da vida humana e simbolizam meios de enfrentarmos os nossos dilemas.

O Tarô também está relacionado com áreas do zodíaco, e para os estudantes que desejarem se aprofundar na astrologia, incluímos, nas interpretações, as delineações astrológicas para cada um dos setenta e oito números. Na realidade, as ciências da numerologia, da astrologia e do Tarô coincidem e se confirmam mutuamente tão bem, que julgamos impossível analisar um plano de qualquer tipo sem incluir, de algum modo, conceitos de cada ciência, para aumentar a nossa compreensão do quadro. No seu uso mais elevado, essas três ciências sintetizarão o conhecimento contido no seu rico simbolismo, para podermos aplicá-lo na nossa vida no sentido da compreensão e do nosso relacionamento com Deus.

Como Ler o Seu Número

Suponha que o seu número é 32/5: leia primeiro a interpretação para o número duplo e, em seguida, a interpretação para o dígito simples, a que se reduz. Mantenha em mente que o 2 opera através do 3 para atingir o número básico 5, o que é sintetizado na interpretação 32/5. O 41/5 é uma vibração totalmente diferente do 5, com o 1 operando através do 4 para atingir o número de base 5.

Um número tem sempre o mesmo significado, independentemente de onde aparece no seu plano, mas a expressão da sua consciência é determinada pela posição que ele ocupa como o seu Número da Alma, da Personalidade Exterior, da Linha do Destino ou da Lição da Vida. Por esse motivo, é importante considerar onde o número está operando. Se a vibração corresponder ao seu Número da Alma, então você já possui essas qualidades; entretanto, se for o seu Número da Lição da Vida, você ainda não possui essas qualidades, e está aqui para aprendê-las.

Os números nas linhas do plano representam energias que serão ativadas na época indicada. O mesmo é verdade quanto ao número do ano pessoal, dos períodos e dos meses pessoais. Reconheça que os números indicam uma energia que, quando ativada pelo padrão da sua vida, será moldada no espaço em que a encontra. Trabalhe com o número nesse espaço e use-o para a sua total realização.

Se for o seu Número da Alma, representa o que já é.
Se for o seu Número da Personalidade Exterior, é como os outros o vêem.
Se for o seu Número da Linha do Destino, é o que deverá fazer.
Se for o seu Número da Lição da Vida, é o que deverá aprender.

Se o número básico da vibração sob a qual estiver trabalhando for igual ao número-base de um dos seus quatro números pessoais, leia o seu número pessoal, bem como a variação. Por exemplo, se um dos seus números pessoais for 37/1, e você estiver temporariamente sob um 28/1, leia ambos os números.

1

O Arcano Maior

1 COMO VIBRAÇÃO DO NÚMERO PESSOAL: Você é independente! Não gosta de restrições de nenhum tipo e precisa sentir-se livre de todos os embaraços para que a sua forte personalidade se expresse. Está aqui para construir sua própria e única individualidade, o que só poderá conseguir ao exercer a sua vontade. Como resultado, torna-se uma força dominante em qualquer grupo a que pertencer.

Ao reconhecer que você é um líder natural, outras pessoas irão procurá-lo, buscando orientação e força, e assim provavelmente estará na direção da sua empresa, como executivo, supervisor, ou presidente de um clube.

Tem necessidade de ser o primeiro e o melhor em tudo o que fizer. Uma vez que possui instinto pioneiro, costuma ser o primeiro, e por ter a coragem de se afirmar, é muitas vezes o melhor.

Será um solitário em certos aspectos, pois seu positivismo tende a alienar a todos, menos aos tipos emocionalmente seguros ou dependentes. Aprenderá a tomar suas próprias decisões e manter-se a elas, independentemente da opinião dos outros. Suas qualidades de liderança o colocam em destaque, tornando-o intensamente ciente do peso dessa qualidade extraordinária; é a responsabilidade a ser suportada por aqueles que dirigem. Encontrará muitos tipos novos e diferentes de pessoas na sua vida, pois está sempre buscando novas experiências e iniciando novos esquemas.

Se você for um 1 negativo, tem um ego dominante, que o torna arrogante, egoísta e descuidado. Não tem sentimento pelos outros e nenhuma consideração pelo ponto de vista alheio. Sua teimosia em seguir o seu próprio caminho diante de evidências contrárias dá origem a uma série de eventos que levarão ao fracasso e à solidão.

Se for um 1 positivo e intelectualmente desenvolvido, é bastante original. Sua mente sagaz e penetrante procura muitos modos de expressão, e seus talentos poderão manifestar-se caso trabalhe como inventor, desenhista ou líder em qualquer setor criativo. Seu espírito inventivo lhe permite solucionar os problemas de modo criativo e construtivo. Este processo torná-lo-á um indivíduo habilidoso, que expressa opiniões definidas de modo positivo. Você é um pioneiro, embrenhando-se em regiões inóspitas para construir uma vida nova para si.

1 COMO VIBRAÇÃO TEMPORÁRIA: **Novos inícios, decisões, independência.** O período no qual está entrando agora é um tempo de começar de novo, de fazer um novo início. Tem a habilidade de separar-se do seu meio ambiente e de escolher o caminho que deseja tomar. Poderá ser necessário ficar só, pensar por si e aprender a ser independente. As vibrações do 1 revelam as forças interiores, e agora deverá tomar as rédeas e determinar seu curso futuro. Se dependeu de outros no passado, reconhecerá que não pode mais fazê-lo.

Deverá fixar metas de longo prazo e começar a tomar medidas para realizá-las. Mais tarde, ao olhar para trás, reconhecerá que os eventos desse período eram as pedras fundamentais da sua nova vida.

Empenhe-se em desenvolver seus talentos e habilidades. Promova suas idéias, acredite em si e não aceite um "não" como resposta. Agora, suas experiências mais importantes serão as que iniciará; por esse motivo, deverá ser decidido e firme. Grande força e autocontrole serão necessários. Se fixar sua atenção numa meta, conseguirá alcançá-la, pois sua consciência tornou-se um canal aberto de comunicação entre o seu subconsciente e o superconsciente. O segredo é a concentração. Milagres poderão ser conseguidos agora, pois você detém o controle sobre todos os assuntos materiais. Canalize seus pensamentos para áreas férteis, onde as suas energias mentais conseguem estabelecer padrões que podem ser transmitidos a níveis subliminares. As reações subconscientes resultantes produzirão as conseqüências desejadas. Sob o 1, deverá estar plenamente consciente de que os seus resultados serão qualificados pelos seus reais desejos.

O uso negativo das energias do 1 poderão colocá-lo numa situação obstinada, na qual insiste em ter seu próprio caminho, independentemente das conseqüências. Dê rédeas livres à sua individualidade, mas guie-a com sabedoria.

Sob essa influência, não se deixe levar pela impulsividade. Faça seus próprios planos, uma vez que parcerias de igualdade deverão ser evitadas agora. Seja seletivo na escolha de amigos e evite relacionamentos superficiais. Poderá encontrar uma nova pessoa, que terá importância no seu futuro.

Experimente com o novo e o ainda não tentado. Mantenha-se independente e decisivo e, sobretudo, tenha a coragem de agir de acordo com os seus sonhos.

SIMBOLISMO DO TARÔ: **Chave 1 — O Mago.** O Mago representa a mente consciente que, através da concentração e da atenção sincera a uma idéia ou meta específica, pode fazer uso das forças superiores. Desse modo, a idéia ou meta ganharão forma e tornar-se-ão uma realidade no mundo material.

Pela sua postura, a figura central indica claramente que é apenas um canal através do qual a força vital flui. Os terminais idênticos da sua vara mágica representam, graficamente, o axioma "assim como em cima, assim é embaixo". A figura horizontal 8 simboliza o Espírito Santo, o domínio, a força e o infinito. Uma vez que a linha horizontal é o símbolo antigo da matéria, esse hieróglifo representa o controle da mente consciente sobre as coisas terrenas, quando essa mente dirigir a energia vital, por meio da concentração, sobre uma meta específica.

A vestimenta de baixo do Mago, simbolizando a luz da sabedoria completa, é envolta pela serpente da eternidade, mordendo a própria cauda. A vestimenta vermelha exterior, da paixão e do desejo, que não tem cinto, poderá ser tirada e vestida à vontade; assim, a mente consciente detém o controle perfeito.

O jardim é a mente subconsciente, cultivado pela atenção da mente consciente. As rosas vermelhas representam desejos, enquanto os lírios representam o pensamento puro, inalterado pelo desejo. Cada momento da nossa consciência desperta é motivado e condicionado por algum tipo de desejo, que deve ser levado a um plano mais alto.

O Mago tem à sua disposição todos os elementos e suas contrapartes: a taça, indicando a água e a imaginação; a espada, indicando o ar e o intelecto; as moedas, indicando a terra e o corpo; e o bastão, representando o fogo e a vontade. Esses quatro objetos representam as letras IHVH, que é a palavra hebraica para Deus, e as letras INRI (Iesus Nazarenus Rex Iudaeorum), que aparecem na cruz cristã. Nesse ponto, a energia-Deus poderá ser transladada ao mundo material para dar origem à manifestação e harmonia perfeita.

CORRESPONDÊNCIA ASTROLÓGICA: **Marte (e Mercúrio).** O planeta Mercúrio é atribuído ao Mago, e Marte corresponde ao número 1. Essas duas energias precisam ser combinadas, a fim de que o Mago complete sua tarefa.

Marte, o planeta vermelho, fornece a energia fogosa e o desejo de criar. Mercúrio é a mente, o canal através do qual passa o desejo e a ferramenta com a qual a concentração é desempenhada. Sem o impulso para a realização, a mente é inativa e inútil; necessita da força exigente e propulsora de Marte para estimulá-lo a maiores realizações.

Quando Mercúrio e Marte agem em uníssono, a pessoa do número 1 atrai uma fonte infindável de criatividade e de coragem. Tem a visão para ver o que pode ser feito, e a força e a firmeza para fazê-lo.

2 COMO VIBRAÇÃO DO NÚMERO PESSOAL:

O número 2 sugere mais do que 1, e você, como um 2, está bastante consciente dos outros em oposição a si. Por ser bastante sociável, conhece muitas pessoas, e tende a colher idéias e a ganhar experiência com os demais; seria um bom diplomata, um intermediário, um mediador ou um pacificador. Seu melhor serviço é através da cooperação, pois sua natureza meiga e gentil é apreciada e bem recebida por todos.

Você não é um indivíduo impetuoso e prefere, muitas vezes, permanecer quieto nos bastidores. Por ser extremamente consciente de pares e opostos, acha difícil escolher. Permanecendo reservado e discreto, às vezes evita tomar decisões. Essa qualidade poderá ser uma obrigação, mas eventualmente se transformará num recurso, tornando-o um árbitro. Sua habilidade de ver ambos os lados de uma situação, unida à sua sinceridade, é uma combinação vencedora.

O número 2 também implica reflexão e simetria. Seus poderes imaginativos se ampliam por seu potencial de ver aspectos ocultos da beleza na vida. Sua capacidade de se afastar e de observar a separação permite que seus potenciais criativos e inventivos se expandam. Quando olhamos para o mundo, vemos o que há na frente e nos lados; não podemos olhar para trás sem nos voltarmos. Todavia, você parece olhar para a realidade como se fosse num espelho, vendo cada detalhe, mesmo os que estão atrás e que apenas podem ser vistos pelo espelho. Tem o olho que tudo vê.

Se for um 2 negativo, falta-lhe autoconfiança e, portanto, é indeciso e medroso em tomar decisões. Pode ser enganador e ter duas faces. Demasiado sensível, deprime-se facilmente caso seu meio ambiente não lhe agrade.

Se for um 2 positivo, poderá ser de grande utilidade aos outros, por sua habilidade de resolver as situações de forma amigável; poderá muito bem tornar-se o poder por trás do trono.

2 COMO VIBRAÇÃO TEMPORÁRIA: **Gestação, cooperação, diplomacia, autoconhecimento.** Encontra-se num período de gestação, no qual não deverá afirmar-se, mas aguardar os resultados. É o momento de reunir e assimilar as experiências do passado, dando tempo para que cresçam lentamente. Trata-se de um período reservado, no qual seus afazeres, situações e relacionamentos estão operando sob o elemento do desconhecido. Poderá não estar ciente de todas as circunstâncias que envolvem uma determinada situação, e eventualmente se encontrará num estado de flutuação. Por esse motivo, deverá manter a proporção e o equilíbrio. Mantenha-se estável.

Ver-se-á envolvido em reuniões, troca de idéias e muita movimentação. Deverá tomar cuidado com o que diz a respeito das suas esperanças e ambições, pois suas palavras poderão ser mal-interpretadas de modo inconsciente ou de forma deliberada. Use a diplomacia em todos os seus procedimentos e tome cuidado com as pessoas com quem fala e nas quais confia. O descuido e a falta de tato poderão causar problemas nos relacionamentos, resultando eventualmente em violentos confrontos e atos decepcionantes.

Seja paciente, ponderado, discreto e receptivo às idéias alheias. Pratique a conciliação, mas não às custas da sua integridade. Este é um momento passivo, receptivo, no qual você deve refletir e ouvir a voz do subconsciente, que coleciona e arquiva cada peça de informação encontrada. O subconsciente está agora, potencialmente, produzindo sementes, que causarão disputas, dissensões, desacordos e rompimentos ou a paz, a cooperação, a beleza e o encontro.

Se exercer o lado positivo, terá laços calorosos com outras pessoas. Pode ser um bom mediador, intermediário ou agente da paz. É uma vibração boa para assuntos amorosos, mas cuide-se, pois está vulnerável em termos emocionais. Sob um 2, os casos de amor poderão tanto ir como vir e, assim sendo, mantenha essa proporção.

Eventualmente, o futuro parecerá obscuro neste período, uma vez que energias ocultas, e que aparecerão posteriormente, estão operando. Desde que as escolhas são difíceis sob o 2, é recomendável adiar ações importantes até sua mente estar mais decidida. Não se trata de uma época particularmente boa para empreendimentos comerciais, mais uma vez devido à sua indecisão.

As lembranças agora são uma motivação primordial para as suas ações. Não se prenda a reminiscências desagradáveis ou a situações inconscientes do passado. Em vez disso, use a sabedoria armazenada de experiências passadas para resolver obstáculos numa parceria, mediação ou esforço cooperativo.

Comunicamo-nos com os outros através do subconsciente. As lembranças guardadas nesse subconsciente determinam a nossa reação a condições, situações e pessoas. Examine suas reações com respeito aos outros, agora, pois este período testa a sua habilidade de coexistir.

A comunicação telepática poderá ser intensa, pois tem um conhecimento subconsciente do significado real por trás dos eventos que são misteriosos para a sua mente consciente. Portanto, deverá sintonizar-se com aquilo que está sendo formulado na sua mente durante esse tempo pois, de outro modo, permanecerá no escuro. O número 2 é uma rua de dois sentidos, com as idéias fluindo entre o ser interior e o ser exterior.

O uso negativo do 2 torna-o mesquinho com relação a assuntos triviais. Reage emocionalmente a confrontos, retraindo-se em vez de tentar solucionar os problemas de modo pacífico. Suas emoções enfraquecem sua autoconfiança e alteram seu equilíbrio.

É um ótimo período para pessoas criativas, como artistas, compositores, inventores e místicos, a fim de expandirem sua consciência através de várias técnicas, pois o 2 contém forças criativas latentes. É um tempo de espera, no qual as sementes da criatividade são plantadas no subconsciente para dar início ao processo de crescimento e expansão. É também um período de sabedoria, durante o qual pode ver o real EU SOU do ser, refletindo no seu interior.

Deverá manter-se passivo e receptivo às atuais forças criativas, sem vacilar ou ser demasiado sensível ou retraído. A contemplação calma e silenciosa do potencial criativo interior ajudá-lo-á a produzir belas formas de arte, idéias inovadoras e soluções únicas para os problemas cotidianos.

SIMBOLISMO DO TARÔ: Chave 2 — A Grã-Sacerdotisa.
A Grã-sacerdotisa simboliza a mente subconsciente, a força receptiva, reprodutiva e criadora de formas do organismo humano. A cortina por trás da figura une os dois pilares de luz e escuridão. Como força de equilíbrio entre dois pares de opostos, não tem preferência por nenhum, e apenas aguarda o esforço concentrado da mente consciente. A Lua crescente, em forma de taça, representa a receptividade e a qualidade retentora da mente subconsciente.

Toda memória, universal e pessoal, está registrada no livro da Papisa, parcialmente oculto, pois nem tudo é conhecido; Deus tem mais a revelar. A pedra cúbica sobre a qual está sentada, representa os princípios da ordem sob a qual o subconsciente deverá funcionar para o perfeito cumprimento. A cruz branca representa o uso apropriado dos quatro implementos dispostos na mesa do Mago. A mente consciente formula idéias que o subconsciente aceita como sugestões, empenhando-se, a seguir, em torná-las realidade, de modo ordeiro e progressivo.

A Grã-sacerdotisa é a ligação com o subconsciente; precisamos passar por ela para usarmos o nosso potencial consciente, chamando assim à ação os poderes do Mago, a mente consciente.

CORRESPONDÊNCIA ASTROLÓGICA: **Vulcano (e a Lua)**. A Grã-sacerdotisa, Chave 2 do Tarô (regida pela Lua), e o número 2 (regido por Vulcano), juntam forças para dar origem à gestação. (Vulcano é o ferreiro dos deuses, o guardião da chama e do lar. Muitos astrólogos acreditam que o planeta Vulcano é o regente legítimo de Virgem.) Após uma idéia haver sido lançada pela vibração do número 1, precisa encontrar um lugar escuro e acolhedor onde poderá ser devidamente nutrida, longe da luz e do clamor do mundo externo. A idéia procura abrigo nas profundezas do subconsciente regido pela Lua, onde espera ser alimentada pela imaginação. Como Vulcano, esse processo de formação não é visto, mas continua, alimentado pelo fogo da determinação. Vulcano, o guardião mitológico do fogo, ajuda as influências alimentadoras e protetoras, assegurando que o fogo ou desejo de desenvolver essa semente não tremule e morra.

A pessoa do número 2 tem uma personalidade bastante receptiva, na qual as sementes da cooperação, da paciência e da prudência são alimentadas. Essas sementes eventualmente se manifestarão em forma de produtos úteis e objetos de beleza capazes de beneficiar o mundo todo.

3 COMO VIBRAÇÃO DO NÚMERO PESSOAL:

O 3 é o número das artes de representação, e você é um artista. Ama a vida, o prazer de contatos sociais, o entretenimento e novas experiências. A sua natureza brilhante e ativa irradia-se como o Sol, para esquentar a vida dos outros, e a sua tranqüilidade com as pessoas as atrai para você, como um magneto. Sempre terá muitos admiradores.

É uma pessoa extremamente expressiva, e deverá desenvolver seu talento com as palavras e cultivar a arte da conversação. Pode influenciar os outros através da sua habilidade de falar sobre a vida de modo grandioso. Desenvolva e coloque em ação seus talentos de entreter e de comunicar. Poderia sair-se bem como professor, artista, advogado, juiz, escritor, enfermeiro, pastor ou padre.

As viagens provavelmente serão uma parte importante da sua vida, pois sente a necessidade de se envolver em muitas experiências e investigar novas oportunidades. Seus interesses variados tornam os seus pensamentos amplamente abrangentes.

Gosta de estar no palco, de entreter e de viver a boa vida. O reconhecimento lhe é importante, pois precisa saber que é apreciado. Gosta de usar roupas bonitas e está ou deveria estar consciente da sua aparência, pois representar no palco depende de como se apresenta e se projeta.

O 3 negativo faz tudo de modo exagerado — comer, beber, amar e viver. Eventualmente será demasiado auto-indulgente, e a extravagância poderia ser sua ruína. Tende a exagerar em suas ações e a aumentar situações, transformando montículos em montanhas. As amizades, então, serão superficiais. Poderá tentar evitar responsabilidades e viver apenas para o momento. Falar em demasia poderá transformá-lo num bisbilhoteiro.

Como um 3, deverá aprender a não limitar-se demais, o que é uma armadilha fácil na qual entrar, com seus muitos talentos e interesses. Deverá dominar, pelo menos, um talento.

Como um 3 positivo, terá muita sorte em assuntos especulativos, em investimentos, no jogo e em assumir riscos, de modo geral. Terá muitas oportunidades auspiciosas através dos amigos, que estão demasiado ansiosos em ajudá-lo de toda maneira. A sua sorte deriva da sua atitude positiva e emanante, que induz as pessoas a quererem ajudá-lo.

Deverá evitar ocupações que o mantenham confinado em lugares fechados ou que exijam longas horas de isolamento, pois necessita movimentar-se e expressar-se para poder realizar seu melhor trabalho e ser feliz.

3 COMO VIBRAÇÃO TEMPORÁRIA: **Crescimento, viagens, entretenimento, auto-expressão.** Este costuma ser um período feliz, durante o qual dificuldades anteriores serão superadas e resolvidas. Está explodindo com o prazer de viver; e sua aparência otimista faz com que deseje expressar-se socialmente e ceder aos seus desejos. Muitos eventos que ocorrem agora aumentarão seu entusiasmo. Definitivamente conseguirá dinheiro durante este ciclo. Poderá receber um aumento no emprego, uma herança de um parente distante, ou poderá ganhar o grande prêmio. A sorte parece estar ao seu lado, mas lembre-se que ela é apenas a manifestação exterior da sua atual atitude positiva. Está criando a sua própria sorte.

Há crescimento e expansão em todas as áreas da sua vida nesta ocasião. Para alguns, isso poderá significar casamento ou o nascimento de filhos. Para outros, o nascimento ocorrerá nas artes criativas ou na expansão da mente. O reconhecimento dos seus talentos de escrever, de pintar, de esculpir ou de representar no palco é possível e, portanto, é chegado o momento de escrever o artigo, de pintar o quadro ou de apresentar o projeto no qual tem pensado por muito tempo. A publicação e o reconhecimento das autoridades estão sob o 3. Estude uma língua estrangeira, tome aulas de oratória ou qualquer outro meio disponível de desenvolver suas capacidades de expressão.

Empregue tempo e dinheiro na sua aparência pessoal, pois o modo de os outros verem você é de extrema importância. Poderá inscrever-se numa academia para perder peso ou numa escola de ioga, a fim de moldar e deixar seu corpo firme. Preste atenção especial ao modo de se vestir, e reveja o seu guarda-roupa, substituindo peças usadas e fora de moda. Encontrar-se-á, provavelmente, numa euforia de compras.

Os negócios agora combinam bem com o prazer e, portanto, envolva-se nos aspectos sociais da vida. As pessoas que encontrar ficarão impressionadas com o seu modo e expressividade, e algumas estarão em condições de ajudá-lo na carreira. Dê festas, junte-se a grupos, atenda seminários e, de modo geral, empenhe-se em encontrar e estar com outras pessoas.

Não assuma quaisquer compromissos que o prendam ou embaracem de algum modo. Você precisa de liberdade e de tempo para cultivar a auto-expressão.

Se sempre desejou viajar, esta poderá ser a oportunidade. As viagens de longa distância situam-se sob o 3, e assim poderá ter a oportunidade de se expandir através do contato com outras culturas ou modos de vida.

Estará no centro das atenções agora; portanto, aproveite, aqueça-se no calor da atenção dos outros e irradie o prazer que sente em intensificar a vida daqueles que encontra.

Preste atenção nos seus sonhos, pois poderão trazer mensagens precognitivas e alertá-lo para futuras oportunidades potenciais. Este é um período produtivo em todos os setores da vida.

Os aspectos negativos do 3 levam à dispersão das suas energias e a uma indulgência demasiada em todas as fases da vida. Falar demais pode levá-lo à bisbilhotice e à decepção. A extravagância leva à dissipação. Assumir riscos desnecessários leva a perdas. O ciúme produz a solidão. Comer demais, exceder-se na bebida e o consumo indiscriminado de drogas podem ter resultados desastrosos. Esteja consciente de que a exaustão dos valiosos recursos deste período causa dissipação e transforma o solo potencialmente fértil em terreno árido.

Há um provérbio antigo que diz: "Esteja consciente dos seus desejos, pois certamente os realizará." Se desejar algo de modo suficientemente forte, tal desejo com certeza se realizará. E, uma vez que se tenha tornado realidade, você poderá decidir que, na verdade, não o desejava.

Durante este período, os seus desejos poderão transformar-se em realidade e, portanto, comece a peneirá-los. Assegure-se de que o seu desejo é certo e bom para você e todos os envolvidos, e desfrute então esse período feliz e produtivo.

SIMBOLISMO DO TARÔ: **Chave 3 — A Imperatriz.** A Imperatriz também é um aspecto da mente subconsciente. Enquanto a Grã-sacerdotisa, o 2, é a memória, no número 3 encontramos a resposta subconsciente a essa memória, que produz o crescimento através da imaginação.

Em contraste com a virginal Papisa, a Imperatriz aparece grávida, como acontece com a paisagem que a circunda. A Imperatriz produz. É a Grande mãe, rodeada de amor, beleza e crescimento. A mente consciente, a Chave 1, não pode produzir; a mente subconsciente, a Chave 2, não pode raciocinar; é necessária a combinação do 1 e do 2 para produzir a manifestação, ou Chave 3.

As árvores, a vestimenta e o trigo simbolizam o amadurecimento que ocorre na mente subconsciente. O rio é o fluxo da força vital, o fluxo da consciência. Cair no lago representa a união dos sexos, ou a união das mentes consciente e subconsciente. Tem o cabelo loiro, simbolizando a mente superconsciente, amarrado com folhas verdes, voltadas para a luz do Sol, pois as folhas captam os raios solares. As doze estrelas em sua coroa são os doze signos do zodíaco, ou os doze meses, representando o tempo em si. Da mesma maneira, leva tempo para transformar os nossos desejos em manifestação.

Seu cetro representa o domínio sobre o mundo da criação, através do amor, o sinal de Vênus. É o epítome da criação e da abundância, fazendo-nos lembrar da passagem bíblica: "E viu-se um grande sinal no céu; uma mulher vestida do Sol, tendo a Lua debaixo dos pés, e uma coroa de doze estrelas sobre a cabeça. E estava grávida, e com dores de parto, e gritava com ânsias de dar à luz." (Apocalipse 12: 1-2.) Versões mais antigas da Imperatriz mostravam-na com a Lua crescente debaixo dos pés.

CORRESPONDÊNCIA ASTROLÓGICA: **Júpiter (e Vênus).** Pelas interpretações anteriores do número 3 (Júpiter) e da Chave 3 (a Imperatriz, Vênus), verifica-se como os atributos de Vênus e Júpiter trabalham em conjunto para causar a produtividade. Vênus procura levar harmonia e beleza a qualquer ambiente em que aparece. Seu agudo senso de justiça se manifesta através de refinada simetria, e sua natureza amável procura dar conforto aos outros e a si mesma.

Quando Vênus se une a Júpiter, que deseja expandir os serviços para a humanidade através do crescimento ordeiro, chega-se a uma situação muito produtiva e fértil. Tal produtividade é distintamente reconhecível em pessoas do número 3. São muito sociáveis e favorecem não apenas a si, mas também a seus familiares e amigos. Trabalham no sentido da harmonia social, usando os seus talentos muito expressivos e criativos em campos como a representação teatral, o trabalho social, o aconselhamento e a lei. Sua honestidade, generosidade e afabilidade as tornam extremamente populares com quase todos.

4 COMO VIBRAÇÃO DO NÚMERO PESSOAL: Simbolicamente, o número 4 e o quadrado são sinônimos. Como criança, passou um tempo num cercado quadrado para brincar. Ao tornar-se mais velho, desenhou uma casa quadrada na qual você e sua família viviam. Brincou com cubos quadrados e muito provavelmente se esbaldou num quintal quadrado. Ainda que os perímetros do seu mundo crescessem à medida que amadurecia, as fronteiras continuavam a definir a extensão até onde você podia se expandir. Uma vez que esses limites o protegiam contra o perigo, o quadrado ficou incutido em seu subconsciente como símbolo de segurança e estrutura, e como sistema de existência organizado, confortável e produtivo.

A Terra foi formada no quarto dia da Criação; por esse motivo, simbolicamente, todas as coisas terrenas são colocadas sob o número 4. Como receptor dessa vibração, você é um construtor bastante criativo, um indivíduo que dá forma e estrutura à vida. Constrói objetos tangíveis, pois necessita ter resultados visíveis dos seus esforços. Carpinteiros, pedreiros, desenhistas e todos os ramos da construção classificam-se sob o 4.

Você é um bom trabalhador. O empregador pode confiar na sua estabilidade, constância, honestidade e no seu senso de responsabilidade. Você é do tipo sal da terra, que reconhece a importância do alicerce sólido para nele construir o futuro. Mantendo as tradições do passado, reforça seu senso de segurança no presente e no futuro.

Sua natureza cautelosa e laboriosa faz de você um poupador. Você é um planejador paciente, e faz questão de manter suas finanças organizadas. Devido a essa predileção pela economia, pela natureza prática e pelo modo sábio de lidar com as finanças, seria um bom banqueiro ou financista.

A lei, a ordem e a regulamentação são palavras-chave para o 4. Tem um respeito inato pela supervisão e o controle. Muitas pessoas do 4 trabalham no governo ou com a lei, os fundamentos da sociedade. Tais ocupações requerem o discernimento e a habilidade de examinar situações, fazendo julgamentos baseados na razão, tudo o que você, como um 4, é muito capaz de fazer.

Uma vez que o discernimento do 4 se baseia no raciocínio sadio, este número dá origem ao inventor, que cria objetos práticos para o lar ou negócios. Essa habilidade também se manifesta na agricultura, na mineração, na geologia e na jardinagem — as ocupações que dão origem a produtos valiosos da terra.

O 4 negativo pode ser um trabalhador fanático, cuja perspectiva austera e estéril faz da vida uma maçada laboriosa. Pode ser mesquinho, descortês e só, guardado entre as paredes seguras de sua própria construção, que o protegem do mundo exterior, mas também o impedem de desfrutar do relacionamento com os outros. Essa pessoa sente-se limitada e restringida devido a uma temerosa necessidade de segurança.

Como um 4 positivo, possui a habilidade de construir um mundo útil através do raciocínio sadio, onde o trabalho árduo e a perseverança paciente beneficiarão outros de modo tangível.

4 COMO VIBRAÇÃO TEMPORÁRIA: **Trabalho, finanças, construção, natureza prática.** O 4 traz a necessidade de definir e de pôr as coisas em ordem. Nesse período, deve medir, classificar, registrar, regular e compor a si mesmo, bem como a seus afazeres, em seu meio ambiente. Deverá atender assuntos cotidianos, terrenos, e tratá-los através dos seus esforços e ações. Ganhará materialmente agora através do trabalho honesto, pois este é um período produtivo, no qual o impulso criativo pode ser controlado e dirigido. Para os homens, essa época costuma indicar virilidade e paternidade.

O ato de controlar as atividades diárias permitir-lhe-á colher recompensas materiais. O dinheiro e as finanças fazem parte deste ciclo e assim você deverá ser econômico e prático. Faça um orçamento e pague dívidas em todos os níveis — material, física, mental e espiritualmente. É o momento de poupar para aquelas férias especiais ou para aquela casa que sempre desejou.

Fazer o levantamento de terras, planejar e construir uma casa nova, ou redecorar ou reconstruir uma já existente, são propósitos viáveis do 4.

Poderá haver obstáculos que deverão ser resolvidos com paciência e determinação, mas se tiver a coragem de lutar contra toda oposição, conseguirá grandes progressos.

Durante este período reina a razão. O número 4 simboliza uma janela quadrada através da qual enxergamos; por esse motivo, deverá exercer a visão, a percepção e a análise. Por ser capaz de divisar o coração de qualquer situação, poderá ser convocado a usar sua razão e julgamento, talvez no sistema judiciário, como jurado ou testemunha de corte. Uma vez que o sistema judiciário é o fundamento sobre o qual se constrói uma sociedade justa, você sob essa vibração poderá ter de manter as tradições que regulam e asseguram a continuidade desse sistema.

Aspectos previamente ocultos do passado, que lhe permitem corrigir julgamentos errôneos de épocas anteriores, poderão ser revelados durante este período; isso se deve ao fato de o 4 envolver uma porta de oportunidade, através da qual poderá passar a uma nova vida.

Uma vez que o 4 rege os aspectos físicos da vida, os prazeres sensuais estão agora ao seu dispor. Poderá ter um relacionamento fisicamente recompensador com uma pessoa do sexo oposto.

Todavia, o ponto crucial desta vibração é o trabalho, a responsabilidade e o cumprimento. É o tempo de estabelecer sólidos fundamentos — financeiros, físicos ou mentais — para a sua vida. Os negócios e os relacionamentos pessoais tendem a crescer, e laços duradouros de amizade poderão ser desenvolvidos agora.

Em termos financeiros, lucrará em proporção direta à sua produção. Exercite e cuide do corpo, o seu lar físico. Quando o 4 estiver centralizado no plano material, suas energias manifestar-se-ão como habilidades criativas. Quando essas energias estiverem centralizadas no espírito, novos reinos psíquicos e espirituais poderão ser atingidos.

SIMBOLISMO DO TARÔ: **Chave 4 — O Imperador.** Esta carta, regendo a nossa existência consciente, representa a razão — uma função da mente consciente. O Imperador, portanto, rege o raciocínio, dando-lhe ordem, bem como os elementos conscientes do mundo material. Supervisiona e controla através da sua habilidade de discernir a verdade em qualquer situação. É a sua sabedoria no trato sistemático dos assuntos que o colocou no trono.

O Imperador é o Mago que se tornou mais velho, e que agora está na posição em que os esforços dos três estágios anteriores produzem recompensas concretas em termos de poder e de domínio.

Seu elmo é vermelho e dourado, representando Marte e o Sol. O Sol é exaltado em Áries, que rege esta carta, como é mostrado pelas cabeças de carneiro que adornam o trono. Os pensamentos do Imperador foram canalizados através do esforço pessoal (Marte) em implementação produtiva e útil, um processo que o coroou com a autoridade (o Sol).

Segura o mundo em sua mão esquerda e a cruz em Tau (T) na mão direita. Sua cruz é a régua-tê, usada na matemática, na geometria, no levantamento de terras e no planejamento. Alcançou sua posição através do planejamento adequado. Seu trono, simplesmente esculpido em pedra, simboliza o corpo, que necessita de longo e árduo trabalho antes de ser perfeito.

A Imperatriz, 3, e o Imperador, 4, pretendem demonstrar que aquilo que você semeia com a mente consciente (1), se expande através do 2 e do 3, amadurecendo, por fim, através do 4. Você é aquilo que por si só fez a si mesmo; você tem o poder e o controle. Se não estiver satisfeito, comece pelo 1 e lance as sementes apropriadas. Em seguida, siga a progressão ordeira através do 2 e do 3 e, quando atingir o 4, terá o que deseja. Essa é a mensagem das primeiras quatro cartas do Tarô.

CORRESPONDÊNCIA ASTROLÓGICA: **Terra (e Áries).** A Terra, atribuída ao 4, e Áries, regente do Imperador, Chave 4, são os componentes desta vibração. O 4 é um símbolo de forma, manifestando-se no quadrado, ou no cubo, que é um quadrado solidificado. Como tal, este número naturalmente rege todas as coisas que têm forma, configuração e substância. A Terra e tudo o que existe como parte da mesma entram nessa categoria.

A abundância da Terra surge para certas pessoas, mas não para todas. Ao examinar as correspondências astrológicas podemos determinar o motivo desse acontecimento. O número 4 resulta de uma progressão ordeira, assim como as pessoas de Touro, regidas pela Terra, são tipos metódicos. Se fizer uma avaliação incorreta de uma situação, e prosseguir nesse sentido, os resultados serão insatisfatórios. Uma avaliação inteligente e o aproveitamento adequado da sua energia pessoal serão necessários para chegar a uma conclusão bem-sucedida. Áries, o ponto de início, é o lugar onde devemos começar se desejarmos bons resultados. Áries possui o pensamento inicial para começar o processo da manifestação, e ter a coragem de prosseguir. A vibração da Terra confere estabilidade ao desejo de Áries, e o produto final é a formação apropriada do pensamento original. As pessoas do número 4 expressarão essas qualidades e, astrologicamente, seus mapas deverão apoiar suas tendências da vibração 4, com ênfase em Áries e nos sinais da Terra.

5 COMO VIBRAÇÃO DO NÚMERO PESSOAL: A liberdade lhe é absolutamente necessária. Você não pode ficar cercado, e a sua natureza irrequieta e aventureira requerem que viaje fisica, mental ou espiritualmente. Por ser um explorador, um pesquisador e um investigador dedicado, suas viagens expõem-no a experiências variadas, que imediatamente digere, disseca e arquiva, para referência futura. Mais do que outros, aprende pela experiência. Gosta de investigar para obter informações, e de experimentar, o que o tornaria um bom detetive.

Sendo versátil, inteligente, adaptável e muito criativo, pode fazer qualquer coisa que realmente deseja executar. É eficiente ao extremo, mas detesta a monotonia e não suporta trabalhos de rotina. Desempenha bem, desde que o problema ou o foco da concentração prenda seu interesse. Como um 5 construtivo, poderá chegar às alturas e profundezas sem danos. Não há limite para o que puder fazer caso suas ações sejam governadas pela razão e não pela emoção.

Tem uma energia inexaurível que, caso não seja controlada, pode transformar-se em explosões de temperamento. Quando está cansado, recupera-se rapidamente, pois nada o desconcerta por muito tempo. Sua mente rápida e suas reações instantâneas podem, por vezes, dar origem a decisões impulsivas, e tende a ser impaciente com as pessoas que reagem mais lentamente. Vive de energia nervosa.

O trabalho manual árduo não é do seu agrado, e assim escolhe caminhos de ganhar dinheiro através da sua agilidade mental. O jogo é um dos meios de expressão, e poderá ter muita sorte se especular sabiamente e não de modo impulsivo. Poderá também ser um mediador, um pacificador e intermediário, pois sua mente realiza a necessária ginástica mental com rapidez e chega a uma conclusão.

Uma vez que a mudança é uma parte natural da sua vida, deverá aprender a fazê-la de modo progressivo. De outro modo, poderá se tornar instável e seguir em muitas direções ao mesmo tempo, transformando-se no proverbial "homem dos sete instrumentos, mestre de nenhum".

Está ansioso pelo crescimento mental, e assim inicia novos estudos sempre que sente a necessidade. Nesses períodos, poderá tornar-se um estudante ávido e desenvolver intensa concentração.

Existem dois caminhos abertos para o 5; a tolerância no plano físico e o progresso no plano mental. Como um 5, poderá imergir no lado puramente físico da vida, saturando seus sentidos com drogas, álcool, sexo, comida e conforto. Por ser comunicativo e muito espirituoso, conversador, entusiasta e atraente ao sexo oposto, poderá facilmente cair na vida sensual, desconsiderando e desperdiçando seus muitos talentos. O 5 negativo poderá ser insincero, desleal, egoísta, irresponsável, extravagante e impopular.

O desenvolvimento mental é a chave do 5 e, se escolher esse caminho, a mudança e a variedade com que se cercará, proporcionarão as respostas às suas muitas questões. O seu vasto conhecimento impressionará as pessoas, e eventualmente você cumprirá a tarefa suprema do 5, a limpeza do santuário ou a regeneração do corpo através do controle sobre os sentidos. Por ser o 5 o número da habilidade de desenvolver as forças interiores, poderá tornar-se um sábio.

5 COMO VIBRAÇÃO TEMPORÁRIA: **Mudança, comunicação, sexo, novos interesses, viagens.** Se estiver operando sob um 5 nesta época, sentir-se-á impaciente e excitado. A mudança, a aventura e a atração por novos panoramas, chamam-no. As viagens são bastante possíveis neste período e, caso não viaje fisicamente, então com certeza o fará de modo mental. É tempo de sair de condições estagnadas e de investigar novas oportunidades. Sente atração por cursos de estudo por correspondência, pela educação de adultos, por passatempos e novos interesses mentais de qualquer tipo, pois este é um período de crescimento e desenvolvimento mental.

Poderá ter de enfrentar situações que requerem decisões e escolhas, uma vez que o 5 indica dois caminhos. Este poderá ser um ponto decisivo para você. Por ser um período de contínua mudança em sua vida, você deverá ser flexível e aprender a adaptar-se antes de fazer planos rígidos, pois é provável que eles sejam de alguma forma alterados. Deverá estar livre para enfrentar a experiência que este momento tem a oferecer, uma vez que o ritmo é rápido e os eventos surgem, às vezes, inesperadamente. Sentirá uma energia nervosa irrequieta sob esta vibração e, portanto, tente evitar acidentes causados pelo descuido. Em vez disso, canalize suas energias para ações construtivas, através da aplicação mental.

Trata-se de um momento propício para se promover ou a um produto, uma vez que é fluente, expressivo e capaz de se comunicar facilmente com os outros. Encontrará pessoas novas e fará amizades com facilidade. Os negócios poderão ser combinados com atividades sociais, obtendo-se resultados compensadores. Através das experiências e dos contatos com outros, extrairá conhecimento que será guardado no seu subconsciente e que acrescentará uma dimensão maior à sua compreensão.

Por ser este um período de grande sensualidade, você estará sexualmente magnético, e os casos de amor serão firmes e intensos. Uma antiga namorada poderá aparecer para um último tango. Haverá muitas oportunidades de relacionamento com o sexo oposto, uma das quais poderá desenvolver-se num casamento. Eventualmente haverá muitas tentações, e você precisará de todo o seu autocontrole para tomar as decisões certas.

Com seu forte desejo por mudanças, poderá muito bem decidir, ou ser forçado, a mudar de emprego ou de sócios, a mudar-se, ou a alterar substancialmente seu modo de vida. Em algumas ocasiões, poderá parecer que outros estão forçando alterações; na verdade, a necessidade que você tem dessas mudanças estabelece as situações. Algumas vezes a necessidade de mudança é desempenhada por outros, mas ela costuma ser causada pelas suas próprias energias subconscientes.

Use o autocontrole, canalize sabiamente suas irrequietas energias e atue de modo decisivo. Este poderá ser um ponto crítico em sua vida.

SIMBOLISMO DO TARÔ: **Chave 5 — O Hierofante.** O Hierofante, ou Papa, representa o nosso mestre interior, o nosso ouvido interior, a nossa intuição. Os sábios sempre afirmaram que a libertação de toda limitação ocorre aos que despertam a consciência interior. A verdadeira audição interior não envolve espíritos, a clarividência e as visões do plano astral. Em vez disso, a verdadeira intuição baseia-se no número 4 e na Chave 4, o Imperador. Quando a mente consciente colhe todos os fatos e os introduz na mente subconsciente, o subconsciente reage a essa informação e, num lampejo de intuição, devolve a análise correta à mente consciente. Esta é a verdadeira intuição, baseada na razão.

A coroa do Hierofante é tripla: a fileira de cinco trevos representa os cinco sentidos; a fileira de sete trevos simboliza os sete centros do corpo e os sete planetas originais; a fileira de três trevos significa os três estados de consciência — o superconsciente, o subconsciente e o consciente. O bastão tem o mesmo significado simbólico que o botão na ponta do mesmo: ambos indicam a fonte, Deus. Os ornamentos ligados à coroa caem por trás das orelhas para enfatizar a audição. A coroa e o bastão representam os quatro mundos — arquetípico (o botão), criativo, formativo e material.

O fundo cinzento e pálido representa a sabedoria, pois a cor cinza é uma mistura de partes iguais de preto e branco. Assim, o cinza significa o equilíbrio perfeito, que é o aspecto prático da sabedoria.

As chaves cruzadas, junto aos pés do Hierofante, simbolizam o superconsciente, que é a chave para o céu, e o subconsciente, que é a chave para a terra (ou inferno, se assim a tornarmos). As vestimentas dos dois sacerdotes ajoelhados representam o desejo (rosas) e o desejo purificado (lírios), que deverão ser sublimados à mente consciente.

Esta carta contém dez cruzes, representando os números espirituais de 1 a 10, os dez aspectos da Árvore da Vida e as dez árvores no jardim da Imperatriz.

CORRESPONDÊNCIA ASTROLÓGICA: **Mercúrio (e Touro)**. Mercúrio rege o número 5, e Touro domina a Chave 5, o Hierofante. Esses dois não aparentam ser parceiros; todavia, considere seus atributos. Mercúrio, o mensageiro dos deuses, representa movimento, comunicação e o processo intelectual. Touro, o primeiro signo da Terra, significa que ali encontramos indivíduos que agem e reagem com deliberação lenta, o epítome do tipo que, de modo cômodo, absorve o prazer através dos cinco sentidos.

Somente por meio da calma deliberação (Mercúrio em Touro), pela absorção através dos sentidos, de cada informação apresentada em qualquer situação, o processo intelectual pode aproximar-se do seu potencial máximo. O quebra-cabeça de informações é então submetido ao subconsciente, em forma de peças, que cuidadosamente as reúne. Uma vez completo, o quadro é apresentado à mente consciente num lampejo de percepção ou intuição. Com a ajuda de Touro, Mercúrio colheu a informação, comunicou-a ao subconsciente para análise, e então recebeu de volta a resposta na mente consciente.

As pessoas do número 5 são confrontadas com muitas decisões, que requerem o discernimento intelectual. São definitivamente comunicadoras e viajantes, e são atraídas por profissões tais como vendas, propaganda, promoção e relações públicas.

6

COMO VIBRAÇÃO DO NÚMERO PESSOAL: Você é uma pessoa artística, com uma visão aprimorada para a beleza e a simetria. Considera a arte e a música relaxantes, compensadoras e necessárias para sua felicidade. Se escolher uma carreira profissional fora de sua casa, as artes criativas seriam um campo apropriado.

Sua habilidade analítica inata permite-lhe divisar diretamente o foco de cada situação, e assim resolver problemas com facilidade e lógica. A sua percepção refinada e senso de justiça seriam recursos apropriados para propósitos profissionais nos campos da lei e do aconselhamento. Outros sentem a sua sagacidade, honestidade e integridade, e o procuram para ajustar quaisquer diferenças que encontram. Você é uma pessoa responsável, que cumpre as obrigações e da qual se pode depender para ir atrás de qualquer coisa que tenha prometido.

O 6 também é a vibração doméstica, indicando que você ama seu lar e seus filhos. Poderá ter-se casado cedo, para ganhar o amor de que necessita e que um cônjuge e os filhos podem proporcionar. Uma mulher com este número provavelmente será uma boa dona de casa, bastante protetora e orgulhosa do marido e dos filhos. Prefere estar em casa em vez de sair e lutar no mundo por uma subsistência. Uma das razões de sua relutância em sair pelo mundo é a necessidade de paz e harmonia, que são importantes para todos os 6. Um lar bonito, artisticamente decorado lhe é de muita importância. Gosta de decoração e de tornar seu ambiente atrativo. Gosta de conforto e de paz e não tolera a discórdia. Entreter-se em sua própria casa, se possível, é um prazer, e é um ótimo anfitrião ou anfitriã.

Gosta realmente dos amigos e preocupa-se e simpatiza com suas necessidades. Caso requeiram ajuda, generosamente oferece tudo o que tiver.

Devido à sua generosidade, bondade, paciência e tolerância, possui muitos amigos.

A consideração pelos outros lhe é pessoalmente básica, e você se regozija com a alegria e a recompensa dos outros como se fossem suas. Desaprova intensamente o ciúme e não consegue compreendê-lo quando outros reagem dessa forma. Apesar do seu grande desejo por uma existência pacífica, lutará pelas suas crenças contra qualquer oposição. Essa determinação pode trazer-lhe sucesso e fama em qualquer profissão que escolher.

O 6 negativo tende a ser muito obstinado. Poderá tornar-se um escravo dos seus entes queridos, que fazem de você um capacho. Poderá enterrar-se em sua casa, tornando-se um recluso. Se sentir que lhe negaram o amor de que necessita tão desesperadamente, terá pena de si, lamentar-se-á, entristecerá e perder-se-á em autopiedade. Poderá ficar desgostoso e ciumento, assumindo o papel de mártir.

Como um 6 positivo, você poderá ser uma força tremenda para o bem, proporcionando alegria, amor, beleza e um sentido de justiça à vida dos outros, tornando-se assim um porto abrigado nas frias e destrutivas tormentas da vida.

6 COMO VIBRAÇÃO TEMPORÁRIA: **Casamento, mudança no lar, redecoração e remodelação, responsabilidades domésticas e comunitárias.** As energias deste período centralizam-se no seu lar e na comunidade. Observe, primeiro, a ênfase no lar, onde mudanças estão ocorrendo. Pessoas entrarão ou sairão de sua casa através de casamento, nascimento, morte, divórcio e outras ocorrências, ou então você poderá mudar de residência.

Talvez se case agora, ou desenvolva fortes laços de amizade com alguém. Sente um maior senso de responsabilidade pelos outros, o que as pessoas percebem; como resultado, será procurado para prestar assistência. Chorarão no seu ombro e talvez peçam ajuda financeira. Eventualmente alguns relacionamentos se tornem penosos, e pessoas mais idosas poderão ser uma nova responsabilidade. Deverá aceitar essa situação de modo animador e, sobretudo, manter a harmonia; coloque de lado suas próprias necessidades por algum tempo. Contudo, não aceite encargos desnecessários.

Esta vibração estimula o seu senso artístico, que poderá usar de modo construtivo pela redecoração ou remodelação do lar. A sua consciência social também é enfatizada, e o ato de entreter em sua casa deverá figurar como prioridade em sua lista de coisas a fazer. Colocar a casa em ordem também inclui a sua casa física, o seu corpo. Faça um *check-up* e então inscreva-se numa academia, para firmar e tornar compactos alguns músculos flácidos, e para construir um corpo mais saudável, de modo geral.

Lembre-se, não assuma responsabilidades desnecessárias, pois os compromissos que aceita agora deverão ser cumpridos até o fim. Em vez disso, termine os projetos antigos que estavam em sua mente. Pense com cuidado em como superar os obstáculos que está enfrentando.

Se mantiver o equilíbrio e a harmonia, este poderá ser um período afetuoso, compensador e criativo. Torne seu lar tão atrativo e caloroso quanto possível, e os outros poderão aquecer-se em sua irradiação ensolarada.

SIMBOLISMO DO TARÔ: Chave 6 — Os Amantes. Os Amantes é uma referência óbvia à parceria e ao casamento, a união dos componentes opostos, mas complementares. A palavra-chave é "discriminação". Quando discriminamos, colocamos de lado e separamos, a fim de ver as diferenças inatas entre duas categorias. Dessa maneira, podemos separar o verdadeiro do falso.

Todas as criaturas, inclusive as humanas, possuem seu odor próprio e único. Isso é especialmente importante no reino animal; o acasalamento, a autoproteção e a preservação dependem todas de um agudo senso de olfato. As pessoas discriminam através do sentido do olfato, que é, portanto, um atributo da Chave 6.

As duas figuras humanas representam fatores oponentes da Fonte, Adão e Eva (seu nome nos manuscritos originais), macho e fêmea, positivo e negativo, e as mentes consciente e subconsciente. Essas duas manifestações especiais da Força Vital única devem equiparar-se antes de conseguir a unidade. O macho, ou mente consciente, olha para a fêmea, ou mente subconsciente que, por sua vez, olha para o anjo, ou mente superconsciente. Somente através desse processo de passo a passo podemos atingir nossa alma e usufruir o seu poder e inspiração.

A árvore por trás de Adão simboliza os signos do zodíaco. As chamas do lado esquerdo da árvore simbolizam os cinco sentidos; as do lado direito simbolizam o corpo e os planetas originais.

Atrás de Eva está a Árvore do Conhecimento. A serpente na árvore, a energia *kundalini*, dá-lhes o poder de criar. Quando a *kundalini* é retida no centro inferior do corpo, perto da base da espinha, apenas os sentidos são satisfeitos. É necessário elevar a *kundalini*, ou força da vida, ao longo da espinha até os centros mais elevados da cabeça, para que essa força se expresse num plano mais grandioso.

CORRESPONDÊNCIA ASTROLÓGICA: Vênus (e Gêmeos). Como regente do 6, Vênus procura reunir fatores aparentemente opostos em forma de unidade harmoniosa. Tais elementos oponentes são bem representados pelos Gêmeos, que regem as mãos, os braços, os pulmões e os ombros; esses são todos pares que necessitam operar em uníssono para que o corpo esteja bem coordenado. Igualmente, usamos as nossas mãos e braços para expressar o amor, através do toque e da ação de segurar. Muitas pessoas não conseguem se comunicar com eficiência sem o uso das mãos.

Vênus proporciona a ânsia de criar um ambiente de paz, agradável e confortável, rodeados por nossa família e amigos. As pessoas do número 6 são orientadas nesse sentido. A vida doméstica é sua prioridade mais alta, e encontra conforto e realização no lar, ou em atividades relacionadas ao mesmo. O seu senso artístico é desenvolvido através da simetria venusiana, e assim pode estar ativo nas artes, na moda ou na decoração do lar.

7 COMO VIBRAÇÃO DO NÚMERO PESSOAL:
Sonhador e filósofo, seu destino é a sua mente. Tende a ser atraído pelo lado místico da vida. Você tem habilidades psíquicas e de clarividência marcantes, e desenvolverá o lado intuitivo e introspectivo da sua personalidade. Com freqüência, seus pressentimentos psíquicos contarão eventos futuros. Se desenvolver seus dons psíquicos, poderá usá-los para o bem de outros.

Reconhecendo que deverá deixar para trás os desejos do mundo material, volta-se para o mundo da mente e do pensamento. Ali aprende a se fechar entre paredes secretas, onde a imaginação pode agir livremente. A poesia e a música elevam seu espírito e o transportam para outros lugares. Os seus períodos de isolamento, impostos por si só, tornam-no um enigma até para sua própria pessoa. Costuma ser chamado de solitário, e ninguém o conhece realmente. De todos os números, poderá facilmente permanecer solteiro e, de fato, muitas pessoas do 7 vivem como eremitas ou reclusos. Quando tem de pôr em prática suas próprias idéias, pode ser muito determinado.

Via de regra, as crenças religiosas ortodoxas não lhe oferecem suficiente substância espiritual; por esse motivo, você procura encontrar seu sistema individual de crença. Todavia, algumas pessoas do 7 permanecem com suas igrejas e alcançam posições de grande poder. Pitágoras considerou o 7 como o mais sagrado dos números, e os seus alunos faziam os votos ou as obrigações sob o número 7. No passado, uma criança nascida sob o 7 era imediatamente colocada no templo, a fim de se tornar um sacerdote ou sacerdotisa. Hoje em dia, pessoas do 7 são encontradas nos altos escalões da igreja ou como líderes em círculos místicos. Alcançam a realização espiritual e se tornam mestres.

Você é perceptivo e compreende a natureza humana. Quando encontra alguém, não costuma se deixar enganar pela personalidade exterior, mas parece perscrutar seus motivos interiores de imediato. Às vezes, deixa as pessoas embaraçadas com sua habilidade de adivinhar pensamentos.

Os pensamentos são palavras da mente, e você se torna um amigo íntimo das palavras, pois entende seu poder protetor, preservador e influente. Sua natureza cultural e estudiosa é intensificada e ampliada pelas mudanças e viagens, que adora. Sua mente absorve, de modo ansioso, as informações que derivam do contato com terras e culturas estrangeiras. Prefere viver no campo, e não na cidade. No campo pode levar uma vida cômoda, numa atmosfera digna e conservadora. Tem uma natureza retraída e, naquele ambiente, pode experimentar períodos de tranqüila contemplação, necessários para seu desenvolvimento mental.

É metódico no modo de se vestir; nunca usaria roupas de outra pessoa e não deixaria que ninguém usasse as suas. Parece estar ciente, de modo inato, de que todas as pessoas têm suas próprias e distintas vibrações, que são transmitidas a tudo em que tocarem.

Metódico, você se mantém no ritmo do 7, que rege a periodicidade na natureza. Apesar de ter boas idéias empresariais, não deverá entrar no mundo dos negócios, pois raramente executa essas idéias.

O altruísmo, a compaixão e a dedicação são qualidades que deverá desenvolver. Você tem uma noção daquilo que o mundo deveria ser. Quando o mundo não se conformar ao seu ideal, pode tornar-se frustrado e deprimido. De modo geral, é avesso a conselhos, e as pessoas encontram dificuldade em convencê-lo das coisas devido à sua mente individualista.

O 7 negativo é melancólico. Seu desapontamento com o mundo exterior leva-o a uma existência solitária, tornando-se um eremita ou recluso, afastando-se das pessoas que não vivem segundo seus ideais.

Todavia, usando sua vontade e conseguindo dominar seus tremendos poderes mentais, poderá ser um veículo para o bem, num mundo que desesperadamente necessita daquilo que você tem a oferecer — uma mente criativa e sadia.

7 COMO VIBRAÇÃO TEMPORÁRIA: **Reflexão, repouso, saúde, férias.**
É tempo de descansar. Deus descansou no sétimo dia, e este é o seu sétimo dia. Torne-se calmo e receptivo. Pense a respeito de si e do estágio de vida em que se encontra. Analise suas metas, projetos e relacionamentos. Fique só e ouça seus impulsos interiores. Anote os pensamentos. Pode ser inspirado por sonhos, visões e intuições, neste período; por isso, quaisquer escritas que produzir poderão ter caráter criativo.

Use as energias deste período para o exercício e a disciplina mental. Agora pode dominar talentos técnicos para ajudá-lo em sua profissão, ou beneficiar-se de disciplinas filosóficas e metafísicas, incluindo a religião, a ioga, a meditação transcendental, a astrologia e a numerologia.

Não force seus assuntos financeiros sob um 7. Este não é o momento de ser impulsivo ou de se preocupar com os negócios. É o momento de realização física e de consecução nos ciclos, pois consegue ver as conseqüências dos seus esforços prévios. Os assuntos misteriosamente se completam sem qualquer esforço da sua parte. Aguarde e deixe o ciclo trabalhar para você.

O número 7 rege o corpo físico e as funções corpóreas; por isso, as forças em seu corpo estão agora ativas. Deve controlar-se com sabedoria, descansar e cuidar de problemas menores. O abuso e o esforço demasiados costumam causar males físicos e doenças. Tais desconfortos fazem-no ficar moderado, para que tome um tempo e reflita sobre si e seu propósito na vida, que é a razão mais importante deste ciclo. As férias são sempre agradáveis, e agora é uma boa ocasião para desfrutá-las.

Tenha cuidado ao assinar quaisquer documentos ou acordos legais. Verifique cada palavra e se existem meios de evasão; depois de haver escrutado cuidadosamente todos os aspectos, assine com confiança. Nesta época, não sentirá a necessidade de relacionamento social; em vez disso, preferirá estar sozinho ou com pessoas de natureza espiritual, que complementam ou elevam seu estado contemplativo. Não lute contra os seus impulsos interiores de descanso, pois isso ocasionará somente problemas físicos ou frustrações. Ao contrário, acompanhe esse fluxo e faça uma profunda introspecção para descobrir os belos aspectos do seu verdadeiro ser interior, a jóia perfeita.

SIMBOLISMO DO TARÔ: **Chave 7 — O Carro.** O Carro representa a receptividade à vontade da Fonte única. A palavra-chave atribuída a esta carta é *cerca* ou *clausura,* e o seu sentido de função é a fala. Cada palavra que pronunciamos é uma cerca que envolve ou enclausura uma idéia ou um pensamento. O vocabulário eloqüente é uma ferramenta poderosa de proteção e preservação, bem como um progresso. Quando falamos, colocamos em ação uma vibração que age sobre o etéreo, o espaço e o acáshico. Blavatsky disse: "O som ou a fala é uma força tremenda quando dirigida pela sabedoria oculta." Podemos ser vitoriosos somente quando permanecemos quietos, tranqüilos e receptivos. Então, a força primária poderá agir por nosso intermédio.

Em termos simbólicos, o condutor do Carro é a alma, dirigindo o carro, o corpo. Note que o condutor não tem rédeas. É mentalmente, através da vontade, que dirige as esfinges, ou sentidos positivo e negativo, para puxar o carro. A cobertura estrelada superior indica que somos receptores de energias celestiais. As Luas crescente e minguante representam o tempo e o ritmo, que são estágios da mente. Isso pode ser visto pela sua posição nos ombros, regidos por Gêmeos, que é o primeiro signo do ar, simbolizando a mente.

O globo alado nesta carta representa a autoconsciência, elevada pela aspiração. O disco com uma haste vertical no seu centro significa as forças positiva e negativa unidas num relacionamento de trabalho. O quadrado no peito do condutor indica a atitude ordeira, e sua cota de malha de oito painéis, decorada com talismãs, representa o domínio da alma sobre o mundo material.

A mensagem aqui é que, através do controle dos sentidos, e da elevação e da purificação dos desejos, fazendo uso da nossa livre vontade, podemos alcançar o domínio completo enquanto estivermos no corpo físico.

CORRESPONDÊNCIA ASTROLÓGICA: **Lua (e Câncer).** A Lua tem quatro ciclos de sete dias e, uma vez que a Terra foi criada no sexto dia, a Lua, um satélite da Terra, não podia ter-se manifestado antes do sexto dia. Com o 7 como final de um ciclo físico, podemos realmente ver por que esse número foi atribuído à Lua.

Câncer, o caranguejo, rege a Chave 7. O caranguejo tem uma carapaça ou concha que protege seu corpo frágil dos perigos do mundo exterior.

Durante o ciclo do 7, de algum modo, somos seqüestrados do mundo, como o caranguejo, Câncer, que se encolhe na sua casca protetora para ponderar sobre experiências recentes e examiná-las em seu subconsciente (Lua).

As pessoas do 7 são tranqüilas, introvertidas, analíticas e muito profundas. São os pensadores do mundo, e estão comumente envolvidos em algum propósito científico, filosófico ou metafísico. Sozinhos, podem mentalmente perscrutar o universo, procurando a concha que abrigará suas idéias com forma e substância.

8
COMO VIBRAÇÃO DO NÚMERO PESSOAL: Força, vontade e esforço são as palavras-chave para a sua natureza. Você tem a habilidade de

canalizar as suas energias a fim de alterar determinada situação e, desse modo, poderá vir a ser um líder. O poder que exerce sobre o mundo material é o produto da sua disciplina. Você é o tipo do grande-chefe, com habilidades executivas, e pode dirigir e organizar com eficiência. Com seu conhecimento e juízo comercial sadio sobre o valor de um dólar, prefere uma organização grande a uma empresa pequena.

Poderá tornar-se um grande sucesso no mundo financeiro. É astuto, desembaraçado e ambicioso pelo poder, e um fracasso o incita a um esforço maior. Não desiste facilmente. É um produtor de dinheiro e com toda probabilidade ficará muito rico. Algumas pessoas do 8 acumulam e perdem mais de uma fortuna na vida.

Você é um realista voltado para a Terra. Uma carreira nas finanças, no meio bancário, na corretagem, especulação ou investimento seria uma boa saída para as suas energias. Todavia, trabalhar apenas para o ganho material não proporcionará a satisfação de que necessita, e deve aprender a compartilhar sua boa sorte com outros. Trabalha com zelo para as causas que abraça, e deverá encorajar suas inclinações filantrópicas. Contudo, não negligencie o lado espiritual. Desenvolva e viva uma orientação sadia pois, se ocorrerem reveses materiais, ainda terá uma base sólida sobre a qual reconstruir. É nesse caso que o seu sentido de equilíbrio e justiça se faz mais necessário.

Você é dotado de originalidade e de inspiração, gosta de criar, e assim é multitalentoso em todas as áreas de realização material. Com essas qualidades e a sua diplomacia, persistência e coragem, pode conseguir tudo.

Muitos atletas proeminentes encontram-se sob a vibração 8. Alcançam a distinção através da disciplina, do esforço, da vontade e da força. Um atleta também necessita de um aprimorado sentido de equilíbrio e ritmo, que são as qualidades do 8.

Seu casamento provavelmente se baseará na necessidade de segurança em vez de amor. Deseja orgulhar-se da sua família, do lar e das propriedades.

Se for um 8 negativo, é uma pessoa a ser temida. Poderá ser valentão, autoritário, egoísta e desumano, procurando o seu próprio avanço. Poderá ser um revolucionário, pronto a derrubar e romper. A revolta é um meio de vida para você.

Um 8 não conhece meios termos. É limitação pessoal ou liberdade espiritual, esplendor ou degradação. Deverá aceitar a responsabilidade e tratá-la tão bem quanto puder. Use as vibrações positivas do 8 para criar um mundo material estável, no qual está disposto a compartilhar suas boas capacidades de direção e talentos criativos. Guie-se pelo filantropo em seu interior.

8 COMO VIBRAÇÃO TEMPORÁRIA: **Responsabilidade, dinheiro, negócios, carma.** "Colherás aquilo que semeias." Essa verdade será bastante evidente sob o 8. Receberá exatamente aquilo que merece durante este período cármico, pois é o tempo de receber pagamentos e de pagar dívidas. Uma vez que o 8 rege o plano material, e se tiver semeado sabiamente, pode esperar o reconhecimento e a recompensa. Eventualmente ganhará um aumento ou será promovido à posição que almejava, com mais responsabilidade e força.

Se estiver planejando um empreendimento comercial, este é o momento de começar a construir uma base sólida para todos os seus propósitos na área do comércio. Encare a realidade prática e coloque suas finanças no lado positivo. O sucesso no nível material é seu e, desse modo, torne seus projetos financeiramente proveitosos. Seja eficiente, organizado e preocupado com resultados tangíveis. Necessitará de energia e ambição para responder ao chamado que agora escuta. O impulso interior pela realização física é supremo, mas deverá ser cauteloso. Não deixe que a tensão do seu atual empreendimento esgote as suas energias. Os que estão no poder o ajudarão, se solicitar.

Devido às implicações cármicas deste ciclo, poderá receber uma herança ou legado. Poderá ter semeado sementes de amor e de afeto por alguém que, em troca, lhe dará recompensas materiais, dinheiro, propriedades ou algo de valor. Tudo o que receber será o resultado dos seus próprios esforços do passado.

Ajude aqueles que não estão operando de acordo com o seu alto nível de energia. No seu caminho para o alto, não se esqueça dos amigos e dos que estão à sua volta. Empreste-lhes sua força e segurança, pois certamente este ciclo do 8 lhe mostrará a absoluta necessidade de semear boas sementes.

SIMBOLISMO DO TARÔ: **Chave 8 — A Força.** A palavra-chave para esta carta é a *presa da serpente*. A serpente representa a *kundalini,* a energia vital que, nas pessoas ainda não desenvolvidas, permanece enrolada em três voltas e meia, na base da espinha. Essa energia precisa ser elevada, a fim de transformar o indivíduo numa pessoa mais orientada espiritualmente. Todas as transformações na natureza são, na realidade, manifestações especializadas dessa energia *kundalini.*

Os únicos dois números que podem ser escritos sem parar são o 8 e o 0. Como tais, representam o poder divino. O número 8 também representa o poder material.

Na Chave 8 dirigimos essa força através da sugestão. A mulher é a mente subconsciente, controlando as funções do corpo e dirigindo as quantidades de força vital que o corpo recebe. Ela também recebe sugestões da mente consciente e reage às mesmas. O seu domínio sobre o leão é conseguido pelo poder brando e espiritual, e não pela força bruta.

As rosas em volta da mulher e do leão formam uma corrente. As rosas, representando o desejo, deverão ser zeladas e tratadas com cuidado. Nesse contexto, uma coroa de rosas é uma série de desejos cultivados. Qualquer sugestão, emanando de um desejo, estabelece uma reação em cadeia no subconsciente, que eventualmente resulta em manifestação. A lemniscata cósmica (figura curva em forma de 8) acima de sua cabeça confere-lhe o domínio neste mundo.

CORRESPONDÊNCIA ASTROLÓGICA: **Saturno (e Leão).** O número 8 é atribuído a Saturno e o Leão rege sobre a Chave 8, a Força. Saturno realça a expressão da realização concreta, e representa aqueles que possuem a necessária determinação e disciplina para atingir os altos escalões do setor que escolheram. Leão eleva o espírito de uma atitude saturnina excessivamente sóbria, e confere uma radiante e magnânima aceitação da responsabilidade, bem como a habilidade de dirigir de modo majestoso.

As pessoas do número 8 têm aptidões para as posições de alto escalão. Têm enormes reservas de força, que podem convocar quando a pressão é grande. Muitos atletas proeminentes também possuem um 8 como expressão pessoal.

9 COMO VIBRAÇÃO DO NÚMERO PESSOAL: Você é humanitário e universalista, e pensa em termos abstratos. Nascido para servir, deseja fazer do mundo um lugar melhor para se viver. Uma vez que o 9 é o último dígito simples, indica realização, perfeição e consecução, as sementes para novos inícios e o fundamento para futuro crescimento no ciclo seguinte ou mais elevado.

Tem sede de conhecimento espiritual e uma ânsia por liberdade e sabedoria que transcende suas necessidades pessoais. Deseja viver uma vida ideal de acordo com suas inspirações e aspirações. Devido ao seu alcance responsivo para com o mundo, torna-se sinalizador para os outros.

O 9 é um número de provas. Quanto mais evoluir, mais dificuldades encontrará. Deverá ser tolerante e misericordioso com relação aos outros, no seu caminho. Desse modo, servirá de exemplo, e eles reconhecerão sua natureza simpática e de compaixão. As pessoas serão atraídas por você, devido à sua profunda e ampla compreensão.

Seus pensamentos são grandiosos e ilimitados. Devido à sua franqueza, suas aptidões psíquicas estão bem desenvolvidas, e a clarividência, as premonições e predições fluem de você com facilidade. Parece ter uma linha direta com os mistérios da vida. Possui emoções e sentimentos muito fortes, e poderá desenvolver uma nova filosofia para a humanidade.

Você é generoso e idealista. É liberal e beneficente com qualquer pessoa que necessite da sua orientação e conselhos, pois reconhece que o conhecimento pertence àqueles que o procuram. O trabalho de caridade está junto ao seu coração, e, possivelmente, será um patrono das artes e ciências.

As associações com outras pessoas na sua vida são intensas, mas não necessariamente duradouras. Precisa aprender a deixar que os amigos se afastem quando suas necessidades estiverem completas, pois seu destino é ser um solitário, uma espécie de recluso. Isso não significa que deverá ficar sentado sozinho numa montanha, para meditar, mas a sua sabedoria e a compreensão inata o separam das massas. Deverá compartilhar sua sabedoria para iluminar o mundo, e assim não poderá ficar preso a laços duradouros que limitariam seus movimentos. Seu ciclo de vida inclui viagens e associações com personalidades famosas, que serão atraídas a você pelo seu espírito livre e ampla compaixão. Sua amizade envolve o mundo. Adquire dinheiro e independência com facilidade, e assim está livre para se dedicar ao seu destino mundial.

Se for um 9 negativo, é auto-indulgente e preocupado com as próprias necessidades em vez de se preocupar com os outros. Essa auto-indulgência impede a crença numa fonte superior e pode resultar em incredulidade. Quando contrariado, é explosivo. Sua mente aguçada torna-o um forte inimigo. Uma vez que as pessoas do 9 precisam viver de acordo com um padrão mais elevado do que os outros números, a tensão resultante poderá ocasionar transtornos nervosos. Isso pode dar origem a relações conturbadas com outros, inclusive com o cônjuge.

Corinne Heline afirma, em seu livro *The Sacred Science of Numbers* [*A Ciência Sagrada dos Números*]: "A pessoa do 9 passou por todo tipo de experiências, tanto altas como baixas, mundana e espirituais. A síntese dessas experiências produz a concordância, a compaixão e a rara compreensão, que é característica do 9." Usando as qualidades intensificadoras do número 9, poderá ser o visionário para quem tudo é possível. A sua fé na vida envolve todos e aspira à evolução, como promessa do espírito.

9 COMO VIBRAÇÃO TEMPORÁRIA: **Mudanças, términos, caridade, inspiração.** Os eventos acontecem rapidamente nesta época, com muitas paradas e reinícios, pois você está experimentando um período de mudanças e transição. Como Paul Case diz em seu *The Tarot:* "Você deve fazer a seleção final entre o material assimilável e aquilo que é rejeitado como refugo." Eliminar o inútil e afastar os erros do passado, poderá ser uma experiência emocional, pois muitas vezes relutamos em abandonar os obstáculos em nossa vida. Se não conseguir se livrar de associações e situações desnecessárias para o seu desenvolvimento, então o ciclo do 9 o fará por você. Um repouso ou uma viagem seriam uma boa terapia nesse momento, dando-lhe tempo para pensar e se afastar do sentimentalismo que poderá encontrar sob esta vibração.

Muitas das suas metas serão atingidas neste período, e você deverá tentar concluir todos os projetos que estão perto da conclusão. Como este é um ciclo de finalizações, não assuma novos compromissos. Os projetos iniciados sob um 9 têm pouca duração.

As amizades atuais poderão ser consolidadas e tornadas mais duradouras; eventualmente você será presenteado pelos amigos. Esta deverá ser uma época de caridade, na qual você pensa antes de mais nada no bem-estar dos outros. Faça algo pelos outros, em gratidão às bênçãos que recebeu nesta vida. Um velho amigo ou pessoa amada poderá entrar na sua vida por curto período de tempo para um último encontro; não espere que esse súbito retorno seja duradouro.

Por ser este um ciclo de conclusão, você poderá mudar de emprego ou de residência. As crianças poderão sair de casa para uma educação superior ou casamento, ou para iniciarem suas próprias vidas. Se estiver afastado das pessoas, situações ou lugares com os quais conviveu por longo tempo, é porque não servem mais ao seu processo evolucionário.

Use as forças criativas desta vibração para desenvolver suas aptidões artísticas. Terá inspirações que poderão ser usadas produtivamente no futuro, de um modo que será determinado pelo número do ciclo seguinte.

Não se deixe levar pelas emoções. Agarrar-se ao passado, chafurdar naquilo que era, poderá trazer apenas descontentamento, frustração e depressão. Em vez disso, encare o futuro com prazer e altas expectativas, para o que a energia libertadora deste ciclo o preparou. Use a sabedoria proporcionada pelos eventos deste ciclo a fim de inspirar suas ações de modo produtivo no futuro.

SIMBOLISMO DO TARÔ: **Chave 9 — O Eremita.** O símbolo da Chave 9 é o *yod,* a língua da chama, o hieróglifo que compõe cada letra do alfabeto hebraico. Representa a energia fogosa, a força vital, e a mão aberta do homem e da mulher. No corpo, somos pequenas serpentes, contendo uma parte da energia fogosa da Fonte única. Como tal, somos as mãos de Deus operando no mundo físico.

O Eremita é o símbolo da sabedoria eterna, em pé, na montanha da realização. Ele conseguiu. A neve representa o isolamento em que se encontra, pois sua sabedoria o separa dos outros. Todavia, ao se voltar e segurar sua luz na direção daqueles que o seguem, deixa claro que o nosso conhecimento é vazio e destituído de significado, a não ser que nos voltemos e o passemos para os outros. Ao longo do caminho, o Eremita avaliou, selecionando os elementos necessários e rejeitando os desnecessários. Aprendeu a usar o bastão do Mágico, no qual agora se apóia, pois sabe que pode depender do mesmo para ajudá-lo. Atingiu a maestria.

CORRESPONDÊNCIA ASTROLÓGICA: **Sol (e Virgem).** O 9 foi atribuído ao Sol, pois somente depois de você ter dado os passos anteriores, de 1 a 8, poderá assumir uma posição de respeito e liderança, bem como obter o pleno reconhecimento do seu potencial interior. O verdadeiro ser interior é expressado sob o 9, ao se tornar o humanitário, o universalista, que se dirige às multidões para aliviar seus fardos através da compreensão, sabedoria e compaixão.

A designação de Virgem indica que uma análise cuidadosa e completa precedeu essa posição final de autoridade. Quaisquer erros ao longo do caminho poderiam ter desviado o aspirante; por esse motivo, a discriminação nítida é necessária, em todas as ocasiões.

10/1 COMO VIBRAÇÃO DO NÚMERO PESSOAL: Se você acredita na filosofia da reencarnação, reconhecerá que é uma alma antiga, que viveu muitas vidas, de grau elevado e baixo, e que aprendeu quão transitórias são as coisas da Terra. Você possui o talento de influenciar e reunir as pessoas, e é uma pessoa de poder, que tem uma missão espiritual especial no mundo. Sua palavra é poder, e sua presença é paz. Por esse motivo, sua missão poderia ser a de estabelecer a paz e o companheirismo entre as raças e as pessoas do mundo.

Seu raciocínio claro e sua compreensão o ajudam a aproveitar e a usar qualquer situação a seu favor. As posições de liderança lhe estão abertas, devido ao seu óbvio controle e maestria. Os seus talentos produtivos reanimam constantemente aqueles que o cercam.

Com um 10, a sorte, o sucesso, a honra e as recompensas materiais são suas, pois atrai e conquista com facilidade as coisas pelas quais outros lutam desesperadamente. A consecução e a realização completa são possíveis, pois está em contato com o seu superconsciente, embora possa descrevê-lo como um profundo sentimento interior. Entende os sentimentos dos outros e suas necessidades, e tem fé e confiança em si mesmo. Esses tesouros são trazidos de vidas passadas ou, se preferir, são a capitalização de experiências de outras vidas, na vida atual. O uso sábio de experiências prévias significa que sua influência será ampla e pronunciada.

Você dá um passo por vez e mantém a mente voltada para os objetivos que fixou. A volta gradual da roda da fortuna assegura o seu progresso e, desse modo, os seus planos possivelmente serão bem-sucedidos.

Se for um 10 negativo, poderá ser rígido, obstinado e teimoso. É inclinado a exceder e a exagerar as suas necessidades e desejos. Poderá não reconhecer as suas habilidades latentes até estar espiritualmente desperto. Todavia, uma vez acordado, sua influência não tem limites. O seu poder para o bem é fenomenal.

10/1 COMO VIBRAÇÃO TEMPORÁRIA: Intuição, fortuna, sorte, uma virada para melhor.

Aquilo que estava aguardando agora poderá ser seu. A culminação de uma série de eventos traz sucesso e realização material. Poderá chamar este ciclo de virada para o melhor, para o início de algo novo. As idéias inovadoras e os novos inícios que está experimentando agora são, realmente, uma expressão da lei de causa e efeito. Eventos que parecem acidentais ou meras possibilidades resultam de esforços já despendidos.

Este é um período de iniciação, no qual poderá ter de permanecer só e tomar decisões. Baseie suas decisões em fatos precisos e definidos, confiando na sua intuição, baseada na razão. Então saberá o que fazer. Poderá resolver diferenças com antigos inimigos devido à sua clara compreensão da situação e dos seus problemas.

Os eventos agora revelam a compreensão das circunstâncias da sua vida. Se trabalhou de modo árduo e eficiente, pode esperar receber a justa recompensa. O progresso, a melhoria e o avanço são seus. Poderá ser designado para um cargo especial que tem disputado, ganhar na loteria, ou herdar um grande volume de dinheiro, que o ajudará a começar uma vida nova. Reconheça que qualquer uma dessas experiências é o produto dos seus próprios esforços.

Se o fracasso e a perda o perseguem, compreenda que cada circunstância da vida é o resultado do uso anterior das suas energias. Decida-se agora a começar a trabalhar e planejar com sabedoria, para poder dominar o seu futuro. A roda da fortuna continua girando, e a próxima volta pode trazer exatamente o que deseja, se começar agora.

SIMBOLISMO DO TARÔ: **Chave 10 — A Roda da Fortuna.** O símbolo correspondente a esta carta é a mão fechada, indicando a compreensão mental. Segurar é possuir; e segurar o seu lugar no mundo é segurar o que e quem você realmente é. Por esse motivo, nunca sofre privação material.

O número 10 inicia um novo ciclo, a repetição do 1. *Rotação* e *ciclicidade* são as palavras-chave da Roda da Fortuna. Tudo está no processo de surgir; a mudança é a única constante, e assim, todas as coisas chegam a acontecer.

O touro, o leão, a águia e o homem representam os quatro

signos fixos do zodíaco — Touro, Leão, Escorpião (a águia é o símbolo do lado mais elevado de Escorpião) e Aquário. Os livros que seguram representam a sabedoria das eras. Indicam as leis do universo, que são imutáveis, fixas, e não podem ser alteradas. A serpente ondulante simboliza a descida da força vital para a manifestação. O condutor com cabeça de chacal (o deus egípcio Thoth, e também uma raça humana com cabeça de chacal) mostra a evolução da forma, enquanto o corpo humano e a cabeça de animal indicam que o homem ainda não evoluiu para além do nível intelectual. Suas orelhas acima do horizonte da Roda demonstram que a audição interior, ou intuição do homem, permite-lhe atingir um nível mais elevado. A esfinge representa o ser humano desenvolvido, que aspiramos ser. A cabeça de mulher, e seu peito, conjugado ao corpo de leão, demonstram o domínio da alma sobre o corpo, em perfeita harmonia, exemplificando assim a união das forças masculina e feminina.

CORRESPONDÊNCIA ASTROLÓGICA: **Júpiter (e Marte).** Quando trabalhamos com a correspondência astrológica dos números duplos, tomamos o número da direita trabalhando através do número da esquerda. Aqui temos o poder de Deus, 0, trabalhando através de Marte, 1, para dar origem a novos inícios e a uma mudança na sorte. A influência de Júpiter, da Chave 10, a Roda da Fortuna, nos transmite a fé e o otimismo de que o nosso novo início trará, com o passar do tempo, generosas recompensas.

Uma vez completado o ciclo básico de 1 a 9, todo dígito subseqüente é a mera repetição de um dos 9 originais. Assim, podemos verificar porque o 10 é considerado um novo início. Com o 9, completamos um ciclo, e no 10 temos a promessa de que a força de Deus em nosso interior nunca cessa, apenas muda de forma, e a nova forma ainda contém o lampejo de vida, Marte.

11/2 COMO VIBRAÇÃO DO NÚMERO PESSOAL:

O 11 é um dos quatro números-mestre, junto com o 22, 33 e 44. Todos os números-mestre são poderosos, pois acentuam a vibração do número básico ao qual podem ser reduzidos.

Como um 11, aproveitam-se as forças cósmicas para buscar inspiração e para ajudá-lo a obter a iluminação, e até a consciência cósmica. Suas habilidades intuitivas pronunciadas guiam sua mente original, inventiva e criativa. Como provavelmente será um líder, de algum modo, deverá usar essas vibrações mais elevadas de modo sábio. A verdadeira maestria é servir, e você precisa ser prático bem como idealista no papel que assume.

A previsão e a percepção aguda fazem de você um visionário. É idealista e sente compaixão por todos os tipos de pessoas, independentemente do seu estágio na vida. O desejo de elevar os outros faz surgir o professor em seu interior. Poderá ser um professor notável, um orador, pregador ou escritor, cuja profunda compreensão das necessidades humanas inspira as pessoas e abre novos caminhos de expressão em meio a elas. Seu talento para educar não pode ficar despercebido por muito tempo, e provavelmente será famoso. Você é o especialista que procura a realização, e não a glória, mas que sempre aparenta receber, ao mesmo tempo, o reconhecimento.

Sente que a administração da lei é importante, e não se contenta em permanecer sentado e declamar chavões. Sua devoção para a expressão da sabedoria deve encontrar uma saída energética, a fim de participar ativamente de áreas da vida onde sua filosofia pode ser eficaz. Com seu senso de justiça, retidão e honestidade, tem tudo para se tornar um líder em assuntos públicos e civis, onde sua imparcialidade proporciona melhores padrões de vida para as pessoas que encontra.

Possui a coragem para as suas convicções, e lutará legalmente para vê-las implantadas. Sua vida será atarefada e ativa, sempre encontrando provas e desafios. Caso se exceda na emoção, na ventura e na saúde, a alta vibração do 11 o livrará, com renovada e surpreendente coragem.

Você fica intrigado com a PES (Percepção Extra-sensorial), e com o estudo do oculto, do místico e do espiritual. Através de alguma disciplina metafísica ou filosófica, pode mais facilmente abrir seu grande potencial criativo. Como artista de inspiração, pode criar objetos de rara beleza, capazes de evocar profundos sentimentos no observador. Deverá trabalhar com outros da mesma índole.

Se não corresponder à vibração mais alta do 11, viverá como um 2 (veja a interpretação desse número). Envolver-se-á nos detalhes do seu trabalho e poderá ser forçado a uma vida de servidão em algum setor.

Se for um 11 negativo, usa o seu poder de modo danoso, em seu próprio detrimento, causando um carma negativo. Poderá ser injusto, imbuído de preconceitos e severo, e deverá cuidar-se de perigos ocultos. Todavia, poderá redimir-se através do trabalho caritativo.

Use o seu 11 para criar uma vida equilibrada, na qual todas as sua ações são pesadas e medidas. Pela sua grande compreensão e devoção inspirativa será um oásis nas vidas ressecadas de muitas pessoas.

11/2 COMO VIBRAÇÃO TEMPORÁRIA: **Provas, assuntos legais, inspiração, arte, decisões rápidas.** Este período do número-mestre poderá ser experimentado como uma vibração 2 se não viver à altura do potencial do 11.

Deverá tomar decisões rápidas, pois eventos repentinos exigirão uma ação decisiva. As experiências que ocorrem agora são excitantes, estimulantes e passíveis de torná-lo impulsivo, e assim, deverá permanecer paciente e tolerante. Livre-se de pensamentos e ações erradas do passado, que tenham causado circunstâncias negativas, e selecione a combinação certa de atitudes para produzir resultados mais desejáveis no futuro.

Poderá haver procedimentos legais envolvendo de algum modo, dinheiro. Por exemplo, poderá ser o receptor ou o executor de uma herança. Acordos financeiros serão possíveis, e complicações de parceria e de entendimentos terão de ser resolvidos.

Poderão surgir considerações educacionais, pois as vibrações deste período o estão impelindo a procurar o equilíbrio e a pesar o significado da vida. Caso propósitos educacionais cumpram esse objetivo, então terá a oportunidade, neste período, de entrar numa escola, fazer um curso ou aperfeiçoar-se em alguma habilidade.

Devido à sua mente altamente sensível, deverá desenvolver suas habilidades mediúnicas e intuitivas. O poder do 11 terá de ser transformado em algo tangível e útil. Um curso em alguma disciplina metafísica o ajudaria a organizar a energia nervosa, que é o seu elo de ligação com a alta vibração do 11. Poderá também desenvolver seu potencial criativo através do trabalho com mais de um meio artístico ao mesmo tempo, ou colecionando obras de arte e assistindo a peças de teatro ou concertos. Envolva-se com cultura. É possível que, sob esta influência, tenha sonhos, visões e revelações.

Se já estiver preparado mental e tecnicamente, seus talentos poderão ser reconhecidos por alguém que lhe oferecerá uma posição promissora, ou receber a consagração pública por algum esforço pessoal. De algum modo, a luz do refletor está voltada para você.

Este é um período de provas e desafios. Se canalizar suas intensas energias para algo que vale a pena, realizará mais agora do que em qualquer outro ciclo. Os números-mestre oferecem realizações magistrais.

SIMBOLISMO DO TARÔ: **Chave 11 — A Justiça**. O ensino, a educação e a orientação estão sob a Chave 11, que procura criar o equilíbrio através da justiça. A balança aqui também simboliza a doutrina do carma — trabalho, ação e reação, a lei de causa e efeito.

A lição que se sobressai da Chave 11 é a de pesar o significado de situações atuais e atingir o equilíbrio, superando os erros do passado. Use a espada da discriminação para eliminar pensamentos errados. Libra também rege aqui, e mostra-nos que nos comunicamos apenas através da sétima casa da cooperação e do princípio do amor. Libra rege os rins, os órgãos de eliminação que mantêm o equilíbrio químico do corpo. Através da eliminação das toxinas venenosas da vida, asseguramos uma vida equilibrada.

A balança representa o equilíbrio. Existem sete linhas retas de comprimento igual, nos pratos da balança, representando os sete centros do corpo e os sete planetas originais — Mercúrio (Chave 1), Lua (Chave 2), Vênus (Chave 3), Júpiter (Chave 10), Marte (Chave 16), Sol (Chave 19) e Saturno (Chave 21).

CORRESPONDÊNCIA ASTROLÓGICA: **Urano (Libra)**. A vibração de Urano é enfatizada no número-mestre 11. Trata-se de uma vibração de provas, na qual você é solicitado a pesar e analisar a tremenda energia fluindo através da sua vida. Caso essa grande energia pessoal seja usada impetuosa ou impensadamente, poderá ocasionar acidentes (um subproduto da energia nervosa), dificuldades legais e decisões impulsivas.

Libra procura acalmar a energia nervosa de Urano, ensinando-lhe a usar essas habilidades em harmonia com o meio ambiente e para ajudar outras pessoas. O potencial de acidentes é transformado num impulso especial dirigido para uma meta específica; as dificuldades legais passarão a ser contratos importantes; e as ações impulsivas tornam-se decisões positivas. O catalisador é você mesmo e, como sempre, deverá decidir como usará o potencial em bruto desse número.

12/3 COMO VIBRAÇÃO DO NÚMERO PESSOAL: Você é uma pessoa incomum, que acumulou força interior através de uma experiência única. A sua postura separa-o do mundo comum, que o olha como uma espécie de singularidade. Seus pensamentos centralizam-se na análise espiritual, e não no julgamento dos outros. Tem uma tolerância perfeita para crenças divergentes, filosofias e estilos de vida, e, assim mesmo, caminha em meio a todas as coisas contrárias ao mundo. Sabe que a realidade é ilusão e que a ilusão é realidade. Muitas pessoas no mundo estão doentes, sofrendo com a grande pobreza, incapazes de existir em harmonia com outros e têm dificuldades em se aceitarem. Você sabe que essas aflições são a expressão da lei de causa e efeito e tudo o que acontecer é o resultado da própria opção do indivíduo, consciente ou inconscientemente. A ciência moderna e a psicologia comprovaram isso. Invertendo ou mudando seus pensamentos, livra-se de embaraços físicos. Conhecendo esses fatos, abraça uma filosofia da qual o mundo ri, pois o seu pensamento aparenta ser errado. Contudo, sem antagonizar ninguém, você calmamente inverteu seu modo de vida e, ao mesmo tempo, veio a entender o modo dos outros. A paz e a serenidade completam seu ser pois, apesar de estar ligado à Terra, alcançou uma medida de liberdade. Sua vida está isenta do materialismo e dos assuntos terrenos.

Você epitomiza a sabedoria. Crucificando a vida pessoal, permitiu o nascimento do verdadeiro ser. Outros o procuram para obter paz e orientação, necessitando da sua fé na vida e em si mesmos.

Sua vida poderá ser de sacrifício voluntário, no qual encontra dificuldades, provações e a renúncia; entretanto, nenhuma adversidade pode perturbar a sua profunda serenidade. Você seguiu a Roda de Ezequiel, o círculo zodiacal e acumulou coragem, sabedoria e presença de espírito, que o preservarão.

12/3 COMO VIBRAÇÃO TEMPORÁRIA: **Período de espera, mudança de opinião, inversão, submissão.** Pare, olhe e escute. Essa é uma pausa silente na sua vida, na qual deverá se empenhar em pensar e aprender a ver as coisas como realmente são e não como aparentam ser. Trazendo polaridades aparentemente conflitantes à perspectiva da sua mente, você cria uma harmonia interior que é refletida no seu meio ambiente. Medite sobre o fato de que as misérias do mundo são auto-impostas e causadas por processos de pensamentos negativos. Se o seu mundo estiver em desarmonia, reconheça que os seus pensamentos criaram os problemas, e que uma mudança de ponto de vista é necessária.

A meditação, viagens à praia ou ao campo, aulas de filosofia e de relaxamento mental ajudá-lo-ão a encontrar a força subjacente agora em atividade. Submetendo sua consciência à mente universal, poderá começar a perceber os erros em seu modo de pensar. Os elementos importantes começam a ter precedência à medida que se centraliza na visão da vida.

Seus assuntos serão solucionados por si mesmos agora, sem esforço da sua parte. Algumas situações chegarão ao auge e muitas serão resolvidas, mas deverá suspender qualquer tomada de decisão. Deixe que o ciclo trabalhe para você: observe, reflita e medite. Encontre a serenidade oferecida pelas vibrações deste número.

Se permanecer absorto em assuntos físicos, nesta ocasião, poderá sofrer reveses em amizades e em coisas materiais. Sacrifícios serão necessários, através de provas e perdas. Em vez de enfrentar essas forças, siga-as. Obterá o que deseja permanecendo passivo, complacente e diplomático, pois esta vibração alcança o sucesso apenas pela aceitação.

SIMBOLISMO DO TARÔ: **Chave 12 — O ENFORCADO**. A palavra-chave para o Enforcado é *inversão*. O símbolo correspondente significa oásis, mar ou água. De acordo com os alquimistas, a água é a base de toda a vida, a substância fluida que se solidificou em formas físicas. Essa substância, que emana das estrelas e dos sóis, é chamada de fluido astral. O Enforcado simboliza a primeira água do poder divino.

A água foi o primeiro espelho no qual tudo o que é refletido sempre aparece de forma invertida. O significado desta carta é que as coisas não são aquilo que aparentam ser na superfície. Deverá olhar por baixo da superfície para encontrar a verdadeira compreensão.

O homem está suspenso pelos pés, como um pêndulo em repouso. Sua perna cruzada forma um 4, indicando a Chave 4, Razão. Seus cotovelos e a cabeça formam um triângulo, com a ponta para baixo, que é um símbolo antigo da água.

O Enforcado representa uma pessoa que está equilibrada em consciência e em perfeito controle. Está consciente da Força única onipresente e, ao mesmo tempo, centralizada em si mesma. Vê os transtornos do mundo — pessoas infelizes no casamento, em dificuldades financeiras e perdidas, por não terem metas, e sabe que é por estarem vendo tudo de cabeça para baixo. Todavia, olham-no e julgam que o louco é ele. A filosofia do Enforcado afasta-o das massas e, ao mesmo tempo, proporciona-lhe a paz mental e o perfeito contentamento. Talvez o mundo devesse examinar seus pontos de vista. O ideal é sair do materialismo, transmutando a paixão animal em compaixão humana. O décimo segundo passo encontra um homem invertido, pendurado de cabeça para baixo, pelos pés. A lei da inversão é a nota-chave nesse caso, a inversão da vida egocêntrica ao serviço altruísta para com os outros.

CORRESPONDÊNCIA ASTROLÓGICA: **Júpiter (e Netuno)**. Vulcano (2) e Marte (1) em uníssono, produzem a influência de Júpiter (3) neste número 12/3. Vulcano, na mitologia, cuidou da forja na qual ocorreu a expansão (Júpiter) em meio ao fogo (Marte).

Júpiter, como regente de Sagitário e da nona casa, representa a expansão através da educação superior e da filosofia profunda. No 12/3 o propósito dessa expansão mental é o esclarecimento dos segredos abstratos da vida. Muitas pessoas permanecem num recinto escuro (Netuno), perturbadas pelas ambigüidades que vêem e experimentam. A camuflagem (Netuno) em suas vidas só pode ser destruída com a procura do verdadeiro conhecimento (Júpiter), que lhes permitirá apagar as manchas escuras (Netuno) em seus pensamentos, solucionar os enigmas (Netuno) da existência, e publicar (Júpiter) suas próprias verdades (Júpiter).

13/4 COMO VIBRAÇÃO DO NÚMERO PESSOAL: O 13 tem sido temido como o número da morte e, de fato, representa a morte, mas não no sentido comum. A morte é uma simples alteração. Quando nascemos nesta vida, morremos num outro nível de existência. Quando nos casamos, morremos como entidade isolada e renascemos como dupla. Quando o artista esforçado obtém o reconhecimento, morre, de um dia para outro, como desconhecido, e renasce como pessoa famosa. A mudança é simultânea, nascimento e morte. A conotação de morte do 13 surgiu devido ao fato de a maioria das pessoas reagir ao seu lado mais baixo — a imersão em desejos carnais e o encerramento na matéria. A morte ocorre então através da destruição e da degeneração do corpo. Poucas pessoas reagem ao lado mais elevado do 13, que envolve a satisfação total e a realização através da regeneração ou do uso das tremendas forças deste número, para criar e deixar algo de valioso no mundo. Não há medidas de meio-termo neste número. Existe um enorme potencial para a ulterior realização e um potencial igualmente grande para a destruição total. É tudo ou nada.

Sua vida, como um 13, será de mudanças constantes. Tão logo uma situação aparenta estar resolvida e calma, um novo conjunto de circunstâncias surgirá para substituir o antigo. As renovações constantes o mantêm na ponta dos pés e lhe impõem a natureza transitória dos assuntos terrenos. A instabilidade do seu mundo material reforça a ligação entre você e o mundo invisível. Por isso, você necessita de um lar seguro e de um relacionamento sincero nesse ambiente, pois reconhece que esses laços são verdadeiros e duradouros.

Não é um líder no sentido real da palavra, mas responsabiliza-se pelos outros. Assume seus problemas e corajosamente carrega fardos com pouca reclamação. Seu idealismo não conhece fronteiras, e pode transformar a mais desesperada causa perdida num empreendimento vantajoso, através da sua profunda filosofia e compreensão dos valores reais da vida. Suas ilimitadas forças descobrem solo fértil onde outros vêem apenas um deserto. Poderá assumir um negócio quase falido e, através de idéias criativas, talentos organizacionais e trabalho árduo, transformá-lo num empreendimento financeiro lucrativo. Poderá salvar um relacionamento no ponto de se romper e cimentá-lo mais fortemente do que era antes. *Transformação* é sua palavra-chave, seja nos negócios, como nos relacionamentos ou em causas sociais.

Suas aptidões psíquicas são marcantes, e pode enxergar através das pessoas e de situações. Não é fácil enganá-lo, e suas forças analíticas perceptivas tornam-no um oponente respeitável.

Se for um 13 negativo, dissipa a sua criatividade na procura de desejos transitórios. Exceder-se na bebida, nas drogas, nos relacionamentos repulsivos e nas ações destrutivas tende a transformar a sua vida e a daqueles que o cercam num verdadeiro desastre. Seu mau temperamento e suas ações precipitadas ferem os outros, e podem derrubar as estruturas que tenta erigir. A estagnação e a inércia apoderam-se de você e o transformam num revolucionário. Mas a mudança que traz consigo é antes destrutiva do que regeneradora. Encontra-se num estado de amnésia espiritual.

Acima de todos, você tem a habilidade de provocar mudanças pacíficas, que melhorarão os padrões de vida do mundo. Você pode pegar aquilo que muitos jogariam fora, recuperá-lo e transformá-lo num produto útil e necessário. Isso proporciona uma prova tangível da existência e da imortalidade da alma, de cuja presença nunca duvidou.

13/4 COMO VIBRAÇÃO TEMPORÁRIA: Mudança, livramento, transformação.

O número 13 é associado à suspeita e à concepção errônea. Para entender isso, leia o primeiro parágrafo do 13/4 como número pessoal. Volte então para cá para ver como o 13/4 se relaciona a você como vibração temporária.

Sob um 13, pode esperar as mudanças que trarão um fim a condições que já não servem mais no seu esquema de evolução. Quaisquer padrões de pensamentos rígidos necessitam ser alterados e idéias cristalizadas precisam ser destruídas. Somente através da morte das circunstâncias atuais, poderá ser libertado — pronto para abrir a porta do progresso. Idéias antigas devem ser apagadas para dar lugar a novas e melhores.

Esteja preparado para receber idéias novas, encontrar pessoas novas e condições estimulantes. Uma alteração de planos, uma nova locação e pessoas diferentes abrem o canal de nascimento de novas oportunidades. Este é um período de reconstrução, que pode lhe proporcionar muita alegria se tomar as decisões certas. Os eventos que ocorrem poderão não exigir ação física de sua parte, mas exigirão que faça as determinações apropriadas.

A mudança é a base da manifestação terrena. Sobre a onda da mudança, pode navegar rumo a uma terra nova e fértil, onde um novo estilo de vida é possível. A libertação do passado segue-se de uma renovação trazendo mudanças e proporcionando o crescimento. Trata-se de um período de partida, de viagens e de crescimento. A força cíclica da natureza domina aqui, enquanto o velho é substituído pelo novo. "O rei está morto; viva o rei."

SIMBOLISMO DO TARÔ: Chave 13 — A Morte. As palavras-chave correspondentes a esta carta são *peixe, boca do peixe ou boca do útero*. Este símbolo sugere a reprodução e o nascimento, não necessariamente neste mundo, mas o renascimento da consciência em planos mais elevados. No tempo de Cristo, o peixe representava os que viviam cristãmente.

O número 13 é sagrado, assim como o é qualquer múltiplo do mesmo. Identifica um iniciado ou alguém que renasceu através dos poderes mentais da transmutação. Havia doze discípulos, e Jesus era o décimo terceiro; há doze signos do zodíaco, com o Sol no centro. O número 13 é preservado nas medidas da Grande Pirâmide.

Em termos astrológicos, esta carta é regida por Escorpião, que governa os órgãos de reprodução, o nascimento, a morte e a transmutação.

O esqueleto é a figura da Morte, que chega para todos: reis, homens, mulheres e crianças, independentemente do estágio em que estiverem. Monta um cavalo branco bem comportado, símbolo dos desejos e sentidos purificados, submetidos ao ritmo cíclico.

Todavia, o Sol que brilha entre as torres a distância promete a vida eterna. A força vital não morre; apenas muda de forma.

CORRESPONDÊNCIA ASTROLÓGICA: **Terra (e Escorpião)**. A expansão (3) da força vital original (1) produz, com o passar do tempo, a forma (4, Terra). E aqui no número 13, adequadamente regido por Escorpião, verificamos que a Morte necessita ser entendida, e não temida. De todos os signos do Zodíaco, Escorpião tem o poder de transformar as coisas da Terra, e de produzir vida nova. A recusa de Escorpião por parte de outras pessoas, torna-se o seu combustível.

Outro ponto importante fortemente sugerido aqui é que a Morte pertence apenas à Terra. O 13 tem sido temido como o número da morte pelos não-iniciados, mas o 13 se reduz a 4, o número da Terra. A Bíblia nos diz que somos o sal da Terra. O sal se cristaliza em forma de cubos, e a palavra "cubo" vibra com o 13. Nossos corpos são cubos que contêm o espírito imortal, a energia infindável da vida. O corpo morre; a essência continua.

Escorpião transforma a substância, dando-lhe nova forma e nova vida.

14/5

COMO VIBRAÇÃO DO NÚMERO PESSOAL: O símbolo antigo para a letra correspondente ao número 14 é o escriba, uma pessoa que copiava manuscritos manualmente. Os livros eram raros e de custo muito elevado; por esse motivo, o escriba estava na posição única de adquirir o conhecimento que era negado a todos, menos aos mais favorecidos e ricos. Como resultado, o escriba via-se envolvido na filosofia, na religião, na ciência e nas artes — em todos os tipos de idéias que criavam uma mente educada.

O número 14 imbuiu-o com uma imaginação vívida, cheia de idéias, energia e vitalidade. O pensamento estreito e rígido o confunde, pois sua exposição ao esquema maior da existência não permite que sua mente seja acorrentada. Está disposto a considerar todas as possibilidades, mas não aceita a teoria, por mais plausível que seja até tê-la experimentado na prática. Necessita ver a aplicação prática a fim de confirmar a teoria. Atinge a compreensão e a verdade através de tentativas e erros. Todavia, aprende com a experiência, e está sempre pronto para ouvir.

O princípio sexual está ativo sob o 14. Você desfruta dos prazeres sensuais da vida e pode afundar-se no cumprimento dos mesmos. Modere as paixões corpóreas e seus desejos ou sua saúde poderá sofrer. O trabalho em excesso tende a causar males físicos e a criar uma barreira de competição entre a sua vida profissional e pessoal. Se for cauteloso, poderá ter sucesso na especulação e no trato do dinheiro. Se escolher as combinações apropriadas, os negócios tenderão a ser extremamente lucrativos. Analise todas as contingências e proceda com cautela.

Com este número, sua força será testada. Caso superar a si mesmo, não haverá limites para que sua capacidade atinja a grandeza. Deve manter o equilíbrio entre os vários aspectos da sua vida. Gosta de movimento e excitação contínuos, mas ao ser tolerante com um aspecto da experiência em detrimento de outro lhe trará mais problemas do que outros teriam. Deverá conservar-se um pensador positivo, ou poderá criar para si mesmo uma base instável.

O número 14 pode ser uma vibração difícil, causando uma vida de sensação, de modo tal que os seus apetites físicos poderão lhe ser danosos. A inveja, o ciúme e o divórcio são comuns. O 14 negativo possui uma natureza nervosa impulsiva, que o propele a situações problemáticas.

O 14 positivo deve aprender a ser mais cauteloso, sempre à procura da combinação certa ou do conjunto perfeito de circunstâncias, que poderão solidificar-se numa mistura apropriada de intelecto e sentimentos. Uma vez atingida esta combinação de energia, vitalidade e criatividade, além de uma soberba compreensão adquirida através da experiência, será suprido com as ferramentas necessárias para levar mensagens inspiradoras ao mundo.

14/5 COMO VIBRAÇÃO TEMPORÁRIA: **Princípio sexual ativo, gravidez, obrigações familiares e sociais, competição e necessidade de investigar.** Uma série de experiências o impele a diminuir o ritmo e a meditar sobre o seu comportamento prévio. Poderá ter necessidade de mudar seu estilo de vida e controlar os seus desejos e apetites sexuais. O princípio sexual está ativo neste período e poderá causar a gravidez. Ou o ato criativo poderá ser canalizado de modo a dar origem a um produto da mente, uma invenção, uma pintura, uma escultura, um livro ou uma composição musical.

Eventualmente surgirão situações de competição. Em empreendimentos comerciais ou políticos, o dinheiro e as negociações poderão ser proveitosas se estiver sempre consciente de todas as alternativas. Tenha em mente que, sob o número 14, haverá riscos envolvendo a perda de propriedades ou de fracasso nos negócios. As obrigações sociais e familiares poderão estar na raiz de circunstâncias peculiares que carecerão de cuidadosa consideração.

Neste período, graças à concentração e à transferência mental dos seus pensamentos poderá influenciar os outros com certa facilidade. Suas sugestões verbais poderão mudar suas decisões, o que tende a favorecê-lo. Ganhará através do tato, da diplomacia e da persuasão. Preste atenção aos seus sonhos e aos seus impulsos interiores. Experiências de PES o ajudarão a ajustar a sua situação e a encontrar os meios para modificar quaisquer circunstâncias inaceitáveis.

SIMBOLISMO DO TARÔ: **Chave 14 — A Temperança.** A palavra-chave correspondente a esta carta é *subsistência* ou *estabelecimento*. Deverá estabelecer o fundamento do seu sistema de crenças através de provas ou de confirmação. As palavras-chave *verificação* e *raiva* mostram que o desejo de encontrar a verdade vem de dentro, através da indignação (não da cólera, mas da irritação forte e ríspida). Tal processo tempera a alma, assim como é temperado o aço. Tornamo-nos equilibrados, escolhendo o caminho do meio entre os extremos da ação.

Sagitário rege a chave 14. A flecha de concentração da fogosa força vital dá origem à manifestação dos ideais mais elevados, que leva a altos estados de consciência.

O anjo andrógino é uma mistura perfeita de polaridades opostas, do macho e da fêmea. É um anjo do Sol, a força vital, como é mostrado pelo disco solar na cabeça. As asas vermelhas representam a natureza fogosa aspirando à consciência mais elevada. O lago e a terra representam a mente consciente e subconsciente, sobre as quais o anjo se mantém em equilíbrio perfeito. Os picos das montanhas simbolizam a obtenção da sabedoria e da compreensão. A coroa brilhante sobre as montanhas representa a culminação do grande trabalho.

Esta chave ensina-o a examinar o seu destino como manipulador da energia vital, a *kundalini*. Isso deverá ser verificado através da prática e da prova, até que sinta a presença em seu interior.

CORRESPONDÊNCIA ASTROLÓGICA: **Mercúrio (e Sagitário)**. As coisas da Terra (4) precisam ser compreendidas como manifestações de energia pura (1). Caso não dirijamos conscientemente nossas energias mentais (Mercúrio) para uma compreensão mais profunda deste conceito (Sagitário), não poderemos, possivelmente, desenvolver-nos no sentido da consciência espiritual.

Precisamos de experiências acumuladas, a fim de nos temperarmos em forma de algo mais apropriado, e a vibração 14/5 proporciona as necessárias situações de teste. Qualquer pessoa deste número será, com certeza, testada, e deverá aprender a ganhar com cada experiência. "Como posso usar isso?" "Que lição de temperança essa experiência me ensina?" A forte indignação é diluída — temperada — acrescentando outra qualidade, tal como o perdão. O profundo desenvolvimento resultante do uso adequado desta vibração, produz grande sabedoria e compreensão.

15/6 COMO VIBRAÇÃO DO NÚMERO PESSOAL:

Você tem muito magnetismo, além do talento para ganhar dinheiro, presentes e favores dos outros. Todavia, ao mesmo tempo, trabalha para suas posses e boa sorte. É perseverante, tem grande força de vontade e sempre alcança o que procura. Está bastante consciente dos defeitos e fraquezas dos outros, e poderá tender a se aproveitar disso. No processo de executar ardilosamente seus propósitos, poderá pisar em alguns calos. A sua afeição ao *status* e às posses do mundo é o ímpeto para uma ambição impulsionadora.

Você é um bom estudante, pois absorve o conhecimento com facilidade, retendo-o. O conhecimento assim adquirido permite-lhe galgar a escada do sucesso com poucos deslizes, uma vez que pode aprender com os erros de outros. Seus movimentos são calculados.

Se for sábio, desenvolverá uma atitude filosófica com relação ao mundo material. Apesar de almejar recompensas materiais, reconhece que as afeições e precauções terrenas são ridículas e podem envolvê-lo numa prisão de restrições, limitações e sofrimento. Você vê pessoas cuja avaliação errônea de suas possibilidades resulta em dependência duradoura. Tem pena daqueles que preferem uma mentira confortável a uma verdade incômoda, que preferem acreditar que este mundo é isso que está aí e que a pessoa não pode fazer nada a não ser agüentar. Você vê essas pessoas como 15 negativos, cuja aderência obstinada ao materialismo lhes traz dores de cabeça e distúrbios emocionais, capazes de transtornar o lar e o casamento. Necessitam aprender o controle emocional. A violência e a revolução, o terrorismo e a anarquia se desenvolvem como resultado de seus conceitos negativos sobre aquilo que são e o que a vida é. O 15 é a virtude ou o vício; não há meio-termo. Pode tentar usar seu conhecimento e habilidade financeira para propósitos negativos, ou pode ver o paradoxo do materialismo que, com a morte, deixa-o sem nada. Com a morte, a ilusão da aparência externa é apagada; o sôfrego avarento torna-se o penitente sem vintém.

A gargalhada, fisiológica e psicologicamente alivia a tensão, torna leves os fardos e eleva o espírito. Deverá aprender a arte de rir diante das dificuldades. Reflita sobre a sabedoria expressada no hino a Ra, o deus-do-Sol: "Teus sacerdotes caminham na alvorada; eles lavam seus corações com o riso."

15/6 COMO VIBRAÇÃO TEMPORÁRIA: Indecisão, dependência, liberdade, riso, discernimento.

O lado materialista da vida é enfatizado agora. Poderá receber dinheiro e favores de outros. Oportunidades de progresso eventualmente surgirão através da mudança radical do seu modo de vida, livrando-o das atuais limitações e permitindo-lhe expressar-se com maior liberdade.

Pontos de vista mantidos há tempo poderão ser mudados, e o encontro de novas crenças tende a aliviar sua mente e a erradicar velhos temores. Poderá ter de tomar decisões e iniciar ações definidas. Sob o 15, é vital decidir se as experiências deste período lhe causam limitações ou o deixam à vontade.

Tome cuidado para não queimar a vela em ambos os extremos, na tentativa de satisfazer as suas necessidades pessoais. Não se amarre a coisas ou pessoas que o coloquem em servidão. Nesta época, deverá ser cauteloso na assinatura de contratos ou acordos.

Não permita que a aparência exterior lhe cause dores de cabeça, transtornos em parcerias ou ações ineficazes. Olhe por baixo da superfície e veja a situação como ela realmente é. *Discernimento* é a palavra-chave nesse caso.

Aprenda a rir das próprias fraquezas e das de outras pessoas. Aliviando a seriedade dos seus problemas, aceitando as fragilidades dos outros e olhando para além das limitações das circunstâncias, poderá dar origem a soluções pacíficas e satisfatórias. O riso limpa a alma e pode levar à cura física através da compreensão espiritual.

SIMBOLISMO DO TARÔ: **Chave 15 — O Diabo.** A Chave 15 nos mostra o que acontece quando deixamos de usar a discriminação. O Diabo é uma concepção errônea de Deus, ou Deus invertido ou oposto. Representa a ilusão do julgamento pela aparência externa, em vez das realidades interiores. Representa também o dogmatismo religioso, que é ridículo para a pessoa esclarecida. Por esse motivo, a palavra-chave aqui é *alegria*. Devemos aprender a rir diante das dificuldades, pois o riso ou o ridículo é, por vezes, a melhor defesa contra o mal.

Capricórnio, regido por Saturno, cobre esta chave. O centro de Saturno, na base da espinha, é onde a força *kunda-*

lini se acha enrolada, e o trabalho da vida de Capricórnio consiste em elevar a *kundalini,* e depois ensinar aos outros.

O fundo negro desta carta indica ignorância ou falta de luz. O pentagrama invertido na testa do Diabo é o símbolo da magia negra, o poder invertido. Sua tocha queima à toa pois não produz luz. Os seres humanos, acorrentados fragilmente ao meio cubo, poderiam obter a liberdade com certa facilidade, recusando-se a serem presos pela escuridão e pelo conhecimento imperfeito — ou meia verdade — como é indicado pelo meio cubo.

Esta chave significa que somos a encarnação de Deus, mas com freqüência desempenhamos o papel em posição invertida, como pessoas não desenvolvidas, acorrentadas pela escravidão da aparência.

CORRESPONDÊNCIA ASTROLÓGICA: **Vênus (e Capricórnio).** No 15/6 encontramos Mercúrio (5) trabalhando através de Marte (1) para produzir a vibração básica de Vênus (6).

O conhecimento de Vênus sobre os opostos encontra solo fértil na Chave 15, que emite uma imagem falsa da verdade. Se puder examinar ambos os lados de uma situação, ou ver além das aparências externas, poderá escapar da servidão da aderência aos aspectos puramente físicos da vida.

Através de Capricórnio, o olho do discernimento eleva-o ao ponto mais alto de expressão, na clara luz do dia, no ápice do horóscopo natural. A predileção natural de Capricórnio por prestígio no mundo material é cumprida pelo fato de ser elevado a professor e a exemplo a ser seguido pelos outros.

16/7 COMO VIBRAÇÃO DO NÚMERO PESSOAL:

Você é uma pessoa magnética. Sua personalidade vigorosa atrai os outros. Seu talento para escrever e falar ajuda-a na expressão inteligente de suas idéias. Você é um intelectual esclarecido, com a habilidade de avaliar circunstâncias com facilidade e corretamente. Isso poderá levá-lo a especular, o que nem sempre trará os resultados desejados. O excesso de confiança pode resultar em perdas materiais.

Eventualmente enfrentará provas, derrotas e a perda da segurança material. Súbitos transtornos materiais e físicos são a manifestação exterior do descontentamento emocional. Examine sua vida e atitudes. Sua personalidade é dominada por emoções? Teve desapontamentos no amor devido a afeições mal-aplicadas ou a casos de amor ilícitos? Foi sua indulgência, sua natureza egoísta e antipática a causa dessa queda emocional? Se algo disso for verdade, você permitiu que o mundo material o dominasse. Perdas financeiras, profissionais e pessoais dominam sua existência, e você experimenta uma invasão telepática através do subconsciente. Seu anseio por liberdade e sua impaciência contra restrições de qualquer tipo deram origem a essas dificuldades. Seu subconsciente agora o está incitando, através dessas calamidades, a despertar seu ser interior espiritual, seu verdadeiro Eu. É nesse ponto, sob extremas tensões, que um súbito raio do céu, um lampejo iluminador de compreensão, lhe indicará o caminho para a exoneração e a solução.

Se o 16 for o seu Número da Alma, você poderá estar expiando um passado promíscuo, quando os ideais estavam perdidos. Agora deverá conhecer a verdade e a lealdade. Se aprender a libertar-se da dependência do mundo material ilusório, será despertado para a verdade que se encontra no fundo da sua alma. Este é o esplendor do 16/7.

Através do silêncio e da meditação, todos os obstáculos serão superados. Você possui a inclinação, neste ponto da evolução, de se tornar um místico. Aqui o 16 se transforma num 7. E aqui, muitas perdas materiais são insignificantes, pois tornou-se uno com a Unidade.

16/7 COMO VIBRAÇÃO TEMPORÁRIA: **Casos de amor, saúde, acidentes, despertar.** Os eventos imprevistos e súbitos deste período têm como objetivo derrubar condições existentes, sobretudo no sentido material. Idéias e hábitos errôneos precisam ser alterados, e para alguns isso deve ser feito de uma forma imposta.

Poderão ocorrer perdas e reveses nos negócios e nos assuntos financeiros. Esta não é a época propícia para assumir riscos especulativos. Poderá perder uma posição desejada ou sofrer um escândalo na sua posição atual. Ambições egoístas enquadram-se sob o 16, e eventualmente ocorrerá a falência. Em casos extremos, é possível uma prisão.

A decepção e os transtornos em assuntos amorosos são possíveis. O amor que dedica pode ser mal-aplicado, resultando em desapontamento. A separação de parceiros íntimos e as perturbações nos relacionamentos advêm do seu orgulho e emoções. O resultado é o isolamento pessoal.

Não exagere no trabalho agora. O dispêndio exagerado de energia lhe cobrará a sua parte na saúde. A energia que opera durante este ciclo é intensa; portanto, não assuma riscos. Cuide-se de acidentes e conflitos com os outros. O número 16 não é tão mau como parece à primeira vista. Você pode usar o excesso de energia durante este período para planejar com sabedoria o seu futuro. Você está em contato com sua intuição. Se ouvir o generoso conselho do seu eu interior, poderá formular planos a serem implementados no próximo ciclo. Percepções esclarecedoras poderão revelar a natureza irreal do comportamento egoísta e materialista, e incitar seus talentos criativos a trabalharem no sentido de um objetivo futuro, que inevitavelmente trará o sucesso. Perspectivas brilhantes poderão surgir subitamente. O poder de perdas é grande sob o 16, mas o potencial para ganhos financeiros, fama e prosperidade também é. Todas as recompensas materiais serão suas, se não ficar obcecado pela ânsia de posse.

SIMBOLISMO DO TARÔ: Chave 16 — A Torre. Marte rege esta carta, para a qual a palavra-chave é *despertar*. Isso acontece como um claro lampejo de compreensão, um raio caindo de cima, trazendo a consciência da verdadeira natureza do ser. Aquilo que inspira o medo na mente do ignorante, libera o esclarecido, do mesmo modo como a eletricidade assusta o primitivo, mas é usada de modo construtivo pelo estudado. O raio é um outro símbolo da força elétrica da serpente ou *kundalini*, a força de Marte no corpo humano.

A Torre, também chamada de Torre da Destruição, é a casa de Deus, ou o corpo humano. Ficou também conhecida como a Torre de Babel (Babel significa confusão de vozes ou de línguas). O raio atinge a coroa, ou cabeça, ou lugar da compreensão, jogando o homem e a mulher para fora da Torre. Essa analogia representa idéias errôneas sendo expulsas das duas partes da mente, o consciente e o subconsciente, pelo raio da compreensão verdadeira.

Os vinte e dois *yod,* ou línguas de fogo, representam as vinte e duas letras desse alfabeto. Essas línguas de fogo também se referem à Chave 9, onde o *yod* é o Eremita, representando a reação à vontade primordial. Quando correspondemos a essa vontade, recebemos um lampejo de iluminação, trazendo uma mensagem que nos desperta para a nossa fonte verdadeira.

CORRESPONDÊNCIA ASTROLÓGICA: Lua (e Marte). Os desejos básicos (1, Marte) necessitam ser refinados (6, Vênus) antes de se tornarem realidade na mente subconsciente (7, Lua); tendo o subconsciente recebido a sugestão, esta se torna uma realidade no mundo dos pensamentos. É apenas uma questão de tempo, para que a sugestão se manifeste no mundo material.

Marte é a força motriz em qualquer mecanismo, incluindo o corpo humano. Também governa a cabeça, através de Áries. Depois a força de Marte, ou *kundalini,* no interior do corpo, é elevada através da espinha até a cabeça, e ali a iluminação final deverá acontecer.

17/8 COMO VIBRAÇÃO DO NÚMERO PESSOAL:

Você é o pesquisador, o cientista, o detetive nato que investiga os mistérios ocultos da vida. Você deseja a verdade e procura soluções para os enigmas. É intuitivo e aficionado do oculto. Você penetra nas profundezas secretas da consciência interior em busca de sabedoria oculta. Esse relacionamento com as forças secretas da vida instila em você uma força tranqüila e um ar de mistério. Outros o vêem como um indivíduo profundo, como realmente é.

Você é um intelectual, no estágio inicial do desdobramento mental. Sua inteligência e introspecção necessitam de períodos de solidão para meditar. As sementes brotam na escuridão antes de se abrirem à luz do dia. Suas idéias precisam do mesmo período de germinação para se desdobrarem. Depois de questionar, de pesquisar, de meditar e de experimentar, elas começam a ganhar forma.

Você tem discernimento e uma mente refinada. É muito bem-sucedido em propósitos que exigem profunda concentração e aplicação mental prolongada. Você se conduz sabiamente no mundo material e sente prazer em ver os resultados tangíveis dos seus esforços e concepções mentais. Tem esperança e fé no futuro, e coragem diante das dificuldades. Está determinado a vencer todo e qualquer obstáculo. A compaixão pelos outros, e um desejo de paz e amor entre todas as pessoas, é o produto da sua profunda compreensão da essência da vida, uma compreensão que ultrapassa as considerações mundiais. O seu amor espiritual o imbui de boa saúde.

Se for um 17/8 negativo, será obstinado. As dúvidas originam a infidelidade e criam o pessimismo, de modo a não deixar ver nenhuma promessa ou luz no mundo.

Você tem habilidades de executivo e líder, que podem levá-lo a uma carreira de distinção. Pesquisadores, descobridores, exploradores, executivos e pilotos de avião enquadram-se sob este número. Poderá viajar com freqüência por mar ou pelo ar.

Devido a essas habilidades notáveis, poderá alcançar fama e renome.

17/8 COMO VIBRAÇÃO TEMPORÁRIA: **Boa fortuna, recompensas, viagens, meditação e ajuda.**

Trata-se de uma vibração afortunada, pois receberá todos os tipos de assistência. Dinheiro, presentes, avanços e promoções são possíveis, e os negócios e assuntos públicos tornam-se lucrativos. As realizações intelectuais serão recompensadas. Poderá obter o reconhecimento por uma liderança extraordinária. Você é o astro sob o número 17.

Se uma viagem estiver sendo programada, poderá realizá-la por mar ou pelo ar. Problemas físicos serão melhorados e gozará de boa saúde. A lei da ação e da reação, em vigor neste período, proclama que sua atitude positiva e esperanças flutuantes serão recompensadas.

O auxílio que recebe agora promete-lhe dias melhores. A esperança nasce em seu interior e, por esperar de modo positivo, fatos positivos acontecerão. Está determinado a superar quaisquer obstáculos, e assim o faz. Uma vitalidade mental maior e um canal aberto ao subconsciente, o ajudam a resolver quaisquer problemas. Suas forças intuitivas e criativas são pronunciadas, e deverá passar um tempo meditando, para que as idéias de há muito abandonadas surjam à luz da compreensão. Segredos lhe serão revelados.

Deverá ser muito honesto com relação aos outros. Está muito persuasivo agora e suas palavras podem produzir um efeito profundo.

Não permita que dúvidas penetrem na sua mente, trazendo-lhe momentos de depressão e pessimismo. Procure por baixo da superfície que o aborrece a pessoa mais profunda, o verdadeiro EU SOU no seu interior.

SIMBOLISMO DO TARÔ: Chave 17 — A Estrela. *Anzol*, palavra-chave da Estrela, sugere a captação de idéias do subconsciente universal. O anzol se refere a assuntos selecionados para pesquisa ou meditação. A revelação é obtida através da meditação. Deverá tranqüilizar a mente consciente, mas manter uma linha presa ao assunto escolhido para meditação.

Aquário rege esta chave, que traz a era da revelação. A chave, Estrela, explica a quinta-essência, ou essência celestial, que está acima e além dos quatro elementos, fogo, terra, ar e água. A estrela maior tem oito pontas, representando a rotação. As sete estrelas menores referem-se aos sete centros do corpo, que são realmente espirais de movimento e vibração. O íbis é um pássaro pescador, enfatizando mais uma vez a busca e a provação.

A mulher representa a mente subconsciente, mostrando que, se pescar de modo apropriado, todos os segredos estão disponíveis. Sua perna esquerda, apoiando o corpo, forma um ângulo reto ou quadrado, indicando o número 4, a ordem e a razão. Descansando sobre a água, o pé direito indica que a mulher é sustentada pela mente.

Ela derrama água, seus poderes mentais, sobre a terra e o mar, significando o derrame de conhecimento por toda a humanidade, em qualquer lugar. A água sobre a terra divide-se em cinco fluxos, representando os cinco sentidos.

Faça uma pergunta a si mesmo e aguarde calmamente. Essa é a atitude correta para a meditação e o método apropriado para obter iluminação.

CORRESPONDÊNCIA ASTROLÓGICA: **Saturno (e Aquário).** O 17 tem o 7 da receptividade (a Lua) e o 1 da concentração (Marte). Juntos, igualam a 8, a correspondência de Saturno e o símbolo da energia *kundalini,* surgindo do centro de Saturno na base da espinha. Esses são atributos necessários, a serem usados pela mente subconsciente na meditação.

A influência de Aquário traz a revelação, representada pelo 17/8, e a consciência universal, que constituem as metas finais da meditação.

18/9 COMO VIBRAÇÃO DO NÚMERO PESSOAL: Você é uma pessoa extremamente ativa, com uma imaginação vívida incomum. Emoções e sentimentos intensos brotam do seu subconsciente e invadem sua mente consciente. É provável que consiga recordar seus sonhos com detalhes. Os sonhos são produtos da mente subconsciente; através deles, você está em contato com a iluminação orientadora do seu ser. Você é receptivo e intuitivo, e recebe impressões e pressentimentos sobre pessoas e situações. Quando criança, pode ter tido pesadelos, que lhe causaram inquietude e sono perturbado. Seu subconsciente poderá ter apresentado temores, em forma de monstros, caçando-o em seus sonhos.

É vital que cuide do seu corpo e da saúde. Necessita de repouso, exercício, ar fresco e da luz do sol; faria bem em passar um tempo em meio à natureza, escalando montanhas, caminhando, nadando, esquiando, patinando, e assim por diante. A natureza tem poderes curativos, com os quais você está harmonizado. O fato de organizar sua vida transmite sugestões ao subconsciente para que organize o seu ser. Cada ação e pensamento afeta seu corpo físico; por esse motivo, mais do que com outras pessoas, sua saúde depende dos seus pensamentos e modo de vida. Suas forças intuitivas também dependem de um corpo sadio.

Você é um curador natural, com um toque gentil. É tolerante para com os outros e daria um bom conselheiro ou preceptor. É leal aos seus amigos e às suas crenças. Possui fé e esperança na vida e acredita em justiça, integridade e na verdade.

As forças ocultas da vida estão ativas no seu interior. É sensível aos movimentos ondulantes das mesmas e, por vezes, seu corpo reflete essa sensibilidade em forma de hábitos nervosos.

Se for um 18 negativo, permitirá que o subconsciente venha à tona. Torna-se melindroso e irritável. Poderá ser iludido por outros e experimentar perdas devido a inimigos ocultos e perigos imprevistos. Poderá ganhar dinheiro através de guerras, mas somente se não estiver envolvido em traição ou na promoção das disputas.

Tem o poder de curar. Sua presença amável acalma, e sua percepção intuitiva restabelece a mente e o corpo daqueles que toca. Se desenvolver seu potencial de cura, poderá tornar-se uma força influente no alívio do sofrimento.

18/9 COMO VIBRAÇÃO TEMPORÁRIA: Precaução, sonhos, curas, cuidados com o corpo.

Deverá diminuir o ritmo rápido da sua vida e prestar mais atenção às necessidades do seu corpo; por isso, exercite-se ao ar livre, alimente-se adequadamente e durma o suficiente.

Seus sonhos estão ativos agora, e qualquer insônia que experimentar é o produto de uma imaginação extremamente vívida. Novos planos e idéias estão se formando em sua mente. Não inicie novos projetos, mas permita que as idéias germinem. Florescerão numa época posterior. Mantenha sua condição atual enquanto considera mudanças, tais como uma nova ocupação.

Forças curadoras estão operando sob a superfície, e sua saúde pode melhorar caso se permitir períodos de tranqüila contemplação, a fim de acalmar a mente. Neste período, seus pensamentos exercem um controle poderoso sobre os processos corpóreos.

Tenha cuidado ao assinar documentos agora e, na medida do possível, evite. Cuide-se contra a decepção nos negócios e contra dificuldades em assuntos pessoais. Disputas familiares e acidentes são causados pela precipitação ou falta de cuidado. As viagens não são aconselháveis. A instabilidade mental pode causar doenças físicas. Guerras e revoluções ocorrem sob essas vibrações.

Você tem uma oportunidade única de organizar a sua vida agora. Coloque seu meio ambiente em ordem, limpe a casa, organize a mesa de trabalho e conclua seus pequenos trabalhos. Essas ações tenderão, simultaneamente, a pôr em ordem o seu subconsciente. Então seus sonhos e visões lhe indicarão o rumo futuro a seguir.

SIMBOLISMO DO TARÔ: **Chave 18 — A Lua.** O crescimento evolucionário e o desenvolvimento estão sob a Chave 18. As palavras-chave são *organização* e *sono*. A função da Lua é o sono e, durante o mesmo, o refugo é eliminado e novos materiais são introduzidos no corpo. A consciência continua, enquanto as células do cérebro superior descansam. É durante o sono que nossas aspirações e esforços são construídos nas células do corpo. Aquilo que pensamos e fazemos durante o dia continua influenciando o corpo enquanto dormimos. Cada célula é um centro de consciência, e toda célula contém espírito. Astrologicamente, Peixes, o último signo do zodíaco, rege esta chave.

O caranguejo saindo da água representa a forma inferior de existência. Semelhante a um escorpião, indica a força criativa iniciando o caminho de retorno, que leva à montanha da realização. O caminho estreito significa que é necessária muita concentração. Sobe e desce, mas sempre se eleva com o próximo passo. Quer demonstrar que o desdobramento espiritual não acontece de uma só vez, mas progride gradualmente.

O cachorro e o lobo são da mesma espécie, porém um é selvagem e o outro é domesticado (significando a natureza auxiliada pela consciência humana). As torres representam o trabalho manual humano. Os trinta e dois raios da Lua indicam os trinta e dois caminhos da Árvore da Vida, e os *yods* que caem representam a descida da força vital de um plano mais elevado para o mundo material. Muitos símbolos demonstram aqui que podemos mudar a estrutura externa das coisas. Constituem provas de que as mesmas mudanças podem ser alcançadas no corpo interior, através da organização e do refinamento.

CORRESPONDÊNCIA ASTROLÓGICA: **O Sol (e Peixes).** A prova de Saturno (8) é energizada e apoiada por Marte (1), resultando na conclusão e na realização total (9, o Sol).

A combinação de Sol e Peixes permite a conclusão final, sob este número. O Sol, representando a verdadeira individualidade, encontra a sua própria e real identidade na Chave 18, que simboliza a consciência do corpo. Combinando a consciência e o controle do corpo com a realização do próprio ser, todas as coisas serão possíveis.

19/1

COMO VIBRAÇÃO DO NÚMERO PESSOAL: Seus talentos de liderança seriam úteis no serviço público. Será o líder de projetos, como organizador, diretor ou gerente. É muito expressivo com as palavras e seria um bom orador ou conferencista. A arte e a ciência também poderão lhe agradar, bem como a agricultura, a natureza e os prazeres simples da vida.

Sua tremenda vitalidade e intelecto criam uma mente capaz de superar quaisquer obstáculos. Você coleciona, sintetiza e regenera os erros do passado em atitudes que lhe asseguram seu futuro sucesso. Aqui, sua fé e criatividade constantemente renovam os aspectos da vida que outros ignoram, assegurando assim o seu continuado crescimento. Você epitomiza a citação do Eclesiastes 8:1: "A sabedoria do homem faz brilhar o seu rosto."

Atrai o amor e o dinheiro. Um bom casamento, o contentamento no lar, a felicidade material, a honra e a estima poderão ser seus. Poderá haver muitas reviravoltas em sua vida, exigindo novos inícios. Deve dominar suas emoções, para que transtornos emocionais e impulsos incontrolados não lhe causem perdas e fracassos materiais.

Se for um 19 negativo, leva uma vida dupla. Cria uma imagem positiva de si como um tipo de personalidade, enquanto vive uma vida secreta de falsidade e decepção. Nesse sentido, o 19 é chamado de queda espiritual. Sua coragem está sendo testada. Deverá conhecer a independência e aprender a refrear a autopiedade. O número 19 é cármico — o compensador e o cobrador.

Como 19 positivo, tem grande resistência. Sabe que é sempre mais escuro antes do alvorecer. A razão prevalece. Muitos o procuram em busca de orientação, pois coleciona e distribui a força que confere luz e vida. Usa essa luz para aquecer, para criar, para estimular o crescimento e a vida, em vez de queimar e ressecar. Encontrará a felicidade, recompensas e a vitória sobre adversidades quando tiver atingido um certo grau de proficiência.

19/1

COMO VIBRAÇÃO TEMPORÁRIA: **Amor, casamento, recompensas, obstáculos superados, novos inícios.** O 19 é conhecido como a vibração do amor, e o casamento, sob este número, é realmente afortunado. A felicidade e o contentamento são intensificados pela boa sorte em assuntos materiais. Poderá experimentar reuniões felizes com amigos e a família. Recompensas, honras e a estima são manifestações dos seus esforços produtivos e criativos do passado.

Este período lhe traz um início totalmente novo, prometendo-lhe liberação e prosperidade. Sua energia, impulso e ambição estão no auge, impelindo-o a trabalhar por conta própria. Seja independente, assuma o risco, pois a sorte está do seu lado. Quaisquer obstáculos poderão agora ser superados. Novos inícios possuem forças vitais energizantes em sua retaguarda, promovendo o crescimento e assegurando o sucesso.

Deverá conter ações impulsivas e preparar planos futuros com cuidado. Se ceder a desejos pessoais, poderá causar dificuldades a outros, noivados desfeitos, contratos invalidados ou desagradáveis perdas de posses pessoais. O futuro aparenta ser muito incerto para aqueles que usam as energias do 19 de modo negativo.

Esteja atento a cada oportunidade e mantenha uma fé positiva em suas próprias habilidades; poderá então atingir quaisquer metas que fixar. Grande felicidade e satisfação são possíveis agora. A escolha, como sempre, é sua.

SIMBOLISMO DO TARÔ: **Chave 19 — O Sol.** O Sol significa a face ou o semblante. A face implica a cabeça, aquele que precisa liderar como o cabeça de uma organização. Esta carta também eleva ao auge todas as potências da força vital. A palavra-chave é *regeneração*. Renovamos o nosso corpo e nossa mente. "Transformai-vos pela renovação do vosso entendimento, para que experimenteis qual seja a boa, agradável e perfeita vontade de Deus." (Romanos 12:2.)

Astrologicamente, o Sol rege esta chave, trazendo luz e vida, o símbolo da divindade, o grande poder divino. Devemos controlar e ajustar nossas vidas através da ação do Sol. Como os antigos sabiam, os poderes, em si, não são bons ou maus; depende do modo de usá-los. O poder do Sol não é apenas uma energia física, mas também um poder vital. O que vemos no Sol é idêntico ao poder espiritual por trás do Sol.

Os vinte e um raios do Sol representam as vinte e uma chaves do Arcano Maior do Tarô. As quatro flores simbolizam o desenvolvimento organizado: mineral, vegetal, animal e a consciência de Adão. Os girassóis sempre estão voltados para o Sol, para ganhar força, como deveríamos fazer para desenvolver a nossa consciência.

A criança nua no cavalo sublimou os desejos animais e é um símbolo da verdade nua e da compreensão das coisas como realmente são. "Se não vos tornardes como as crianças, de modo algum entrareis no reino dos céus" (Mateus 18:3).

CORRESPONDÊNCIA ASTROLÓGICA: **Marte (e Sol).** A energia pessoal, a força vital básica e os instintos propulsores de Marte necessitam ser controlados, canalizados e elevados a um nível superior, através da consciência desenvolvida da verdadeira força da vida, o Sol. Toda a nossa energia provém do Sol, e nós, de nossa parte, devemos irradiar a energia que recebemos.

As pessoas do número 19 devem atender ao conselho da Bíblia, "Deixem resplandecer a vossa luz" (Mateus 5:16).

20/2 COMO VIBRAÇÃO DO NÚMERO PESSOAL: Deverá enfrentar muitas decisões em sua vida. Terá de aprender a julgar baseado na razão, e não na aparência. Ao medir ou avaliar as pessoas, veja as obras delas, e não a reputação que têm. As aparências exteriores poderão ser decepcionantes, e assim deve refletir profundamente antes de fazer um julgamento final.

Você gosta de controlar as pessoas no seu meio de influência e prefere moldar as coisas de acordo com os fins que considera meritórios. Essa posição requer que você faça escolhas; por isso, é constantemente testado: Deverei fazer isso ou aquilo? É melhor seguir esse caminho ou aquele? Deverei acompanhar o novo ou ficar com o velho? Bem no seu interior, possui um conhecimento permanente de opostos; por esse motivo, é continuamente confrontado com a necessidade de fazer escolhas. Como resultado, sua vida consiste em adaptação e renovação. Novos planos, novos propósitos e novas ambições apresentam uma seqüência contínua, exigindo ações decisivas. Este processo cíclico cria a personalidade humana desperta, pois o momento do julgamento é o mesmo que o da informação. Não pode tomar uma decisão até ter pesado e medido todos os fatos e tomado ciência da situação. Através da ação decisiva, desenvolve a si mesmo e supera as dificuldades da vida. Deixe que a sua consciência o guie.

As pessoas do 20 têm o poder de destruir, salvar ou matar. Se for um 20 negativo, teme a morte e a mudança de padrões de hábitos familiares. Deve aprender a controlar as suas emoções. Sua fraqueza lhe causa má saúde, desilusão, perda de bens materiais e a separação daqueles a quem ama.

Como um 20 positivo, renova constantemente sua vida através das muitas decisões que deve tomar, aumentando assim sua realização e percepção das perpétuas adaptações que a vida exige.

20/2 COMO VIBRAÇÃO TEMPORÁRIA: **Pontos críticos, decisões, consciência, adaptabilidade, reconstrução.** Eventos repentinos exigem que tome uma decisão que poderá ser um ponto crítico em sua vida. Uma mudança de local, um novo emprego ou novas amizades requerem novos pensamentos, novos sentimentos e ações da sua parte. Seja capaz de ver as alternativas, os prós e os contras. Desse modo, aprenderá muito a respeito de si mesmo e como é adaptável. Se pesar e medir corretamente sua posição atual ou qualquer situação que lhe é apresentada neste período, formulará um plano proveitoso, passível de implementação no futuro próximo.

A não ser que aja com decisão para colocar suas idéias em prática, a influência do número 20 pode deixá-lo inquieto e apreensivo. Não fique inativo, e não perca tempo. Está experimentando um período de crescimento; realizações futuras começam a brotar agora. Ingira, assimile e crie formas com as energias que operam aqui. É um período bom para planejar. Chegue a conclusões lógicas, e a força cíclica fará com que seus planos se manifestem em breve.

Não se oponha à necessidade de mudança. Permaneça adaptável, use seu bom senso e chegue a conclusões bem estudadas. Cumpriu então as exigências deste período.

SIMBOLISMO DO TARÔ: **Chave 20 — O Julgamento.** Os símbolos-chave desta carta são *dente, presa e serpente*. Um iniciado antigo foi chamado de serpente, e quando quisermos invocar o silêncio, pronunciamos o som da letra desta chave "Sh". Isso indica o silêncio dos sábios. "Sede prudentes como as serpentes" (Mateus 10:16).

Os dentes partem o alimento e preparam-no para a digestão. A sabedoria, que permanece silente, destrói as formas do mundo exterior e revela a natureza oculta das coisas, para podermos absorver a essência espiritual.

A cobra era o símbolo sagrado do Egito e da Índia. Seu veneno ataca instantaneamente cada célula do corpo. A presa da serpente transmite o veneno. A analogia é que a sabedoria pode ser como um ácido, que corrói rapidamente tudo o que é falso. Por isso, a palavra-chave desta carta é *realização*. Astrologicamente é regida por Vulcano. Quando alcançamos a realização das coisas espirituais, a nossa consciência está pronta para se unir à consciência universal. Realizamos então a nossa unidade com Deus e com toda a humanidade. Esse estado de consciência começa com a compreensão mental do mundo real, em que a nossa atitude é contrária à da maioria das pessoas, uma vez que nos identificamos com a Realidade Única. Nossa mente subconsciente é dominada pela verdadeira vontade.

Nosso dia do julgamento é o dia em que atingimos a habilidade de separar o verdadeiro do falso. A carta representa a chamada para o dia do julgamento. O anjo Gabriel chama os que estão prontos para ouvir a verdade que os libertará e lhes dará nova vida. Os túmulos de pedra, ou corpos humanos, levantam-se da profundeza. São negros, quando fechados, por falta de luz ou da verdade. Os três estados de consciência se erguem: o homem, a consciência; a mulher, o subconsciente; e a criança, o superconsciente. Em versões mais antigas do Tarô, os braços formam a palavra "lux", ou luz. Atingiram a iluminação.

CORRESPONDÊNCIA ASTROLÓGICA: **Vulcano (e Saturno).** Vulcano é duplamente enfatizado aqui, através do dígito duplo 20 (Vulcano é o número 2) e através do dígito básico 2.

Na mitologia, Vulcano foi lançado do céu. Tornou-se o guardião da chama, cuidando das forjas do céu e da Terra. Era também conhecido como o artífice-mestre. Apesar da paralisia resultante da sua queda, viajava com muita freqüência entre o céu e a Terra.

A analogia no mito representa a queda do nosso espírito na forma, regida por Saturno. A liberdade do espírito é dificultada pelo corpo físico. A fogosa força vital deverá ser bem cuidada, mantendo aberta a linha de comunicação entre o corpo e o espírito.

Vulcano poderá eventualmente ser atribuído à Virgem, a servidora perfeita, a zeladora da saúde, como o era Vulcano. Os artesãos também são relacionados com Virgem.

No 20, o poder de Deus, 0, opera através de Vulcano 2, para unir aquilo que parecem ser, em forma física, partes separadas — o espírito e a matéria.

21/3 COMO VIBRAÇÃO DO NÚMERO PESSOAL:

De modo geral, este é um número de boa sorte. Você tem talento, charme e sorte, que trazem o sucesso. Uma boa memória e uma atitude positiva com relação à vida são a base da sua sorte. Avanços, honra e reconhecimento são possíveis nesta vida.

Você é paciente. As limitações que a maioria das pessoas teme constituem a pedra angular do seu sucesso. Sua habilidade administrativa é intensificada, pois sabe que a única maneira de governar a natureza é obedecer suas leis, suas limitações. A aderência à progressão ordeira das coisas assegura seu triunfo em todos os propósitos. O ato da concentração é um tipo de limitação e a concentração é a base da ciência. Você vê os limites necessários na evolução da vida e pode confirmar essas crenças em propósitos científicos.

As artes poderão chamá-lo, e muitas pessoas do 21 desfrutaram do sucesso literário por serem tão expressivas. Você conseguiu a união da sabedoria e do amor através de esforços passados, e poderá desejar agora revelar essas verdades em forma de arte. Seus propósitos profissionais poderão exigir mudanças de residência. Viajar e mudar-se satisfazem sua necessidade inata de liberação e liberdade.

Se for um 21 negativo, teme qualquer tipo de mudança. Falta-lhe a visão e torna-se ganancioso e egoísta. Sua tenacidade assegura-lhe eventuais perdas, enquanto outros lhe tiram as coisas que lhe dão segurança. É teimoso e recusa-se a aprender as lições da vida.

Poderá ser um exemplo para os outros através do serviço e da realização material. Tornar-se-á distinto na vida. Outros o vêem como a realização máxima da personalidade à qual almejam evoluir. O 21 é o número místico da consciência cósmica.

21/3 COMO VIBRAÇÃO TEMPORÁRIA:

Viagens, mudanças, recompensas, sucesso, mundos novos. Este é um período muito potente, no qual os assuntos velhos mudam, dando lugar a novos. O novo mundo revelado oferece-lhe a ulterior realização dos seus planos, esperanças e desejos; por isso, não deixe passar oportunidades que surgem agora.

Planos já adiantados poderão chegar a uma conclusão bem-sucedida, com as conseqüentes recompensas. Os planos que ainda se encontram em sua mente deverão ser executados agora, pois o potencial de sucesso é alto neste período. Pode conseguir o que desejar.

As viagens farão parte deste ciclo, e lugares distantes o atraem. Os desejos de liberdade, auto-expressão e de prazer incitam-no a procurar lugares distantes para o cumprimento. Uma mudança de emprego e/ou de residência poderão resultar do seu atual modo de pensar.

Seu subconsciente vem desenvolvendo um ritmo mais rápido do que o usual durante este período, junto com um senso crescente de segurança e proteção. Muitos casamentos acontecem sob o 21/3. Os investimentos mentais ou físicos produzem frutos nesta época.

Aqueles que reagem negativamente devem se cuidar contra a perda do controle emocional. Vêem as responsabilidades familiares como fardos. Experimentam atrasos e restrições e negligenciam segurar as oportunidades oferecidas. Para eles, todas as situações devem ser cuidadosamente examinadas. O conselho legal deverá ser procurado nas negociações, pois existe o risco de perdas materiais.

Para você, este período é compensador. Reconheça que as oportunidades que se abrem agora poderão completar os seus sonhos futuros.

SIMBOLISMO DO TARÔ: Chave 21 — O Mundo. O conceito-chave desta carta é um símbolo ou cruz com braços iguais. A cruz, por vezes, é usada como assinatura, e por isso também assume esse significado. A simbologia aqui é a consciência cósmica, que é o selo final do grande trabalho aqui representado. Nesse ponto, ganhamos o controle sobre nós mesmos e sobre o nosso meio ambiente. As decisões corretas agora são naturais, e o Poder Único torna-se a realidade central em nossas vidas.

A Chave 21 é regida por Saturno. O centro de Saturno, na base da espinha, chamado de plexo sacro, é o depósito da energia excedente que sobra das atividades cotidianas. Saturno tem sido considerado maléfico; entretanto, se usarmos as energias do plexo sacro para ações construtivas, Saturno pode ajudar a construir para o futuro.

Na mitologia, ele era o pai ou deus que comia os próprios filhos; isto significa que a consciência cósmica absorve todas as consciências inferiores. O touro, o leão, a águia e o homem representam os quatro signos fixos do zodíaco e indicam que as leis do universo são fixas e ordenadas. A grinalda em forma de zero, ovo ou semente, é a forma da qual tudo se origina. E o poder divino. A figura que dança é andrógina, uma unidade de polaridades opostas; todavia, o véu oculta esse fato, mostrando que a ciclicidade também causa o estado andrógino. A figura mantém-se no ar, auto-apoiada e em perfeito equilíbrio.

Esta figura representa a dança da vida, que nunca termina. O 21/3 é um novo céu e uma nova Terra, ou uma nova mente e um novo corpo. Quando nos renovamos, através do estudo e da prática, as condições antigas mudarão. Prevalecerão novos planos e novas perspectivas.

CORRESPONDÊNCIA ASTROLÓGICA: Júpiter (e Saturno). Tradicionalmente, a conjunção de Júpiter e Saturno prevalece no nascimento de avatares e de pessoas santas, aqueles que trazem uma mensagem de inspiração para o mundo. Aqui, esta combinação de planetas procura unir as coisas da Terra, sob a regência de Saturno, com a sabedoria da mente superior, sob o controle de Júpiter. Só então a influência maléfica de Saturno sobre a vida de muitas pessoas pode ser transformada na maior realização que Saturno tem a oferecer, enquanto no corpo físico, para ocasionar a elevação ao ápice do horóscopo, o lugar sagrado mais próximo ao Sol, a Fonte Única.

22/4 COMO VIBRAÇÃO DO NÚMERO PESSOAL: É um dos quatro números-mestre (11, 22, 33, 44), e pode ser experimentado como um 22 ou um 4, ou como uma flutuação entre os dois, durante a sua vida.

Você tem o potencial de adquirir grande riqueza e poder, em âmbito mundial. Sua grandeza pode ser alcançada através de recursos, inclusive humanos. Você é o filantropo; sua fortuna, proveniente da realização material, é usada para construir um mundo melhor.

Sua originalidade permite-lhe criar soluções para problemas que outros consideram insolúveis. Possui o gênio de pensar em termos amplos, enquanto sempre chega a soluções práticas. Você trabalha arduamente, é honesto para com as pessoas e, sobretudo, ético. É um mestre em dirigir os outros, mas cuide-se para nunca explorá-los por razões egoístas. O trabalho excessivo e o desejo de poder e de controle podem criar um 22 negativo, cujo potencial para o mal tende a produzir um tipo cruel e até mesmo infame. O trabalho em excesso causa dificuldades emocionais.

Você tem opiniões fortes e grande sabedoria, que é sempre dirigida para fins práticos. Poderá contribuir para a formação do destino do mundo através da indústria, da política ou das profissões.

A firmeza nas amizades e em todos os relacionamentos, incluindo o casamento, proporcionam a base segura, a partir da qual se comunica com o mundo. Tem enormes habilidades de liderança e diplomacia. Através do esforço, do que é extremamente capaz, tornar-se-á um desses magnatas financeiros, cujo nome entra na posteridade graças a boas obras que beneficiam milhões.

22/4 COMO VIBRAÇÃO TEMPORÁRIA: **Viagens, planos, progresso, seus sonhos se realizam.** O 22 é um número-mestre e o valor numérico antigo do círculo. Como tal, implica plenitude, cumprimento e ciclicidade. Sob o 22, está atingindo sua meta; o cumprimento dos seus objetivos secretos pode tornar-se realidade. O sucesso em grande escala e a consecução daqueles sonhos impossíveis são bastante prováveis. Deverá fazer aqueles grandes planos, ousar as grandes obras que até agora apenas tem contemplado. Dirigir-se rumo a uma meta pode também sugerir uma viagem física, que é uma possibilidade distinta agora.

Certifique-se de que seus conceitos sejam bem organizados e práticos. Pense em termos amplos e dirija-se ao escalão mais alto com suas idéias criativas. Terão boa possibilidade de serem aceitas agora. Muitas pessoas podem ser beneficiadas pelas idéias que apresenta sob o 22 e, como resultado, poderá alcançar uma posição de destaque. Você agora é o conhecido perito em seu campo, e os outros o procuram para opiniões e conselhos.

Este é um período de grande tensão, durante o qual terá de lidar com grupos de pessoas. Cuide-se contra extremos; não seja extravagante demais com o dinheiro, e não especule em empreendimentos incertos. Afaste-se do jogo. Lide apenas com assuntos práticos neste período. A tolerância em demasia poderá causar a dissolução de assuntos que, de outro modo, têm bom potencial.

Se tiver dúvidas quanto a um assunto, consulte um profissional. Não confie apenas na sua própria opinião. Tendo colhido todos os fatos, confie na sua própria intuição, que é baseada na razão, para lhe proporcionar as soluções adequadas. Tudo poderá ser seu durante este período materialmente poderoso.

SIMBOLISMO DO TARÔ: **Chave 0 (e 22). O Bobo (antes e depois).** O número-mestre 22 tem uma posição única no baralho do Tarô. Teoricamente, o Arcano Maior começa na Chave 1 e continua até a Chave 21. O Arcano Menor começa no 23, o Rei de Bastões, e continua até o 78, o Dez de Pentáculos, ou Moedas. O Bobo, como Chave 0, indica você mesmo, representando a força de Deus. Pode parecer que esteja faltando o 22; todavia, uma vez que a ciclicidade é a essência da vida, não poderá haver fim. Por isso, o Bobo, Chave 0, é a força vital antes da manifestação, e o 22 é a mesma Chave 0, o Bobo, após haver caminhado nas 21 chaves do Arcano Maior para completar o ciclo inteiro e reaparecer depois da atual encarnação. O 22 é um antigo símbolo numérico do círculo, representando assim o Alfa e o Ômega, como o Senhor descreveu a Si na Bíblia.

A palavra *"fool"* (bobo, em inglês) vem do latim *"follis"*, significando um saco de vento. Todo gênio é chamado de bobo em alguma ocasião, e aquilo que contém ar ou respiração poderia ser chamado de saco de vento; por isso, somos o Bobo, nesse sentido. O Bobo é o superconsciente, figurado aqui como tendo lugar para dar mais um passo. Isso indica que nunca chegamos ao limite dos nossos potenciais.

O Sol é a energia universal radiante, eternamente em elevação, pois nunca pode alcançar o seu zênite. As montanhas indicam a realização. São frias e desinteressantes para alguns, mas o gelo que derrete dos seus picos alimenta os rios e torna o vale fértil. Assim, igualmente, a sabedoria antiga alimentará a nossa consciência e transformará a nossa vida.

A grinalda do Bobo simboliza a vitória. Seu bastão é uma ferramenta de medida, com a qual avaliamos sem cessar as nossas realizações. Sua mochila contém memórias do passado, e a águia na mochila simboliza o despertar de uma visão maior rumo a aspirações mais sublimes.

O cachorro controlado pelo Bobo indica as formas subumanas de vida, que são elevadas pela evolução da consciência. A rosa branca na mão esquerda do Bobo significa que seu desejo é puro ou espiritual, e isento de paixões e desejos inferiores.

O Bobo representa aqui a força vital cósmica, pronta para descer, inexperiente, no mundo da manifestação.

CORRESPONDÊNCIA ASTROLÓGICA: **Terra (e Urano).** Uma vez que o número-mestre 22 se reduz a 4, a Terra domina nesta vibração, junto com Urano, ao qual é atribuída a Chave 0, o Bobo.

A percepção é um estado mental. A presença de Urano aqui une o superconsciente à força terrestre, indicada pelo 22/4. Uma combinação do estado espiritual consciente com o uso adequado e o controle das ofertas do mundo material, incluindo o próprio corpo, resulta no estado perfeito de existência. Uma vez alcançada essa condição, a pessoa não está mais presa às considerações terrenas, mas simplesmente as usa com reverência e respeito.

2

Os Bastões

23/5 COMO VIBRAÇÃO DO NÚMERO PESSOAL: Este número poderá trazer-lhe honra, fama e ganho material. Sua força está nas idéias materiais. Aplica a inteligência nas suas ações e a sabedoria no seu controle. Com um cérebro rápido e inteligente, aprende com facilidade e retém aquilo que aprendeu. Possui também a coragem e ousadia de forçar as suas idéias no mundo material. Você gosta de se exercitar. A agilidade física mantém a boa circulação e aumenta a força cerebral; por isso, seu corpo ágil e sua mente energética fazem de você um verdadeiro sucesso. Além disso, tem aptidões de cura. É talentoso na fala e na escrita, e poderá ficar conhecido como o rei das idéias. Desse modo, uma carreira nas comunicações é possível. Os pesquisadores também se enquadram sob o 23/5.

Por ser leal e apaixonado, desfruta um bom casamento e filhos. Heranças poderão surgir durante seu tempo de vida.

Você prospera com a mudança constante e com a aventura. Aprenda a transformar cada mudança num passo construtivo. Às vezes, é teimoso e apressado; aprenda a controlar essa energia fogosa em seu interior e dirija-a de modo apropriado.

Sua aproximação amigável e honesta em relação aos outros e a sua natureza ambiciosa, atraem pessoas em condições de ajudá-lo a progredir. Através dos seus superiores, terá oportunidades de se aperfeiçoar. Trata-se de uma reação cármica, originada pela sua disposição de ajudar os outros.

Se for um 23/5 negativo, a estreita aderência a princípios poderá criar uma personalidade severa e protetora. Torna-se egoísta e recorre a explosões de temperamento quando a vida não é como quer.

Como 23/5 positivo, poderá esperar uma vida confortável, cercado por uma família adorável, confortos materiais e com a honra e a estima dos seus iguais.

23/5 COMO VIBRAÇÃO TEMPORÁRIA: **Proteção, contratos, viagens.** Existem forças poderosas e protetoras à sua volta agora, para guiá-lo a um porto seguro. Siga o conselho que recebe de superiores ou daqueles que sabem mais do que você sobre o assunto em questão. Então, seus propósitos e objetivos serão bem-sucedidos.

Poderá herdar dinheiro e bens materiais através de espólios imobiliários ou de procedimentos legais. Ou então fazer novos contratos que alterarão sua vida, e tais acordos poderão exigir decisões rápidas da sua parte. O casamento é um desses contratos que reagem favoravelmente a esta vibração.

As mudanças que ocorrem agora poderão resultar em viagens. Quer seja para cumprir as obrigações dos seus acordos, quer porque a boa sorte o deixou em melhor condição econômica, você pode se permitir esse prazer complementar.

Se outros se opuserem às suas idéias, não deixe que a diferença de opiniões degenere em discórdia. Uma aproximação severa pode afastar amigos.

Seja sincero e prestativo neste período. Suas atitudes serão bem recompensadas através do ganho material, da paz espiritual e do contentamento.

SIMBOLISMO DO TARÔ: **Rei de Bastões.** A figura sentada, olhando para o mundo, indica a atitude mental de olhar para o futuro, possivelmente decidindo mudar seu ponto de vista. O espaldar do seu trono, decorado com leões, indica que as forças fixas da lei divina estão na sua retaguarda, e que você está consciente de poder usá-las. As salamandras representam espíritos vivendo no elemento fogo, e denotam que o rei está apto a lidar com ele; pode controlar o fogo do seu ser e da natureza. Está segurando o bastão vivo do poder espiritual.

CORRESPONDÊNCIA ASTROLÓGICA: **Primeiro decanato de Áries.** O Rei de Bastões preside o primeiro decanato de Áries. (Um decanato é a divisão de 10 graus da roda zodiacal; cada um dos doze signos cobre 30 graus.) Este decanato, regido por Marte, combina para criar uma poderosa força impulsionadora. Você aprende com facilidade. Deseja liderar e gosta de estar na direção das coisas. Tem abundância de idéias e aspira a melhorar as condições existentes. Está disposto a ganhar todo o conhecimento que puder, e se aproveita com entusiasmo das oportunidades para progredir intelectual e também fisicamente. Sua habilidade criativa e inventiva expressa-se na direção da ciência ou de outros propósitos mecânicos.

24/6 COMO VIBRAÇÃO DO NÚMERO PESSOAL: Com sua personalidade magnética e poder de sugestão sobre as pessoas, atrairá todo o conforto material e todos os relacionamentos estimulantes que qualquer um poderia desejar. Pessoas com autoridade e pessoas de influência estarão sempre ansiosas por ver as suas necessidades. A ajuda que receber promove o seu sucesso.

Esta é uma vibração afortunada de amor e de família. Você é um bom companheiro e bom ajudante, e ama o seu lar, seus filhos e a natureza. O orgulho, a ambição e o amor pela vida, fazem dele um cônjuge animado, cuja realização é alcançada através da criação de um estilo de vida farto, onde todas as coisas podem ser cultivadas e crescer. Eventualmente terá muitos filhos, cujo desenvolvimento religioso, escolar e físico promoverá com todo o cuidado.

Você é uma pessoa digna, amável, generosa e paciente. Este número permite a plena expressão da harmonia que procura com os outros. O desejo pela verdade e pela justiça coloca-o numa posição em que outros vêem sua sinceridade e o respeitam por isso. Você é um sucesso, social e financeiramente. Tem bom senso comercial e é prático com o dinheiro.

Visões, sonhos e experiências de PES proporcionam-lhe muita percepção e aperfeiçoam a sua mente criativa. Poderá também ter experiências de clarividência.

Se for um 24/6 negativo, poderá ser ciumento, desleal e dominador para com quem ama. É teimoso e, quando irritado, pode ser vingativo.

24/6 COMO VIBRAÇÃO TEMPORÁRIA: Assuntos familiares, ganhos, amor.

Trata-se de um período altamente favorável, no qual todos os empreendimentos podem ser bem-sucedidos. Ganha financeiramente com a ajuda de pessoas com autoridade ou através de membros do sexo oposto. Seu sucesso poderá depender exatamente dessas pessoas. Agora é o tempo de fazer planos. Poderá ter lampejos de intuição de como proceder no futuro.

O 24/6 é uma vibração de amor. O casamento e o nascimento de crianças são possíveis, e muitos assuntos relacionados à família surgem agora. Sua felicidade depende do amor.

Está passando por um período de colheita, do amadurecimento das sementes que plantou no passado. Poderá merecer o respeito dos seus iguais por alguns esforços. No que diz respeito a finanças, é possível que lucre através do seu julgamento prático e sadio em negociações comerciais.

Compreenda os sentimentos e as emoções de outros membros da família, e esteja disponível quando necessitarem dos seus sábios conselhos. Seja generoso, prestativo e paciente com aqueles que o cercam, e os seus esforços serão recompensados.

SIMBOLISMO DO TARÔ: **Rainha de Bastões.** A Rainha segura o bastão do poder da vida com a mão direita; o girassol, que sempre se volta para o lado do Sol, está na mão esquerda. O girassol refere-se ao decanato de Leão, de Áries. O gato preto em frente ao trono representa poderes de clarividência. Os dois leões no espaldar do trono e os leões esculpidos em ambos os lados sugerem Leão, e também representam a Chave 8, a Força. Os cumes tríplices no fundo representam a realização nos três planos de consciência.

CORRESPONDÊNCIA ASTROLÓGICA: **Segundo decanato de Áries.** A Rainha de Bastões preside o segundo decanato de Áries, que é o decanato de Leão, regido pelo Sol. Este decanato confere um temperamento altamente animado e ambicioso. É um número afortunado, no sentido de que a sua generosidade e magnanimidade são recompensadas em espécie por aqueles com quem lida. Você atrai o sucesso e a ajuda devido à sua perspectiva alegre e otimista.

25/7 COMO VIBRAÇÃO DO NÚMERO PESSOAL:

Você é fortemente intuitivo e com freqüência tem sonhos proféticos. Poderá também ser um clarividente. Essas são qualidades que desenvolveu depois de superar muitos obstáculos. Seus anos de juventude poderão ter sido difíceis, e as provas pelas quais passou eventualmente o ajudaram a superar a instabilidade. Era necessário que despertasse para as verdades em seu interior e assim adquirisse sabedoria. O que os outros percebem em você como intuição é um talento desenvolvido de observação e de atenção a detalhes, que lhe permite reunir o todo e chegar a conclusões mais rápido que outros. Se as experiências do passado não lhe ensinaram a desenvolver essas qualidades, então deverá começar agora; de outro modo, sua natureza impulsiva poderá transformar situações desafiadoras em conflitos.

Você tem uma mente alerta e energética, sempre em busca de novos empreendimentos, idéias e lugares. Gosta da natureza e poderá preferir morar no campo, talvez perto da água, do que na cidade. Seu espírito aventureiro tende a torná-lo mais inconstante do que a maioria, e poderá mudar de residência muitas vezes, para satisfazer esse desejo de trocar de lugar.

Seu espírito de pioneiro e a busca do conhecimento exibem um impetuoso zelo missionário no seu interior, e eventualmente você se tornará um expedicionário espiritual. Permaneça alerta para os vários modos de superar os obstáculos que encontrar e trabalhe arduamente para terminar o serviço; alcançará então a liderança em qualquer negócio ou empreendimento a que se dedicar.

Se expressar o 25/7 negativo, causará conflitos e perderá energia. O trabalho nunca é terminado. A lassidão e o descumprimento poderão então gerar a crueldade.

25/7 COMO VIBRAÇÃO TEMPORÁRIA: **Mudança de residência, provações, saúde, sucesso depois da dificuldade.** Você poderá passar por provas e dificuldades agora, fazendo com que lance mão de suas reservas de energia. O sucesso poderá ser seu, mas não será colocado em suas mãos: surgirá depois de trabalho árduo e perseverante.

Durante este período, use sua energia mental de modo positivo e construtivo. Visualize o que deseja e mantenha esse pensamento sempre presente em sua mente.

Ações precipitadas poderão causar conflitos. Decisões súbitas talvez provoquem a necessidade de mudança de residência, uma viagem ou outro tipo de movimentação. As viagens deverão ser feitas com cuidado; a pessoa sábia não fica em casa, mas viaja com cautela. Condições de saúde incômodas podem surgir e exigir atenção.

Assine todos os documentos só depois de ter consultado um entendimento no assunto. Depois prossiga, certo de que seus empreendimentos serão bem-sucedidos, pois levou em consideração todos os detalhes e circunstâncias.

SIMBOLISMO DO TARÔ: **Cavaleiro de Bastões.** O Cavaleiro, vestindo armadura cavalga para a conquista. Isso indica que idéias sobre um novo empreendimento começam a surgir assim como seu desejo de vencer. Sua cruzada poderia ser uma busca da verdade, pois sua arma é o bastão do poder divino. O símbolo da salamandra em sua vestimenta indica a habilidade de lidar com a energia fogosa.

CORRESPONDÊNCIA ASTROLÓGICA: **Primavera (Áries, Touro, Gêmeos).**
O Cavaleiro de Bastões preside a estação da primavera, do momento em que o Sol entra no signo de Áries até chegar ao solstício do verão, a 0 graus do signo de Câncer.

O Sol é exaltado em Áries, e sua força desperta vida nova, à medida que a natureza reage aos seus raios acalentadores. Assim como a natureza, é nesta época do ano que você adquire força através do domínio de obstáculos. Poderá haver dificuldades ao se debater para ir de encontro à promessa do Sol, mas persevera através do trabalho árduo.

26/8 COMO VIBRAÇÃO DO NÚMERO PESSOAL:

Este é um número cármico. Designa uma vida na qual aprendeu a respeito do mundo ao seu redor através da experiência. Situações exaustivas eventualmente desenvolvem sua autoconfiança, momento em que a ação positiva lhe traz prosperidade e realização. Você tem entusiasmo, coragem e um desejo de poder. O poder chegará quando tiver adquirido sabedoria e desenvolvido a força através do autocontrole.

Sua impulsividade o envolve em súbitos relacionamentos amorosos. Essa mesma impulsividade causa irritação aos outros, criando situações tensas. Deve aprender o autocontrole, a paciência e a resistência. Deverá ser subserviente às leis da natureza antes de poder dominá-las.

Você é um orador talentoso e poderá tornar-se um conferencista, um argumentador ou um diplomata. A comunicação é vital pois a sua ampla visão lhe permite uma vista do todo, enquanto outros são limitados às partes. Suas idéias estão buscando assimilação; somente através da comunicação os seus conceitos encontrarão a realização. Através da interação com outros aprenderá a formar relacionamentos duradouros, que fortalecerão sua posição na vida. Suas relações são decididamente cármicas, e serão destrutivas ou de apoio, dependendo das suas ações do passado.

Poderá distinguir-se nos esportes, especialmente na corrida, no salto em altura, no esqui, na ginástica, etc. Prefere os esportes ao ar livre, atividades que envolvam as pernas, a coordenação e um senso de equilíbrio.

26/8 COMO VIBRAÇÃO TEMPORÁRIA: **Mensagens, casamento, gestação, carma.**

Espere algum tipo de mensagem, novidades ou boas notícias. Uma vez que este é um período cármico, poderá se defrontar com uma proposta de casamento ou com alguém que será importante no seu futuro. Muitas mulheres grávidas estão sob essa vibração, sugerindo uma relação cármica entre a criança e o(s) pai(s).

Este é um bom período para desenvolver os seus poderes de expressão. Faça um curso de oratória ou aprenda uma língua estrangeira. Estude um assunto que amplie os seus horizontes e aumente a sua experiência.

O 26/8 é uma esplêndida vibração financeira; todavia, use o bom senso. Verifique todos os detalhes antes de fazer investimentos ou sociedades e acordos.

Como vibração negativa, poderá receber más notícias de alguma espécie. Parcerias ou contratos tenderão a ser dissolvidos e poderão ocorrer perdas, causando indecisão.

Se for positivo, espere pelo melhor. Ótimos relacionamentos poderão surgir agora, assegurando uma vida feliz e de realizações.

SIMBOLISMO DO TARÔ: **Pajem de Bastões.** O jovem em pé aparenta estar medindo seu poder. Sente sua força interior, mas tem de testá-la e prová-la no campo aberto diante de si. Embora use com confiança a vestimenta protetora com a estampa da salamandra, inspeciona mentalmente o trabalho do poder divino em seu bastão.

CORRESPONDÊNCIA ASTROLÓGICA: **Terceiro decanato de Áries.** O terceiro decanato de Áries traz a co-regência sagitariana de Júpiter. Você possui uma natureza energética e é aficionado dos esportes ao ar livre. Sua natureza benevolente, jovial e expansiva tende a trazer a prosperidade mundial, dando-lhe o poder de controlar os outros. Mantém uma atitude de autoconfiança, mesmo sob tensão, devido às vibrações de Júpiter presentes nesta ocasião.

27/9

COMO VIBRAÇÃO DO NÚMERO PESSOAL: Este é um número de grande força espiritual. O início de uma compreensão espiritual profunda confere-lhe a percepção e a presciência. Deverá seguir suas próprias intuições em vez de deixar-se influenciar pelos outros. Você é justo e sábio; deseja manter a harmonia e ajudar os outros, mental, física e espiritualmente.

Tem uma mente fértil, criativa e sente amor pela beleza e pela arte. Idéias inventivas energéticas trazem resultados de sucesso incomum, após muitas tentativas e mudanças. Outros o procuram, pois sempre tem um meio original para a solução dos seus problemas.

Sua criatividade alcança o plano físico: terá família numerosa. Civilizações são construídas com a substância de que é feito.

Todos os empreendimentos comerciais terão sucesso além do esperado com você na direção. Sua forma mental e atitude positiva conferem-lhe o poder de agir com independência. Impressiona outras pessoas a ponto de desejarem segui-lo para implementar suas idéias. Sua influência sobre os outros, aliada ao talento de liderar, trazem-lhe riqueza e conforto.

Se for um 27/9 negativo, é confuso e indeciso, e nunca sabe o rumo a seguir. É também intolerante para com as falhas, ou para com aquilo que considera a falha dos outros.

Você tem uma tremenda oportunidade nesta vida de desenvolver suas idéias de modo palpável. Não há dúvida de que suas capacidades mentais são grandes. Agora você deverá tirar suas idéias do reino da concepção para concretizá-las na realidade. Crie produtos úteis que beneficiem o mundo.

27/9 COMO VIBRAÇÃO TEMPORÁRIA: Nascimento, casamento, início de novos empreendimentos.

Sob esta vibração, as coisas crescem, florescem e produzem frutos. É um período fértil e promissor da sua vida. Os relacionamentos vicejam e trazem-lhe compreensão mais profunda; por esse motivo, o casamento e parcerias íntimas são prováveis neste período.

Se tem planejado abrir um novo negócio, patentear uma idéia, fazer uma exposição ou apresentar qualquer tipo de empreendimento criativo, agora é o momento de executar o seu projeto. Esta vibração reúne todos os ingredientes para uma promoção bem-sucedida.

Atrairá o auxílio de outros. Eles, por sua vez, estarão mais do que satisfeitos em vê-lo receber aquilo de que necessita, pois sua atitude positiva é contagiosa.

Este poderá ser o início da sua fortuna. Os eventos que ocorrem agora lhe trarão, mais adiante, riqueza, prosperidade e os objetivos que procura.

Uma reação negativa poderá causar atrasos, adiamento de viagens, o fim de um negócio já existente ou sentimentos desventurados, de modo geral.

Expressando uma atitude positiva e esperançosa, poderá dar origem ao lado melhor desta invulgarmente boa vibração numérica. Está a caminho de uma nova e feliz aventura, em muitos sentidos. Uma viagem é possível, mas, se não viajar fisicamente, está, pelo menos, numa jornada em direção aos seus sonhos mais íntimos.

SIMBOLISMO DO TARÔ: **Ás de Bastões.** A mão de Deus segura um bastão vivo, em crescimento, do qual brotam folhas verdes. Algumas folhas caem na terra, em forma de *yods,* as faíscas de inspiração e criatividade. O bastão confere vida a todas as áreas, para todos os propósitos. É o puro espírito inventivo, aguardando ser tocado por aqueles que poderiam usar esse poder espiritual.

CORRESPONDÊNCIA ASTROLÓGICA: **O elemento fogo (Áries, Leão e Sagitário).** Os ases do baralho do Tarô presidem os elementos fogo, terra, ar e água. O elemento fogoso relacionado ao Ás de Bastões indica que deverá seguir sua própria intuição, e não se desviar daquilo que julga ser certo. Você é inventivo, criativo e inspirado; leva a originalidade a tudo o que tocar. A arte e a beleza, a paz e a justiça, fazem parte de você.

28/1 COMO VIBRAÇÃO DO NÚMERO PESSOAL: Se usar cautela e bom senso, há grandes possibilidades em sua vida.

É ambicioso e progressista, disposto a liderar e a assumir responsabilidades. Deseja aperfeiçoar condições existentes. Sua aproximação positiva e direta à vida instila uma atração em todo empreendimento novo que inicia. Você é uma pessoa ativa, com a habilidade de ver as coisas como realmente são, livre de idéias ou pensamentos preconcebidos. Possui bom senso, pois tem uma ligação direta com sua fonte de conhecimento e um equilíbrio perfeito entre os seus desejos e pensamentos. Você é um visionário, capaz de transformar os sonhos em objetos tangíveis.

Há uma qualidade vital, estimulante e de desembaraço neste número, sempre pronta para a ação e empreendimentos pioneiros. Com coragem e ousadia, é o mestre do seu destino, o soberano do seu mundo.

Seu talento para inspirar os outros, sua mente equilibrada, sua amabilidade e a generosidade, criam uma reação cármica que lhe traz sucesso e satisfação. É atraente para o sexo oposto. O dinheiro e a boa sorte são suas recompensas por partilhar com os outros sua energia e assistência material. Poderá ter interesse em procedimentos científicos.

Negativamente, o 28/1 pode ser negligente e temerário. Deverá praticar o autocontrole e recuperar o equilíbrio. Poderá ser orgulhoso, dominador, intolerante e cheio de contradições. Perdas poderão ocorrer por julgamento deficiente e confiança mal-atribuída a outros. É provável que trabalhe melhor se não trabalhar sozinho, e neste ponto poderá ter de começar de novo, ganhando com a experiência.

Uma vez determinada sua meta e aprendido a confiar em sua intuição, estará num bom caminho para uma posição de contento e de influência mundial.

28/1 COMO VIBRAÇÃO TEMPORÁRIA: **Contradições, competição, surpresa, eventos incomuns.**

Este período oferece muitas oportunidades que poderão resultar numa série de eventos incomuns ou inesperados. Se proceder com cautela, suas finanças terão tudo para melhorar, resultando em prosperidade. Há um aspecto competitivo aqui, sugerindo uma oposição. Isso poderá resultar em perdas através de parcerias, da lei, ou como conseqüência do fato de depositar demasiada confiança nos outros. Nisto reside a natureza contraditória desta vibração numérica.

Negócios imobiliários poderão trazer bons lucros inesperadamente, ou perdas surpreendentes, dependendo dos seus motivos e comportamento originais. Se tem sido honesto, ético e franco, espere o primeiro.

Esteja preparado para eventos repentinos, que testarão sua habilidade de julgar imparcialmente, sem se tornar demasiado emotivo ou austero. O bom senso é essencial em todas as transações e acordos. Se obtém conhecimento dos fatos e os usa sabiamente, poderá ter relacionamentos muito lucrativos com seus iguais.

Algumas pessoas, pensando conhecer todas as respostas, recorrem a um súbito comportamento precipitado. O começo promissor agora oferecido é perdido devido a essa falta de julgamento.

O resultado deste período parece estar somente nas suas mãos. Você segura as rédeas; pode dirigir sua energia para o caminho da vida prazenteira ou para o depósito de lixo da cidade.

SIMBOLISMO DO TARÔ: **Dois de Bastões.** Um homem está segurando o mundo em sua mão, indicando a oportunidade ilimitada de realização em qualquer ramo. Usa as vestes vermelhas da atividade e do desejo. Está cercado pela força viva, demonstrada pelos dois bastões firmemente plantados, dos quais brotam folhas. Olha para a água, significando o reconhecimento de poderes subconscientes. O jardim no fundo mostra o trabalho realizado em vidas anteriores. O emblema com os lírios e rosas cruzadas demonstra que o desejo físico e o desdobramento espiritual se combinam harmoniosamente.

CORRESPONDÊNCIA ASTROLÓGICA: **Primeiro decanato de Áries.** Há uma qualidade vitalizante, estimulante e de desembaraço nesta divisão do zodíaco. Você tem coragem e paixão, e está sempre pronto para a ação e para empreendimentos pioneiros. É atraente para o sexo oposto. Emotivo, generoso e afetuoso é, ao mesmo tempo, orgulhoso e agressivo. Compreende que há muitas maneiras de atingir sua meta, e isso poderá, por vezes, criar dificuldades na tomada de decisões. Por esse motivo, deve aprender a ter paciência, e tirar proveito de experiências passadas.

29/11 COMO VIBRAÇÃO DO NÚMERO PESSOAL: O 29/11 é um número-mestre e, como tal, exige mais de si do que as outras situações numéricas. (Leia o número 11 e o 2, pois poderá flutuar entre essas duas energias básicas.)

Esta é uma encarnação de provas, na qual as forças que estabeleceu no passado agora devem ser aplicadas num sentido comercial. Você é um novato no mundo dos negócios que agora lhe acena, mas tem todas as ferramentas necessárias para levar adiante um empreendimento bem-sucedido. A palavra *wisdom* [sabedoria, em inglês] vibra com o 29/11, assim como o faz a palavra *light* [luz, em inglês]. O lado positivo da vibração confere-lhe a visão e a previsão necessárias para olhar além do mundo comum, a fim de poder enxergar os usos dos seus muitos talentos. Será então capaz de alcançar a fortuna e o sucesso no mundo dos negócios. Outros negociantes estão dispostos a ajudá-lo na consecução de suas metas, e poderá fazer uma sociedade financeiramente proveitosa.

Assim como a luz é fisicamente instável e flutuante, este número indica incerteza, indecisão e ansiedade. Esta energia poderá levá-lo a amizades e contratos inseguros, que se tornam situações de provas. O orgulho, a arrogância e a teimosia por vezes o impedem de admitir o seu erro. Todavia, uma vez superados os temores e obstáculos, você se volta para o seu poço de conhecimentos e estabelece de novo uma posição de força e estabilidade.

Você é, definitivamente, um individualista. Tem vitalidade e uma natureza generosa. Deverá aprender a fina arte da cooperação, uma vez que gosta de dar a última palavra.

Aprenda a se definir e mantenha a decisão tomada. Quando for capaz de perseverar em seus objetivos, conseguirá, depois de um tempo, atingir suas esperanças e sonhos.

29/11 COMO VIBRAÇÃO TEMPORÁRIA: **Período de aprendizagem, oportunidades comerciais, auxílio oferecido.** Este é um período de número-mestre. Requer mais esforço da sua parte, mas promete maiores recompensas.

Esteja alerta. Mantenha os olhos abertos e esteja atento a oportunidades que cruzam seu caminho. Use o bom senso e a percepção na avaliação de ofertas que lhe apresentarem. Não omita ou ignore quaisquer possibilidades. Aprenda a ver as vantagens de imediato e segure-as.

Os empreendimentos e oportunidades comerciais oferecem uma nova abordagem da vida. Uma parceria poderá fazer parte de um acordo. Esteja aberto para novas idéias e disposto a aceitar a ajuda que comerciantes de reputação lhe oferecem.

O 29/11 traz incertezas e temores. Amigos provam ser indignos de confiança, dando motivo para desapontamentos. Há dificuldade na tomada de decisões. Ofertas de ajuda deverão ser examinadas com cuidado.

Deverá usar este período para sintonizar seus verdadeiros poderes interiores, trazê-los à luz e experimentá-los no mundo das formas. Veja quanto valem os seus talentos, colocando-os em uso prático. Se isso for feito de forma sábia, poderá lucrar com tais esforços. Seus iguais tenderão a reconhecer os seus esforços, conferindo-lhe alguma honraria.

SIMBOLISMO DO TARÔ: **Três de Bastões.** Os bastões representam o poder espiritual. A figura está de costas para o poder. Deverá inverter seu pensamento e tornar o poder disponível. O fundo é estéril, mostrando que muito cultivo é necessário. Sua atitude é de introspecção, no sentido de que não tem consciência da vantagem diante de si; todavia, apóia-se num dos bastões, como medida de segurança. Os navios no mar representam a viagem segura, e a água, como sempre, significa a reflexão e a receptividade subconsciente.

CORRESPONDÊNCIA ASTROLÓGICA: **Segundo decanato de Áries.** Essa é a área ambiciosa do zodíaco, com grande impulso em direção à meta que escolheu. Há uma ânsia e entusiasmo em você que afeta os outros. Você emana uma vibração jovial que se espalha entre as pessoas sob sua esfera de influência. Essa habilidade assegura-lhe uma boa acolhida para onde for. Poderá ser a figura central de uma reunião em seu círculo particular. Sua atitude poderia ser descrita como magnificente. Cuide desse dom cósmico e use-o com cautela. Se permitir que se converta em egoísmo, o fracasso, em vez de sucesso, causará eventual arrependimento. Mantenha-se aos seus ideais mais elevados e desfrute a recompensa da virtude.

30/3 COMO VIBRAÇÃO DO NÚMERO PESSOAL: Como em todos os números contendo o 0, o poder de Deus está por trás da expressão do primeiro dígito.

Você busca a perfeição e se empenha na segurança. Este é um número excelente para tratar de grandes atribuições, pois sua mente é ordeira e sistemática. Poderá ser um excelente advogado ou juiz, pois gosta de sistema e respeita a vida convencional. É extremamente versátil e inteligente, e poderia facilmente distinguir-se na ciência. Tem jeito para ser um médico ou cirurgião.

É também habilidoso nas artes. Ama o teatro, as peças, gosta de escrever, de música, de crianças e de animais. Todas as coisas que proporcionam prazer e realização são do seu agrado.

As ricas recompensas, os confortos materiais e os prazeres agradáveis de um lar feliz são seus. Por possuir bens materiais em abundância, poderá sentir indiferença pelos mesmos e voltar-se para interesses religiosos ou filosóficos. Você é um idealista e se interessa por coisas mais elevadas e pela profecia.

Sua atração sexual é um grande dote natural, bem como um perigo sutil, a não ser que a considere de modo prático. Ocupa facilmente o centro das atenções, pois é charmoso e agradável. Terá a abundância que o mundo tem a oferecer e, com isso, a liberdade de explorar e expressar o que há de melhor em si. Poderá brilhar como a estrela mais reluzente do céu, e lançar uma pequena centelha na vida de muitas pessoas.

30/3 COMO VIBRAÇÃO TEMPORÁRIA: **Trabalho terminado, celebração, romance, lar feliz.**

Os projetos nos quais tem trabalhado atingem sua expressão mais plena neste período. Se o trabalho foi bemfeito, as recompensas chegarão agora em abundância. É tempo de festa e celebração, um tempo que tem sido aguardado de há muito. As suas esperanças e sonhos favoritos poderão ser realizados agora.

Essas energias envolvem também o lar e o relacionamento doméstico. Se um romance estiver em vista, florescerá. O casamento proporcionará felicidade, realização e fertilidade.

Sua mente é ativa. Você é inteligente e tem grande visão. Se tiver uma tendência artística, as vibrações que está sentindo agora levarão avante qualquer coisa que criar. O interesse em disciplinas filosóficas ou metafísicas também alimentará o fogo da expressão e, se praticar essas artes estimuladoras da mente, aperfeiçoará sua habilidade de se comunicar de modo mais eficiente. Sua mente encontra-se num estado mais elevado.

O lado negativo do 30/3 poderá trazer um atraso ou uma diminuição das qualidades descritas acima; todavia, no pior dos casos, este número aparenta oferecer apenas o bem. Grande alegria, harmonia e paz lhe pertencem, além de amor, romance e as recompensas pelo trabalho bem executado.

SIMBOLISMO DO TARÔ: **Quatro de Bastões.** Os quatro bastões vívidos representam o trabalho terminado. As coisas foram concluídas. Os telhados vermelhos das torres significam desejos realizados. As duas figuras denotam a união das duas mentes, e as grinaldas de flores e frutas que se encontram no alto dos bastões significam o trabalho concluído e premiado, pendurado em sinal de triunfo.

CORRESPONDÊNCIA ASTROLÓGICA: **Terceiro decanato de Áries.** As vantagens sempre ocorrem no terceiro decanato, devido à essência dos regentes planetários combinados da trindade do fogo. Você deseja qualidade nas coisas que faz, compra ou coleciona. Seu trabalho ou profissão será escolhido com a melhor intenção e desejo de obter sucesso. A personalidade charmosa é um dos seus dons cósmicos ao nascer, dando-lhe o magnetismo que atrai o sexo oposto. Esse é um aspecto favorável, bem como um perigo, dependendo do seu comportamento. Lembre-se de obedecer a lei do direito e da justiça ao criar a beleza e a harmonia em sua vida. O seu potencial de sucesso é expresso de forma melhor se seguir um estilo de vida convencional. As viagens e o estudo da filosofia são saídas possíveis para sua energia.

31/4 COMO VIBRAÇÃO DO NÚMERO PESSOAL: Você é um lutador por natureza; luta por aquilo que deseja e em que acredita. É independente e orgulhoso, e trabalhará arduamente para provar seu ponto de vista. Esse espírito intensamente competitivo resulta, com freqüência, em discussões, por originar a competitividade em outros. A precipitada dispersão de energias pode esvaziar seu impacto e, sendo assim, deverá organizar e dirigir suas ações de modo eficiente.

Você possui determinação, energia e paciência. Se aprender a ser prático, será recompensado através do sucesso comercial e financeiro. Você tem potencial para a realização e, quando aprender a cooperar e dirigir, conseguirá muita coisa. Poderá estabelecer uma indústria, baseado no conhecimento adquirido através de diligentes pesquisas.

Você irradia o amor abertamente e com vigor; sua natureza amável ilumina a vida dos outros. Generoso, você vencerá todas as dificuldades, pois tem uma atitude positiva. Considera cada obstáculo como uma oportunidade de provar seu vigor.

Se for um 31/4 negativo, é desorganizado e vive uma vida de lutas, disputas, dificuldades e de privações materiais. É nervoso e irritável, e deverá aprender a se ajustar harmoniosamente com os outros. Complicações legais poderão ocorrer devido ao seu comportamento precipitado e à sua atitude pomposa.

Você vê a batalha da vida como um lugar onde pode equilibrar e expressar sua força através da conquista de todos os obstáculos. Sua ambição incita-o à realização, e você eventualmente atinge o alto da montanha, onde a satisfação exuberante que sente só pode ser experimentada por alguém que empreendeu a árdua subida. O sucesso é seu.

31/4 COMO VIBRAÇÃO TEMPORÁRIA: **Competição, obstáculos, processos legais, acordos.** Você precisa aprender a se ajustar aos outros agora. Sua energia está no auge. Muita coisa pode ser conseguida se direcionar essas energias; de outro modo, sua vitalidade poderá ser mal-aplicada e causar dissensão com os outros. Sua natureza irascível causará isolamento e solidão. A ação positiva abrirá novas oportunidades e trará mudanças para melhor nos negócios e na especulação financeira. Fatores favoráveis combinam para trazer o sucesso, se não permitir a desorganização e a dissipação das suas energias.

Assuntos legais poderão exigir atenção, e pendências antigas finalmente serão resolvidas sob esta vibração. Os contratos e os acordos legais deverão ser tratados com calma e ordem. A cooperação, a natureza prática e a honestidade são essenciais e, portanto, não permita que o orgulho e a extravagância estraguem o resultado favorável dessas ações.

Suas finanças poderão melhorar agora, caso se junte a outros, num esforço honesto e mútuo para dar origem a resultados tangíveis.

SIMBOLISMO DO TARÔ: **Cinco de Bastões.** Cinco jovens empunham seus bastões num modo que expressa o desequilíbrio. Poderá ser chamada de batalha da vida, na qual cada um está tentando fazer algo à sua moda. Se a cooperação fosse a regra, e se juntassem suas forças, poderiam alcançar muito. Isso demonstra a inquietude mental e a falta de serenidade. O desejo de recuperar o equilíbrio é a lição expressa nesta chave.

CORRESPONDÊNCIA ASTROLÓGICA: **Primeiro decanato de Leão.** Esta área do zodíaco indica a força de vontade. Você é determinado e tem a habilidade de exercer influência naquilo que julga ser certo. É leal e sincero e, embora deseje harmonia, quer alcançá-la através da submissão dos outros à sua vontade e modos de agir. Você é dramático, e poderia fazer carreira no teatro, no cinema ou na televisão. Dotado de boa memória e de boa vitalidade, você é impetuoso e resoluto em tudo o que faz.

32/5 COMO VIBRAÇÃO DO NÚMERO PESSOAL: O 32/5 é um número mágico regendo pessoas e nações. Confere proteção, e palavras como *América, Cristo, glória, poder e círculo* (em inglês), vibram com ele. Você está sob a influência deste número e é conhecido como arauto da luz; tem o conhecimento e está comprometido com alguma divulgação. Luta pelo direito, com um senso desenvolvido de dever e responsabilidade. Traz uma mensagem de boas notícias para o futuro.

Este é um número que requer ação. Deverá ter paciência, ser determinado e persistente no seu progresso. Suas metas devem ser altas. Deverá ser mentalmente responsável e confiar em sua intuição. Possui a habilidade de dominar as palavras e línguas estrangeiras, para auxiliá-lo na comunicação. Terá de usar o seu bom senso e não deixar que os outros influenciem você.

Muitos amigos o ajudarão, e será bem-sucedido tanto nos negócios como na sociedade. Com persistência, será vitorioso, e os prazeres que buscou serão seus.

Se for um 32/5 negativo, permitirá que sua natureza arrogante e orgulhosa transforme em inimigos pessoas que eventualmente seriam amigas e que possivelmente o venceriam. O seu senso de superioridade irrita os outros. Isso, em geral, acontece quando alcançou uma posição de autoridade, e se sente culpado por não ter vivido à altura do seu potencial. As recompensas que este número têm a oferecer são postergadas até você ter aprendido o uso adequado das suas energias.

Possui uma personalidade charmosa, que lhe dá confiança. Suas qualidades dominantes fazem de você um líder, e o levam a posições de autoridade.

Tem atração pelo serviço governamental e poderia tornar-se um líder do governo em assuntos de legislação e programas de ação. Com um grande senso de poder pessoal, deseja que a justiça seja feita no trabalho da sua vida. Os louros da vitória serão seus se não se deixar contaminar pelo ego. Terá satisfação somente quando souber o quanto está próximo da Fonte que enviou o poder através de você. A autoconfiança é um recurso em sua vida, especialmente se este for o seu Número da Personalidade Exterior, ou Número da Lição da Vida.

32/5 COMO VIBRAÇÃO TEMPORÁRIA: Boas notícias, humor, recompensas, vitória.

Está passando por um período muito favorável, no qual poderá receber boas notícias. Você atinge as altas metas que tem perseguido, e a honra que as acompanha é sua. Pode desfrutar prazeres advindos dos seus engenhosos esforços.

As situações difíceis são superadas e as disputas solucionadas, com você como vencedor. Os acordos são feitos a seu favor.

Os amigos revelam-se muito prestativos durante este período, e pode confiar neles, em tudo o que necessitar, tanto socialmente como nos negócios. Tem talentos persuasivos pronunciados, e consegue facilmente influenciar os outros a seguirem seu modo de pensar. As mensagens que traz agora poderão ser extremamente eficazes no aconselhamento dos outros, ou servir como simples boa orientação.

Não permita que o orgulho das suas realizações se transforme em arrogância, alienando desse modo o potencial e os amigos existentes. Seu orgulho poderá destruir todo o bem, fazendo com que seus inimigos dominem a situação. Isso poderá ocasionar atrasos na consecução de suas metas.

Desenvolva uma filosofia espiritual, baseada no conhecimento de que seu atual poder adveio da Fonte, e está apenas operando "através" de você. Desfrute a satisfação de saber que foi capaz de abrir um canal para que essa Fonte se manifestasse através de você, mas não se iluda pensando que é a própria fonte. Esse reconhecimento traz maior alegria e satisfação do que a idéia errônea de o próprio ser estar operando.

SIMBOLISMO DO TARÔ: **Seis de Bastões.** Um cavaleiro com uma coroa de louros segurando um bastão com uma grinalda, cavalga triunfante, enquanto homens portando bastões caminham ao seu lado. Este é um quadro típico de vitória. O significado oculto é o domínio sobre a natureza animal, controlado pela energia espiritual. É um guerreiro, lutando pela justiça, dever e responsabilidade.

CORRESPONDÊNCIA ASTROLÓGICA: **Segundo decanato de Leão.** Trata-se de uma área afortunada do zodíaco, bastante progressiva e expansiva. É uma espécie de período de pico do ano solar. Você tem uma perspectiva religiosa ou filosófica, e respeita as convenções da cultura em que vive. Poderá ser tentado a especular no mercado de ações ou jogar de outras formas; se o fizer sem ganância, essas atividades poderão ser bem-sucedidas. Eventualmente experimentará sonhos vívidos, que deverá anotar, pois poderão muito bem tornar-se um meio de obter a orientação cósmica.

33/6 COMO VIBRAÇÃO DO NÚMERO PESSOAL:

O 33 é o terceiro número-mestre. É considerado como oitava maior de Vênus, uma vibração de amor elevada ao nível máximo — a compaixão. É chamada de vibração de Cristo, pois o título *Saviour* [Salvador, em inglês], se reduz a 33. Se for vivido à altura do seu ideal, este número não será reduzido ao número básico 6; todavia, se o indivíduo não conseguir viver de acordo com o 33, poderá ser vivido como uma vibração 6. Requer auto-sacrifício e, por vezes, o martírio. Você é o professor dos professores. Terá de espalhar a sua luz, e deverá estar disposto a sacrificar-se pelos outros ou por seus ideais. É responsável por uma tarefa especial; aceitou esta missão convicto e com uma firmeza inabalável.

Com sua coragem e energia incansável, inspira os outros a seguir sua liderança. Mostra bravura em situações difíceis, e mantém sua posição, independentemente das consequências. Aceita os fardos que lhe são impostos com paciência e indulgência, sem esperar recompensas ou mesmo apreciações. Poderá experimentar uma crucificação de emoções.

Você é honesto, autodisciplinado, discriminador e fiel à lei. É também extremamente versátil, criativo, desembaraçado e imaginativo. Aprecia a arte e a beleza. As multidões o perturbam; por esse motivo, prefere o campo, afastado do barulho e da turbulência. Se não estiver vivendo de acordo com o elevado potencial do 33, poderá proceder como um 6, caso em que as considerações domésticas terão precedência.

Se for um 33/6 negativo, é emocionalmente instável, e sacrificar-se-á por qualquer causa, mesmo indigna. Torna-se um capacho dos outros. Você é ansioso, temeroso e indeciso; a sua falsa fanfarronice imediatamente se retrai quando é atacado agressivamente. Muita responsabilidade ocorre em sua vida, sem que seja louvada. Está encarnado com um propósito especial, e poderá ser infeliz ou frustrado se não encontrar a sua missão específica. É um reformador, e tem um forte desejo de tornar o mundo um lugar melhor para se viver.

33/6 COMO VIBRAÇÃO TEMPORÁRIA: **Responsabilidade, auto-sacrifício, coragem.**

Entrou num período no qual deverá manter a fé nas suas habilidades interiores. Foi-lhe dado a oportunidade de usar as suas energias para ajudar os outros a aliviarem seus problemas. Procurá-lo-ão para lhe pedir ajuda. Deverá usar a discriminação na escolha das tarefas que exigem sua energia. A compaixão pelos outros poderá ser sentida livremente; todavia, o sacrifício pela mesma é autodestruidor e inútil, se não for aplicado às causas mais urgentes.

As responsabilidades exigirão sua atenção. Seu lar ou pessoas da família poderão precisar de sua assistência, e pessoas mais idosas eventualmente encostar-se-ão nos seus ombros para se lamuriarem. Aceite suas responsabilidades de coração aberto e tenha fé e coragem no bom serviço que está prestando. A energia e a força de que necessitar estarão à sua disposição. Mantenha-se aos seus princípios diante de qualquer oposição, e a lei do carma, como sempre, o recompensará na mesma medida.

Situações especiais abrirão seus olhos, permitindo-lhe fazer uma introspecção e talvez apresentar um propósito para sua existência, uma chave para a direção que sua vida deverá tomar.

SIMBOLISMO DO TARÔ: Sete de Bastões. Seis bastões já estão plantados, o que significa que seis sentidos (o sexto é a intuição) estão desenvolvidos; e o sétimo, a habilidade de sair do corpo à vontade, está sendo plantado ou desenvolvido. A figura representa uma pessoa desejando trabalhar arduamente, sem pensar em si, pois veste-se de maneira simples e trabalha no cume de um morro estéril. Tem pouco interesse pelas luxúrias do mundo; empenha-se somente num maior desenvolvimento. O auto-sacrifício e a determinação de prestar serviço aos outros são suas metas. Por vezes, esta é uma carta de mártires.

CORRESPONDÊNCIA ASTROLÓGICA: Terceiro decanato de Leão. Existe a força do conquistador do mundo nesta área do zodíaco, mas o problema é melhor expressado no velho provérbio "Aquele que deseja conquistar o mundo necessita primeiro conquistar a si mesmo". O poder fogoso deste decanato (a força total da trindade do fogo) poderá ter ímpeto suficiente para impulsioná-lo a extremos. Precisa desenvolver atitudes constantes mas progressivas, ao longo do seu caminho no mundo. Possui um forte espírito de pioneiro e qualidades inatas de liderança. É incansável e pode inspirar outros a trabalharem consigo em metas vantajosas.

34/7 COMO VIBRAÇÃO DO NÚMERO PESSOAL: Este número rege o crescimento e desenvolvimento ordenado. Está ligado aos mistérios ocultos da vida. Pode integrar o mundo material, mental e espiritual, e criar uma aproximação sistemática à sua evolução.

Você é prático e convencional, raramente excedendo os limites do comportamento formal. Mantém-se aos fatos, à medida que os vê. É confiável, honesto e paciente, com uma inteligência aguçada e uma mente discriminadora. As pessoas podem depender de você para obterem respostas objetivas às questões que as afligem, e um conselho sadio para resolverem os seus problemas. Sua sabedoria torna-o uma pessoa muito procurada.

Você é dado à filosofia e à introspecção, com fortes inclinações religiosas. Essas tendências para os aspectos espirituais da vida, junto com a sua mente aberta, o tornam bastante intuitivo. Sua mente perambula livremente, sem obstrução, e você detesta qualquer disciplina restritiva.

Viagens o levarão a muitos lugares durante a vida. Experimentará todos os tipos de viagens, mas as por via aérea provavelmente serão as preferidas.

Uma vez que é expressivo, fazer preleções ou escrever serão boas saídas.

Por falar muito bem, aprendeu a ser discreto e podem-lhe confiar tudo. Você é determinado na abordagem da vida, e procura suas metas com uma atitude esperançosa e de expectativa. Tem paciência, pois compreende que o progresso requer tempo.

Se for um 34/7 negativo, é impaciente, impulsivo e negligente. É egoísta e, além disso, usa sua mente aguçada para lograr um oponente. Às vezes, poderá recorrer à violência para atingir suas metas.

34/7 COMO VIBRAÇÃO TEMPORÁRIA: Pressa, mensagens, acordos.

Os objetivos estão se aproximando da conclusão, e suas recompensas estão em proporção direta aos esforços despendidos. Condições estagnadas são reativadas e acordos finais concluídos.

Este é um período ativo e esperançoso, no qual avança rapidamente em direção às suas metas. Poderá receber comunicações de todos os tipos, e tais mensagens farão com que se adiante. Suas mensagens são respondidas sem demora. O romance é enfatizado agora, e mensagens de amor preenchem o ar.

A reação negativa ocasiona disputas, dificuldades legais e atrasos. Relacionamentos de negócios e de amor poderão esfriar. Eventualmente ocorrerão transtornos e problemas domésticos, por vezes devido a ciúme ou precipitação. Será necessário um esforço especial da sua parte para chegar a um acordo.

As viagens, talvez pelo ar, são bastante possíveis, para que os assuntos sejam concluídos com sucesso. Este período põe as rodas em movimento. Seus objetivos estão obviamente progredindo, e poderá ver que o tempo faz com que tudo se complete na forma designada.

SIMBOLISMO DO TARÔ: **Oito de Bastões.** Oito forças viventes movem-se rápido pelo ar, desobstruídas, sobre o campo aberto. Todas seguem a mesma direção, apontando para a luz do leste, rumo à terra e à água. O bastão inferior já está tocando a terra e a água, demonstrando a combinação das três partes da mente e dos quatro elementos. Representa a integração daquilo que está em cima com aquilo que está embaixo. O significado desta chave é o crescimento ordeiro, com muita ajuda cósmica.

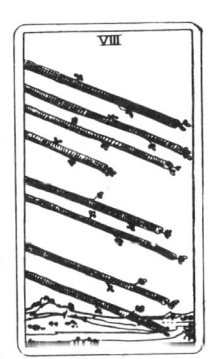

CORRESPONDÊNCIA ASTROLÓGICA: **Primeiro decanato de Sagitário.** Você gosta do exercício ao ar livre, de caminhar, nadar, andar a cavalo e da maioria dos jogos e esportes. Também considera muito o lado espiritual da vida, e acredita que a natureza tem muito a oferecer. Possui uma perspectiva esperançosa e entusiasta da vida, e acredita no direito e na justiça. Você é inteligente, espirituoso e bem-humorado, possuindo ao mesmo tempo uma natureza prática e o bom senso, que o mantém equilibrado. A sabedoria é uma das suas virtudes. Você é franco ao falar, com freqüência brusco, mas as pessoas sabem onde se situa, o que é admirável. Gosta de apontar sua flecha para as estrelas e obter resultados rapidamente.

35/8 COMO VIBRAÇÃO DO NÚMERO PESSOAL: Este número é chamado de 8 da herança, pois seu portador comumente herda dinheiro, poder ou posição, e, por vezes, os três juntos. Você tem uma mente individualista e vigorosa, bem como uma tremenda vitalidade e um sentido daquilo que o público precisa e de como supri-lo; por isso, seria um bom executivo, um bom negociante, professor ou pesquisador.

Trabalha e se empenha arduamente, pois sente prazer em atividades vigorosas. Possui um grande charme pessoal e é atraente a ambos sexos. Tem muitos interesses e pode ser bem-sucedido em muitas profissões. É amigável, prestativo e atencioso. O equilíbrio emocional lhe é importante. Necessita de estabilidade para controlar sua energia dinâmica e alcançar o sucesso.

As viagens são uma saída para sua tremenda vitalidade, pois satisfazem sua necessidade de liberdade e de ação.

Poderá encontrar oposição durante sua vida; contudo, está preparado. A força e o poder interior, bem como um corpo sadio proporcionam-lhe as ferramentas para defender sua posição. Através da dedicação do esforço consistente finalmente será vitorioso.

O 35/8 negativo dá origem à dúvida, à irracionalidade e a julgamentos rígidos. Torna-se auto-indulgente e indisciplinado, o que lhe causa fraqueza, má saúde e muitas experiências emocionais amargas.

Entretanto, com sua visão e presciência, tem a oportunidade de ser um líder, capaz de suprir tanto o corpo como a mente.

35/8 COMO VIBRAÇÃO TEMPORÁRIA: **Prontidão, força, herança, reconhecimento, negócios.** Este é um período em que quase tudo pode acontecer; deverá estar preparado para o que der e vier. A necessidade é no sentido de mais responsabilidade e disciplina; terá de usar sua fonte de energia acumulada. Poderá ser promovido e, com isso, suportar maior tensão e mais trabalho. As honras agora conferidas refletem esforços passados.

Esta é uma vibração de dinheiro e o avanço na carreira geralmente significa um aumento de salário. Todavia, as heranças também se encontram sob o 35/8, proporcionando uma outra fonte de dinheiro.

As tensões deste período só afetarão sua saúde se trabalhar e se preocupar demais. Permita a si mesmo um tempo suficiente para repouso, siga cuidadosamente os hábitos de alimentação e coloque as exigências do mundo material em seu devido lugar. Sua saúde poderá melhorar através das excitantes demandas que lhe são impostas; nunca se sentirá mais vivo. Portanto, use a tremenda vitalidade que este período tem a oferecer. Execute o trabalho, qualquer que seja.

SIMBOLISMO DO TARÔ: **Nove de Bastões.** Oito bastões firmemente plantados simbolizam uma cerca entre a figura e o mundo exterior. O nono bastão é segurado, pronto para o uso, se necessário. Este é um quadro de força e poder latente, tanto físico como espiritual. Implica força herdada por serviços bem executados no passado.

CORRESPONDÊNCIA ASTROLÓGICA: **Segundo decanato de Sagitário.** Uma forte independência é inerente em sua natureza. É um pouco impulsivo e impetuoso. Gosta de estar na dianteira das coisas, e tem habilidade executiva para sustentar esse desejo. Não deverá permitir que o excesso de confiança faça com que assuma mais responsabilidade do que o conveniente. Controle sua energia nervosa e o seu desejo de muita expansão. Comumente pode encontrar uma saída numa situação difícil, mas seria melhor que seguisse o caminho do meio, e que aceitasse as leis simples da disciplina pessoal.

36/9 COMO VIBRAÇÃO DO NÚMERO PESSOAL: Você é uma pessoa determinada, que persevera até que todos os obstáculos sejam vencidos. Poderá ser chamado para carregar um fardo pesado durante sua vida, mas possui a habilidade de enfrentar esse tipo de circunstância, enquanto prossegue continuamente em direção à sua meta.

A energia e o bom senso fazem parte do seu caráter; por esse motivo, preserva os recursos de que dispõe. Sua confiança, persistência e intensidade o levam a uma posição de poder e autoridade. Possui uma habilidade natural de executivo. É confiável e pode inspirar e dirigir os outros. Vê as coisas de um ponto de vista amplo. Empreendimentos grandes e importantes o excitam, e não tem medo de enfrentá-los, pois não teme a responsabilidade.

Sua força é expressada pela bondade. Acredita na justiça temperada com perdão. A compaixão pelos outros aumenta sua natureza amável e cobre sua vida com boas influências, que aliviam quaisquer pesos que tenha de carregar.

Sua intuição rápida e sua natureza inspirada permitem-lhe antever o futuro. Isso, combinado com sua mente inventiva, cria a habilidade de descobrir. Suas descobertas deverão ser dirigidas no sentido da elevação dos outros. Prestando serviços, encontrará o Santo Graal ou o Cristo em seu interior mais profundo, onde todos os ideais aguardam a manifestação.

Você é, por vezes, descrito como o sal da terra, e deverá se cuidar para que o seu materialismo não dê origem a desperdícios e egoísmo, impondo-lhe fardos adicionais.

O 36/9 negativo é facilmente descontrolado e tem contínuos pontos altos e baixos.

36/9 COMO VIBRAÇÃO TEMPORÁRIA: **Obstáculos, intuição, invenção, liderança.** Esta vibração poderá, temporariamente, impor-lhe algum fardo; entretanto, persevere com determinação implacável. Continue atento à sua meta e tenha a confiança de que ela será alcançada em breve; todos os problemas serão então resolvidos. Sinta prazer com a perspectiva dessa realização.

Você agora está dotado de grande força, intuição, visão e otimismo. Isso poderá ajudá-lo a trabalhar com criatividade, e encontrar soluções na pesquisa e a completar projetos em execução. Se usar essas energias sabiamente, não precisará sofrer quaisquer dificuldades emocionais.

As separações, términos e perdas aparentes nesta vibração são necessárias, a fim de libertá-lo para o próximo ciclo, no qual está prestes a ingressar. Poderá ter de solucionar problemas por vias legais, nesta época; demonstrando otimismo e honestidade, deverá esperar resultados favoráveis. As perdas que ocorrerem agora envolvem apenas coisas das quais não necessita. Depois de um exame mais minucioso, verificará que isso é verdade.

SIMBOLISMO DO TARÔ: **Dez de Bastões.** Esta chave representa a união das nossas forças, para preservá-las e protegê-las. As forças espirituais, quando usadas como uma cerca espiritual entre a pessoa e os assuntos terrenos, servem para nos cegar, e nos levam a tentar escapar da disciplina da matéria, antes que as suas lições sejam aprendidas. Assim, não se trata de avanço, representando, isso sim, um desenvolvimento embargado. A lição desta chave é precaver-se contra a repressão da energia e da força, e usá-las para a invenção e a exaltação.

CORRESPONDÊNCIA ASTROLÓGICA: **Terceiro decanato de Sagitário.** O último decanato do signo do fogo, por vezes, leva as emoções a extremos. Você é impetuoso e precisa controlar os seus sentimentos ao lidar com outros, pois poderão não compreender sua personalidade. Deverá cuidar-se para não ser um mergulhador, aprofundando-se rapidamente nas coisas sem muito pensar. Poderia, contudo, desenvolver a habilidade de preservar os seus recursos e de ser bem-sucedido em empreendimentos especulativos. Sua natureza compassiva poderá ser despertada, de modo a dar origem a uma natureza filosófica e profética, que poderia ser muito benéfica para si e para os outros.

3

As Taças

37/1 COMO VIBRAÇÃO DO NÚMERO PESSOAL: Você é uma pessoa madura e reservada, cuja aparência exterior de calma expressa seu desejo de orientar. Você aspira a proeminência, estar numa posição de liderança, na qual sua natureza inerentemente expansiva e emocional poderá ser expressada. Suas qualidades amáveis, bondosas e generosas promovem a boa vontade entre seus seguidores.

Uma ligeira militância dá origem a uma defesa dedicada quando sente que a instituição do lar e da família se encontra sob ataque, física ou intelectualmente. Apesar de alguns 37/1 permanecerem solteiros, mesmo assim consideram o lar como uma base segura para a futura felicidade. O parceiro de vida que escolher será de grande auxílio no seu sucesso e, juntos, criarão a paz e um companheirismo agradável.

Os negócios e a religião também o atraem. É tão capaz de aplicar sua filosofia estimulante e expansiva a investimentos e assuntos bancários internacionais, como aos problemas espirituais dos outros.

As viagens e os projetos estrangeiros o deixam intrigado, e poderá ser atraído para algum tipo de serviço no exterior, como diplomata ou embaixador. Seus talentos e sua devoção proporcionam-lhe a posição e a segurança emocional das quais necessita. Compartilha então suas bênçãos com outros.

Se for um 37/1 negativo, tem uma aparência exterior calma, ocultando sua natureza desonesta e talvez violenta. Usa todos os tipos de artifícios para atingir seus fins.

37/1 COMO VIBRAÇÃO TEMPORÁRIA: **Amizades, parcerias, amor, família.** Durante este período calmo e feliz, a amizade com uma pessoa influente o ajudará a conseguir os resultados que deseja. Esse auxílio poderá surgir através do seu cônjuge ou de um relacionamento já existente.

Sentir-se-á atraído para a sua família, pronto a protegê-la e defendê-la contra qualquer adversidade. Deixa transparecer uma atitude ligeiramente beligerante quando sente que estão ameaçados. A vibração de amor é forte e, se estiver procurando um cônjuge, poderá muito bem encontrar um candidato à altura. Esta é uma vibração afortunada para fazer planos com o sexo oposto.

Você poderá ser atraído para a filosofia, a ciência e as artes. Assuntos religiosos e espirituais também lhe agradam, e seus talentos criativos encontram expressão nesses campos.

Os negócios prosperam e você se beneficia financeiramente. Os propósitos, nesta época, poderão exigir viagens, possivelmente de longa distância.

SIMBOLISMO DO TARÔ: **Rei de Taças.** O Rei segura tanto o cetro do poder como a taça, de boca virada para cima, da emoção controlada. O trono, flutuando sobre a água, representa a idéia de que o seu subconsciente o sustenta. O peixe saltando, num lado, e o peixe na corrente em volta do pescoço, demonstram seu envolvimento em assuntos espirituais. O navio significa o envolvimento no mundo dos negócios. Ele é o senhor da sabedoria e do comércio, por usar sabiamente suas emoções.

CORRESPONDÊNCIA ASTROLÓGICA: **Primeiro decanato de Câncer.** Este decanato é regido pela Lua. Você é meigo, reservado e amante do lar. O companheiro que escolher será de grande ajuda no seu sucesso. Você aspira a proeminência e poderá ser atraído por alguma posição no serviço exterior, tal como diplomata ou embaixador. As viagens o interessam. As amizades, o amor e as parcerias fazem parte do seu estilo de vida.

38/11 COMO VIBRAÇÃO DO NÚMERO PESSOAL:

Trata-se de um poderoso número-mestre, tanto espiritual como materialmente, pois esta vibração contém o dom da visão. Você conseguiu uma combinação perfeita do consciente e do subconsciente, que lhe proporciona harmonia em assuntos espirituais. Poético e imaginativo, você pode ver as coisas que estão ocultas à maioria das pessoas. Através de sonhos e visões, enxerga as metas que deseja. Age sobre os mesmos e transforma-os em realidade. Tem uma espiritualidade intensa e poderosa, com as qualidades visionárias de um avatar.

A segurança e as vantagens materiais do mundo lhe pertencem. O amor, o sucesso e o casamento feliz combinam-se para criar a harmonia que tanto deseja, proporcionando-lhe o tempo para a ulterior persecução e o desenvolvimento dos seus sonhos e faculdades psíquicas.

É um bom pai, dedicado ao lar e à família. Estes proporcionam-lhe muita alegria, e você se orgulha das suas realizações, dando-lhe total apoio em todos os seus empenhos. Através do seu cuidadoso interesse, torna-se uma influência na vida dos outros. As pessoas não são tanto afetadas pelo que diz, mas pelo exemplo que proporciona. Sua vida é um padrão que gostariam de tentar igualar.

O abuso dessas belas energias pelo uso extravagante da sua riqueza material causar-lhe-á problemas. A decepção tende a degenerar em imoralidade, ponto no qual a discórdia destrói a harmonia do lar e do mundo dos negócios.

Você sabe que a verdadeira felicidade advém do serviço prestado aos outros. Dádivas materiais não são suficientes; você precisa também desenvolver os dons do espírito. Terá de se envolver em trabalhos de caridade ou contribuir e participar de programas educacionais.

38/11 COMO VIBRAÇÃO TEMPORÁRIA: Amor, casamento, sonhos, visões, recompensas.

É um período de número-mestre, que exige muito de você, mas promete recompensas ainda maiores. Sua taça transbordou. Muitas vantagens surgem no caminho, e seus desejos mais prediletos poderão ser cumpridos. Pessoas em altas posições não lhe oferecem apenas assistência, mas poderão conferir-lhe algum tipo de recompensa.

Se esteve faltando romance, esta vibração deverá preencher essa lacuna muito agradavelmente. O amor que encontra agora é profundo e duradouro, e poderá transformar-se em casamento. Os relacionamentos já existentes são intensificados e membros da família tendem a se aproximar.

Os seus sonhos lhe trazem mensagens do subconsciente. Você está sintonizado com áreas secretas do seu ser, que normalmente ficam fechadas. Uma força espiritual poderosa está presente, movimentando-se em sua vida, a fim de despertar uma parte mais profunda do seu ser. Este é o tempo de doar, não apenas a sua riqueza material, mas também o seu tempo, seus talentos e sua compaixão, os dons que possuem o único valor verdadeiro e duradouro.

Disciplinas metafísicas deverão ser aprendidas e praticadas agora, a fim de poder entrar em contato adequado com suas fontes superiores. Tanta coisa valiosa será encontrada que os benefícios materiais deste período lucrativo desvanecerão diante do resplendor dos dons da alma.

SIMBOLISMO DO TARÔ: **Rainha de Taças.** A Rainha segura a taça adornada da visão e vê nela os eventos na esfera do zodíaco; por esse motivo, a taça representa o dom divino da clarividência reflexiva. Usa uma vestimenta vermelha e azul, que combina as mentes consciente e subconsciente. Os querubins no trono representam a proteção dos seres divinos, que a protegem e guiam.

CORRESPONDÊNCIA ASTROLÓGICA: **Segundo decanato de Câncer.** Escorpião e Plutão são influências subjacentes no segundo decanato de Câncer. Você é orgulhoso, reservado e introspectivo. Sua percepção faz de você um visionário, e você tende para a espiritualidade. O 3, número de Júpiter, e o 8, número de Saturno, agem em conjunto, como se os planetas estivessem combinados; este aspecto é encontrado nos mapas de sábios e líderes santos.

39/3 COMO VIBRAÇÃO DO NÚMERO PESSOAL:

Você escolheu uma vida de serviço. Oferece afeto, amor e compaixão para ajudar a tornar o mundo um lugar melhor para se viver. Você é um cruzado e acredita que o mundo tem-se beneficiado com a sua curta estada no mesmo. É um idealista e filósofo. Deseja a justiça e se empenhará vigorosamente por suas crenças. Nenhum obstáculo pode detê-lo de terminar um projeto depois de iniciado.

Sua natureza bondosa e poética torna-o um romântico. Você tem sonhos bonitos e tranqüilos, que o inspiram a aumentar a esfera da sua vida. Sua imaginação combina bem com seu intelecto perspicaz; juntos, atingem uma expansibilidade que inspira os outros.

Viverá uma vida longa e saudável, em paz e contentamento, cercado por amigos e pelos entes queridos. O amor que demonstra é retribuído com abundância, enchendo ainda mais sua taça, até o amor transbordar na vida daqueles que dele necessitam. Você exemplifica o ditado "O amor não foi colocado no seu coração para lá ficar; o amor não é amor até que o transmita". Cada vez que o praticar, será recompensado dez vezes; assim, sua vida é continuamente enriquecida. Comunicará esse amor a todos que encontra.

Se for um 39/3 negativo, terá uma vida sensual, satisfazendo sua necessidade. Você é preguiçoso e, por vezes, insensível ao sofrimento dos outros.

39/3 COMO VIBRAÇÃO TEMPORÁRIA: Amor, propostas, férias.

Pensamentos de amor dominam este período. Sente-se sereno e amigável, e deseja compartilhar esses sentimentos com outros; por isso, atrai as pessoas. As amizades se desenvolvem, uma das quais poderá aprofundar-se numa união de amor.

Mensagens e convites de vários tipos são possíveis. As pessoas o procuram, desejando unir-se a você, num projeto de boa vontade. Elas poderão oferecer-lhe uma sociedade ou fazer uma proposta.

Este é um tempo de lazer. Sua atitude tranquila e seu bem-estar, de modo geral, o incitam a tirar umas férias ou sair para um lugar quieto que combine com o seu estado de contemplação. Lugares distantes o atraem e você deverá atender ao seu chamado. O relaxamento, o amor e a afeição constituem as metas deste período romântico.

A reação negativa proporciona contratos e propostas que deverão ser bem examinadas. Poderá haver fraude e decepção. Quaisquer atrasos aqui serão benéficos.

Faça algo de bom para alguém agora. Qualquer esforço da sua parte será amplamente recompensado sob esta vibração agradável.

SIMBOLISMO DO TARÔ: **Cavaleiro de Taças.** Tanto o Cavaleiro como o cavalo estão tranquilos e dóceis. O Cavaleiro aproxima-se calmamente segurando uma taça de afeição, como oferta à humanidade. Sua armadura é decorada com o símbolo divino do peixe. O rio, atravessando serenamente o vale, representa a atitude emocional calma do Cavaleiro. O quadro inteiro é de paz e contentamento.

CORRESPONDÊNCIA ASTROLÓGICA: **Verão (Câncer, Leão e Virgem).** O amor domina este período. O verão é a época quente do ano, quando as férias ou o lazer proporcionam afeição e amor. Câncer o dota de uma natureza compassiva e amorosa; Leão confere poderes de liderança e metas elevadas; Virgem exige serviço para com o mundo. Todas essas qualidades se combinam para criar um cavaleiro cruzado idealista.

40/4 COMO VIBRAÇÃO DO NÚMERO PESSOAL: Você é uma pessoa honrada e confiante. Desenvolveu um estilo de vida ordeiro. É metódico e cuidadoso com o dinheiro e sabe como investir sabiamente. Acredita em negócios honestos e deseja o mesmo em troca. Esses talentos asseguraram seu bem-estar material. Através de pesquisas e estudos, estabelece fundamentos firmes para os seus projetos. Como resultado, costuma ser bem-sucedido nos negócios. Os talentos matemáticos o levam a ter aptidão para análises estatísticas.

Você aprendeu a lidar sabiamente com as pessoas e tem consideração pelas suas necessidades. Sua natureza tranqüila e receptiva é influenciada pelos sentimentos daqueles que o cercam. Sua natureza estudiosa e meditativa encontra um canal natural no estudo da literatura.

Você é um pacificador e sabe lidar com as emoções. O amor e a paixão evoluíram no amor e na compaixão pelos outros. Está seguro da vida eterna. Uma vez que é possuidor do símbolo de Deus, o 0, dando guarida ao 4, do 40, a proteção é certa. A orientação interior estará sempre disponível.

Se for um 40/4 negativo, vê apenas dificuldades e obstáculos em sua vida. Isso cria confusão e desordem. Esbanja seu dinheiro caçando metas ilusórias e constrói seu castelo na areia.

Se mantiver uma existência ordeira e segura, criará uma base sólida da qual retirar a força para seguir metas realistas. Produz então coisas duradouras e substanciais para o mundo.

40/4 COMO VIBRAÇÃO TEMPORÁRIA: **Finanças, construção, nascimento.** Este é um bom período para planejar. Novas técnicas poderão ser implementadas agora. Montar um negócio, construir uma casa, ou ambos, são empreendimentos possíveis. É alertado para usar cautela em todos os negócios financeiros; lide sabiamente com seu dinheiro. Tudo que planejar poderá ter sucesso se investir com inteligência. Prepare um orçamento e coloque os seus assuntos em dia. Este período exigirá uma existência sistemática; então seu subconsciente executará os planos que divisou.

Mensagens de todos os tipos estão chegando. O nascimento de uma criança, o início de um empreendimento comercial ou um novo estilo de vida poderão ser anunciados. Todos esses acontecimentos exigem que velhos hábitos sejam abandonados; por esse motivo, rompimentos e separações fazem parte deste ciclo.

Seja discriminador para aqueles em quem deposita sua confiança. Obstáculos poderão surgir; todavia, a solução desses problemas revelará procedimentos do passado que impediram seu progresso. Com esse conhecimento, reconhecerá que os obstáculos, na realidade, são uma bênção.

SIMBOLISMO DO TARÔ: **Pajem de Taças.** Esta figura tranqüila veste uma roupa linda, vermelha e azul, decorada com o lótus, indicando que a mente consciente e subconsciente o deixaram seguro da vida eterna. O lótus é uma planta de autorenovação, contendo tanto o elemento masculino como o feminino. A taça do Pajem contém um peixe, símbolo do divino; por isso, o amor e a paixão transformaram-se no amor e na compaixão pela humanidade.

CORRESPONDÊNCIA ASTROLÓGICA: **Terceiro decanato de Câncer.** A influência de Peixes, subjacente neste decanato de Câncer, confere-lhe a habilidade literária. É comumente bem-sucedido nos negócios, pois sua intuição e bom senso prático o transformam num investidor perspicaz. Tem a aptidão de fazer julgamentos estatísticos, é cuidadoso nos assuntos financeiros e honesto nas negociações. Influenciado pelos sentimentos que o cercam prefere um ambiente calmo e ordeiro para viver.

41/5 COMO VIBRAÇÃO DO NÚMERO PESSOAL: São-lhe oferecidos em abundância todos os prazeres do mundo. Este número contém a ajuda e a proteção divina. Você é extremamente versátil, pois é capaz de reagir às inspirações que recebe. Através da estimulação espiritual, transforma concepções em realidade; cria formas onde só existiam idéias. Dessa maneira, é capaz de desfrutar todos os benefícios materiais do mundo, pois, em verdade, sua taça transbordou.

Você irradia amor, fé e entusiasmo. Demonstra coragem quando as coisas não vão bem. Pode lidar com tudo, e comumente o faz, com considerável sucesso. A inspiração e a energia combinam-se para produzir resultados rápidos e satisfatórios. Você é um pioneiro, gosta de mudança, mas deseja resultados práticos e úteis.

O amor, a felicidade e a produtividade o perseguem. Uma vez que desfruta muitos dos prazeres da vida material, deverá controlar a tendência de satisfazer seus sentidos. Poderá resultar uma personalidade sequiosa de prazeres, e suas abundantes faculdades criativas serão dispersadas em propósitos sensuais.

Sua criatividade estende-se à família, e poderá ter muitos filhos. Proporcionará a eles um lar agradável e pleno de conforto. Aplicando seus talentos em metas úteis, poderá conseguir todo o conforto e a riqueza material que alguém poderia, possivelmente, desejar. Poderá também criar uma atmosfera de amor, da qual outros extrairão inspiração e sustento.

41/5 COMO VIBRAÇÃO TEMPORÁRIA: **Amor, abundância, fertilidade, mudança.** A alegria e o contentamento preenchem sua vida agora. As recompensas abundantes de esforços passados estão disponíveis, e você irradia felicidade e confiança. Desfruta a beleza e o prazer à sua volta, e sente-se bem consigo mesmo, como pessoa.

Forças criativas estão operando neste período, produzindo não apenas bens materiais, mas também relacionamentos. O amor da sua vida poderá aparecer, ou laços existentes serão fortalecidos. O nascimento de crianças lhe traz felicidade e reforça sua crença na beleza da vida.

As condições estão mudando; novas oportunidades alterarão muitos hábitos e situações. Destine um tempo para tomar decisões, pois a impulsividade poderá derrubar todos os bons efeitos deste período. Ações precipitadas nos negócios ocasionarão perdas. Relacionamentos amorosos vacilarão caso os apetites egoístas de um forem indultados às custas do outro. Use as vibrações criativas e potencialmente realizadoras deste ciclo com sabedoria, e poderá esperar que os sonhos mais desenfreados se tornarão realidade.

SIMBOLISMO DO TARÔ: **Ás de Taças.** Uma pomba branca, símbolo da paz, da verdade e do Espírito Santo, coloca o selo de Jeová na taça. Os cinco fluxos de água que emanam da taça representam os cinco sentidos, transbordando num lago repleto de lótus. Quando demonstramos as nossas sensibilidades e emoções, criamos um infindável suprimento de amor. A taça é apoiada pela mão do anjo da guarda, ou pela Mão de Deus, da qual flui a inspiração cósmica. As gotas de água que caem assumem a forma de *yods,* o poder divino.

CORRESPONDÊNCIA ASTROLÓGICA: **O elemento água (Câncer, Escorpião e Peixes).** Todas as qualidades dos signos da água se encontram nesta vibração. Você tem a natureza amorosa e protetora de Câncer, a profunda compreensão criativa de Escorpião, e as qualidades sensitivas e reflexivas de Peixes. Tem coragem quando as coisas estão erradas. Sua inspiração surge através da receptividade e da reflexão.

42/6 COMO VIBRAÇÃO DO NÚMERO PESSOAL:

Você tem uma natureza amigável e de cooperação. O seu desejo de ajudar aos outros e a sua total dedicação à paz e à compreensão o tornam ideal para o clero.

O trabalho profissional no ramo artístico também é o seu forte. Seria um bom cantor. Tem uma imaginação criativa e uma forte tendência para o misticismo. Deverá fazer um esforço para treinar sua intuição no sentido prático. Necessita de uma válvula de escape para os seus impulsos interiores e de um meio para exercitar a imaginação. Eventualmente os encontrará na composição de histórias, especialmente para crianças, que poderão interessar sua natureza sensitiva. Vê a beleza em todo o lugar, e deverá expressá-la de modo tangível, para que outros a desfrutem.

Seu charme pessoal e a sua natureza generosa e amante do prazer atraem os outros para você. Intuitivamente, reconhece as suas necessidades e trabalha para criar uma atmosfera de felicidade onde quer que esteja. Precisa da sociabilidade de amigos e não se sentiria feliz sozinho. Uma vez que é hospitaleiro e paga gentileza com gentileza, dificilmente viverá como um solitário. Todavia, aqueles que tentarem satisfazer seus próprios anseios egoístas sentir-se-ão, sob esta vibração, sós e incompreendidos.

O lar e os relacionamentos pessoais lhe são importantes; precisa discriminar a fim de controlar a emoção aqui envolvida. Acredita que está fazendo a coisa certa, e estar compartilhando por igual todos os relacionamentos e contratos. Quando assume compromissos, os outros se sentem seguros de fazer um acordo honesto e duradouro.

42/6 COMO VIBRAÇÃO TEMPORÁRIA: **Contratos, casamento, meditação.**

Há uma combinação de mentes agora, uma harmonia no plano mental, que procura levar as idéias a um campo de encontro comum. Contratos e acordos que estavam pendentes poderão ser ajustados de modo amigável e imparcial, com ambos os lados ganhando igualmente.

Sua atitude de cooperação cria uma atmosfera de felicidade e harmonia. Amizades valiosas se formarão e lhe trarão a realização pessoal. Esta é uma vibração de amor. Para alguns, traz casos amorosos, para outros, noivado e casamento.

Este é também um período de meditação, no qual será compelido a dar forma aos seus sentimentos interiores. A beleza encanta o senso de harmonia que está experimentando. O tempo em que fica sozinho deverá ser usado para entrar em contato com seus sentimentos interiores, levando-os para fora, a fim de que sejam apreciados pelos outros. Comece a desenvolver qualquer talento criativo que possui.

Uma vez que agora as palavras-chave são *amor* e *cooperação,* encontrará situações nas quais essas qualidades precisam ser exercidas. Não permita que mal-entendidos ocasionem separações; nesse caso, os aspectos meditativos deste ciclo degenerarão em solidão. Procure a paz através da compreensão, e se beneficiará com os contatos que fizer agora.

SIMBOLISMO DO TARÔ: **Dois de Taças.** O homem e a mulher estão trocando taças, demonstrando a lei de dar e receber. Esse também é o símbolo da dualidde da criação. O leão alado acima dos caduceus é um símbolo composto, significando "O adepto que tem o poder de interpretar para os outros o conhecimento dos mundos superiores". A mulher usa uma túnica branca, com um roupão externo azul, demonstrando a pureza subjacente à alma ou ao subconsciente. O costume do homem tem um fundo amarelo, significando a consciência, e é decorado com trevos, simbolizando a trindade. A casa nos fundos representa a criatividade do ser humano ou o esforço unido do masculino e do feminino.

CORRESPONDÊNCIA ASTROLÓGICA: **Primeiro decanato de Câncer.** Você é receptivo, sensível, afeiçoado e, geralmente, tem dotes mediúnicos. Vai de encontro às pessoas com graça e charme. Deverá cuidar-se para não ser demasiado sentimental ou efusivo, pois os outros poderão interpretar mal os seus motivos. É bastante criativo e necessita de atividades interessantes para proporcionar o equilíbrio em sua vida. A decoração do lar ou outros tipos de arte serão do seu agrado. Seria muito feliz por não ser famoso; gostaria, em vez disso, de viver uma vida alegre e tranqüila, cercado por uma família adorável. Se houver uma palavra-chave neste decano, será *amor*.

43/7 COMO VIBRAÇÃO DO NÚMERO PESSOAL:

Você é um amigo sincero, afeiçoado e tolerante para com os caprichos e fraquezas dos outros. O seu compromisso de amizade resiste a muitas provas. A sua natureza compassiva e o seu senso de justiça abrange os jovens e desamparados; está sempre disposto a ajudar algum necessitado.

Sua natureza bondosa poderá ocultar uma forte determinação de atingir as suas metas. Sabe quando deve silenciar. O pensamento claro é um dos seus melhores atributos, e é desenvolvido de modo mais eficaz em atividades construtivas. Sua abordagem positiva da vida, seus hábitos moderados e sua habilidade de tomar decisões lógicas, criam uma atmosfera de sucesso. Realização e abundância são os frutos que colhe como resultado das suas ações produtivas e inteligentes. O alcance do poder e da segurança financeira permitem-lhe a liberdade de desfrutar o conforto que colheu. Sente-se bem numa posição de poder. O seu poder abrange a cura e situações nas quais a energia que possui pode ser transferida para o campo energético de outros, criando, desse modo, uma nova vida para os mesmos.

Você é uma pessoa confiável, com postura e equilíbrio. Seus fortes poderes intuitivos e discernimento baseiam-se na habilidade de acumular fatos. Esses talentos contribuirão para o seu sucesso como professor, escritor ou orador, se escolher uma dessas profissões.

Seja qual for a profissão que escolher, levará à mesma suas idéias construtivas e criativas, sua atitude positiva e sua mente refinada. As recompensas serão múltiplas. Todavia, deverá controlar quaisquer desejos de se exceder na comida, na bebida e nos relacionamentos insalubres. Os excessos causarão dores físicas e emocionais. Em vez disso, compartilhe a abundância da sua vida com os menos afortunados. Esse esforço aumentará a sua riqueza.

43/7 COMO VIBRAÇÃO TEMPORÁRIA: **Abundância, regozijo, cura.** As congratulações estão na ordem. Este é um período de regozijo, pois os resultados dos esforços passados estão agora em evidência. Concluiu os assuntos com sucesso e atingiu suas metas. As recompensas são suas.

Caso seus propósitos tenham sido profissionais, alcança agora aumentos financeiros, promoção e expansão dos negócios. Se a saúde foi um problema, ocorrerá a cura. As dificuldades familiares desaparecem, e você é esmagado pelo sucesso, pelo sossego e pelos benefícios extraordinários que agora está desfrutando.

Esta é uma vibração de repouso e, sendo assim, relaxe e desfrute-a. Siga a rotina ou tire umas férias, mas mantenha o estado atual. Forçar novos empreendimentos e procurar novos caminhos não fazem parte deste ciclo. Sente e relaxe.

Cuide para que a sua celebração não degenere em excesso de indulgência. A vida demasiado boa pode ocasionar desconfortos físicos. Se selecionar os seus parceiros indiscriminadamente, os relacionamentos poderão sofrer. Assim, coma, beba e sinta alegria com moderação. Você mereceu.

SIMBOLISMO DO TARÔ: **Três de Taças.** Esta chave representa a celebração da liberalidade e da boa sorte. As três donzelas brindam jubilosamente o resultado feliz do seu trabalho — a colheita abundante que as envolve.

CORRESPONDÊNCIA ASTROLÓGICA: Segundo decanato de Câncer. A sensibilidade nesta área do zodíaco é sutil e tende para o oculto. Você é progressista, profundamente emotivo e sentimental. Suas experiências tornam-se mais definitivas, suas metas, mais claramente definidas. Você é algo reservado com relação à sua vida pessoal e, com freqüência, silencioso e introspectivo. Sabe, instintivamente, quando deve falar e quando deve ouvir. Poderá ficar surpreso com a sua força numa emergência. Prefere levar uma vida moderada, mas sabe realmente entrar em ação quando a situação o exige. Você desfruta amplamente as coisas boas da vida. Possui a capacidade de cumprir tarefas habilidosas em empreendimentos valiosos.

44/8 COMO VIBRAÇÃO DO NÚMERO PESSOAL: Trata-se de um número-mestre e, como tal, exige mais de você. Você é um trabalhador incansável. Perseverará na meta escolhida por sua autodisciplina. Ajusta-se às exigências da situação e faz o melhor que pode. Prefere estar num ambiente no qual o progresso constante traz resultados concretos. O seu sucesso advém de empreendimentos úteis.

É extremamente desembaraçado e cauteloso. Planeja suas ações com bastante antecedência. Poderá alcançar a distinção em assuntos políticos ou militares, em que a autodisciplina e a conveniência são as chaves do sucesso. Você é valente nas disputas. Possui a força de enfrentar a adversidade e a energia para superar os obstáculos através do esforço concentrado.

O bom senso e a lógica apóiam seus julgamentos. Você gosta de ordem e estabilidade, e leva uma vida convencional. Há muito de materialista em você. Cuide-se contra o desejo profundo de fama e bens materiais. Isso poderá levá-lo ao excesso de trabalho, à má saúde e a perdas materiais. Fecha-se então num mundo ignorante, de estagnação, e torna-se descontente e frustrado. Por esse motivo, deverá investigar novas oportunidades a fim de ampliar os seus horizontes. Dê lugar em sua existência ordeira para coisas que não planejou.

Você é bem desenvolvido física, mental e emocionalmente, mas poderá lhe faltar o elo da intuição. A oportunidade de desenvolver esse lado do seu caráter está presente. Trabalhe para se tornar consciente daquilo que não pode ver; sintonize-se com o seu eu interior. Quando tiver alcançado essa consciência, poderá expressar a vibração do número-mestre. Atenda as necessidades materiais do mundo através de ações produtivas, inspiradas primeiro no plano interior. Você pode suprir o alerta do conforto e do bom senso, que ajudam a manter este mundo unido.

44/8 COMO VIBRAÇÃO TEMPORÁRIA: Carma, reavaliação, oportunidade. Neste período de número-mestre oferece-se a oportunidade de reavaliar sua situação atual. Dispõe do tempo para contemplar o valor das recompensas que agora está recebendo. Se os esforços do passado foram produtivos, verificará um aumento nas finanças e no padrão de vida. Outros lhe conferirão gentilezas; os amigos e a família reúnem-se e aumentam. Entretanto, os esforços passados poderão trazer somente fardos indesejados e restritivos. Eventualmente será tentado a desistir, a reclinar-se e a não fazer nada. Ao se sentir descontente e retraído, deverá estabelecer novas prioridades e fixar metas vantajosas.

As experiências deste período poderão representar, graficamente, o elo que falta na sua composição. Supõe-se que o mundo material esteja bem representado. As coisas vêm acontecendo fisicamente, e você reage emocionalmente, o que faz com que trabalhe mentalmente. Sua mente contempla, e você se pergunta se isso é tudo o que existe. Nesse momento, está tentando alcançar a mão de Deus, ou o lado intuitivo da sua natureza. Está procurando a resposta que coloque seu mundo em perspectiva. Tal resposta só poderá ser encontrada em seu interior. Poderá achá-la agora, e dar-lhe forma, compartilhando com outros as recompensas ou experiências que este ciclo lhe proporciona. O seu conselho e sabedoria colocarão os outros no seu caminho da libertação.

SIMBOLISMO DO TARÔ: **Quatro de Taças.** A figura está sentada, em tranqüila contemplação e concentração. Vê três taças cheias diante de si, e parece estar inconsciente da quarta taça que lhe é oferecida pela Mão de Deus, saindo da nuvem cósmica (sabedoria oculta). Se procurar o auxílio divino com paciência, meditação, autocontrole e persistência, ele estará à sua disposição. A sua aparência física tranqüila demonstra que a atividade mental proporciona os resultados. Deverá escolher uma meta que vale a pena, ou a taça ofertada será perdida.

CORRESPONDÊNCIA ASTROLÓGICA: **Terceiro decanato de Câncer.** Este decanato será sentido mais fortemente no plano místico ou interior, do que no plano da personalidade extrovertida. Desse modo, será mais sensível às vibrações à sua volta ou àquelas que penetram sua aura através de contatos externos. Você é bondoso, hospitaleiro e compassivo. Poderá ser atraído para uma carreira de nutrição, dietética ou para algum tipo de trabalho social ligado a pessoas deficientes. A vida de serviço aos outros convém a esta vibração. Seus ideais são altos, mas deve manter seus sonhos no campo prático.

45/9 COMO VIBRAÇÃO DO NÚMERO PESSOAL: Trata-se de uma vibração altamente sensitiva e mística. Não ficará satisfeito apenas com o sucesso material. As energias positivas desta vibração poderão levar a grande desenvolvimento psíquico.

Você tem compaixão com os menos afortunados e assume as aflições deles. Gosta de ensinar e de servir; possui a força de enfrentar emergências com coragem desmedida, raramente encontrada em outras vibrações numéricas. O trabalho em grupo ou em organizações poderá ser gratificante; pois terá a possibilidade de ensinar aos outros com eficiência através de suas próprias experiências.

Você é reservado, discreto e orgulhoso. Está determinado a ser bem-sucedido nas suas ambições, pois também é receptivo a novas idéias, está disposto a trabalhar e não tem limitações ao fazê-lo. Esse impulso poderá ser prejudicial se o levar a trabalhar em excesso.

Há um conflito entre as suas emoções e o seu bom senso. Precisa praticar o controle e conservar a energia. Não vá a extremos na busca dos seus ideais. A insatisfação emocional ocorre somente quando insiste no passado. Os desapontamentos, a tristeza e as perdas acontecem quando obstinadamente você se prende a velhas maneiras que esgotaram sua utilidade. Use as experiências do passado como degraus para ideais mais elevados. Através das suas palavras e exemplos poderá então ensinar aos outros como renovar suas vidas e construir um futuro mais brilhante.

Você é afetuoso e generoso. Se as coisas vão mal, anseia por corrigi-las. Olhe para os seus recursos, e não para aquilo que não tem ou que perdeu. Alcançará então o sutil equilíbrio necessário à sua felicidade. Com paciência e esperança, situações tensas poderão ser transformadas em lições, a serem ensinadas aos outros.

Esta vibração produz, com freqüência, um casamento prematuro e com muitos filhos.

45/9 COMO VIBRAÇÃO TEMPORÁRIA: **Velhos amigos, ganhos parciais, experiências de aprendizagem.**

Poderá haver ganhos e heranças durante este ciclo, embora talvez não correspondam às suas expectativas. Não deverá ficar meditando sobre quaisquer perdas parciais que ocorrem agora. Use aquilo que ganhar para iniciar algo novo. Não desperdice sua energia lamentando erros do passado. Aprenda com os mesmos e siga em frente. Haverá ganhos suficientes para reconhecer que um melhor emprego da sua energia pessoal trará ainda mais recompensas na próxima vez.

Um velho amigo poderá chegar para uma visita e trazer recordações do passado. Saiba selecionar aqueles que encontrar; não espere demais deles. Quando tiver aprendido favoravelmente com o passado, formará novas alianças, que lhe abrirão as portas para o futuro. Tornar-se-á consciente de alguns dos seus recursos que tem negligenciado até agora.

SIMBOLISMO DO TARÔ: **Cinco de Taças.** Uma figura vestida com manto olha desolada para três taças derrubadas, não reconhecendo que ainda existem duas taças cheias. Isso significa que não devemos ficar pensando nas perdas. Voltando-se para enfrentar um novo início, encontram-se outros recursos para prosseguir. Em outras palavras, não gaste suas energias lamentando erros passados; aprenda com eles e siga em frente.

CORRESPONDÊNCIA ASTROLÓGICA: **Primeiro decanato de Escorpião.** Você tem metas definidas, e uma firme determinação para alcançá-las. Sente um poder interior que pode ser expressado como orgulho ou vontade própria. É fortemente atraído pelo oculto. Parece possuir energia ilimitada; recupera-se rapidamente de qualquer revés, com energia renovada, e tranqüilamente executa seus afazeres. Conhece o poder do silêncio. Muitos reformadores ou missionários fortemente motivados nascem neste decanato de Escorpião; o desejo de mudar as coisas para melhor parece estar inerente. É um trabalhador incansável quando motivado pelo seu ideal.

46/1 COMO VIBRAÇÃO DO NÚMERO PESSOAL: Você tem uma personalidade dominante. Trabalha e se distrai com idêntica paixão. Vence os outros através do seu charme e perspicácia, ocultando sua força de vontade sob o manto da gentileza. Você é um líder natural. Gosta de ser o centro das atenções e deverá cuidar-se para não se aproveitar daqueles que admiram a sua popularidade, ou daqueles que poderiam ser iludidos pelo seu refinado talento teatral.

Tem grandes ideais, e poderia escolher uma profissão na ciência ou na filosofia. Com seu senso psíquico altamente desenvolvido e com sua forte intuição, poderia também ser um inventor. Qualquer um desses propósitos fará com que expresse seus ideais humanitários. Se escolher uma profissão idealista, mantenha suas metas no lado prático. Este número com freqüência atrai dinheiro, mas também o perde se os ideais forem impraticáveis. Todavia, este número também proporciona o reinício, e poderá ganhar outra fortuna.

As posições de poder e autoridade lhe são naturais. Tem força de vontade e é enérgico. Fixa sua meta e a persegue, de modo constante e metódico. Todavia, está disposto a compartilhar sua boa sorte, pois é generoso, caloroso e meigo.

Sua habilidade, imaginação e entusiasmo trazem-lhe sucesso no trabalho e no lazer. Uma infância feliz e memórias agradáveis conferem-lhe a estabilidade de se aventurar no mundo que o espera e, com isso, receber o melhor que o mundo tem a oferecer.

Se for um 46/1 negativo, vive no passado, envolto em recordações e recusando-se a aceitar o presente. Poderá ser infantil e irresponsável, atraindo, como resultado natural do seu comportamento, um círculo de amizades inexpressivas.

46/1 COMO VIBRAÇÃO TEMPORÁRIA: **Bom carma, novas oportunidades, sucesso.** Você agora é o centro das atenções. Poderá receber presentes ou heranças fruto de algum tipo de situação existente no passado. Um amigo de infância poderá aparecer com um presente, ou um ato de bondade do passado dará frutos agora. Aparentemente suas atenções estão presas ao passado, como é demonstrado pelos eventos felizes da atualidade. A alegria e o contentamento enchem seu coração; deverá compartilhar esses sentimentos com aqueles à sua volta.

Seu meio ambiente muda, de alguma forma. Encontra-se em novos lugares, com novas pessoas, e ambos prometem bons retornos, ou o seu ambiente antigo recebe novas vibrações, através de novas oportunidades e relacionamentos.

Pela persuasão sutil atrairá outros ao seu modo de pensar. Seguirão sua forte liderança, pois atualmente você está sintonizado, tanto física como intuitivamente. Se mantiver uma aplicação constante da energia pessoal, poderá atingir quaisquer metas que fixar agora. Sua atitude entusiasta e sua propensão para o dramático durante este ciclo impressiona aos outros e ajuda-o a ganhar o apoio de que necessita para ser bem-sucedido.

SIMBOLISMO DO TARÔ: **Seis de Taças.** As seis taças estão repletas de flores, mostrando a realização. As flores parecidas com estrelas de cinco pontas indicam as emoções humanas purificadas e transformadas em amor compassivo. O menino sob o capuz do Bobo relembra a Chave 0, ou Urano, que, exaltada em Escorpião, implica aqui que o melhor dom é o amor puro. A cruz, comumente chamada de cruz de Santo André, representa a humildade. O significado é que "se não vos fizerdes como meninos" (Mateus 18:3) ou se não acreditarmos como as criancinhas, neste plano terrestre, não manifestaremos progresso.

CORRESPONDÊNCIA ASTROLÓGICA: **Segundo decanato de Escorpião.** Experiências únicas chegam à sua vida. Por vezes, é uma mágoa que estimula sua compaixão ou, de outro modo, volta suas idéias para o espiritual. Está disposto a compartilhar com os outros; em todas as ocasiões, executa aquilo que julga ser o seu dever como bom cidadão. Esta área do zodíaco está no auge do ano solar. O grande poder criativo é um dom de nascença, nesse caso. Muitos gênios da música e da ciência nasceram nessa época do ano. Sente-se bem com os outros, a não ser quando tentam dominá-lo; então, o tranqüilo rebelde em seu interior surge à tona. Pela maior parte do tempo o seu charme excede a sua agressividade, e muita felicidade e realização são suas merecidamente.

47/11 COMO VIBRAÇÃO DO NÚMERO PESSOAL: Esta é uma vibração de número-mestre. Durante a sua vida enfrentará muitas provas de caráter e de estabilidade emocional. Há um conflito entre os lados emocional e prático de sua natureza; por isso, a determinação, a cautela e o tato deverão ser suas palavras de precaução. Para desempenhar ao nível máximo, necessita de uma meta. Tendo-a, o seu charme e magnetismo pessoal influenciarão os outros, e se lhe oferecerá a riqueza e o encantamento do mundo.

Grandes sonhos de sucesso e fortuna dançam em sua cabeça; visões de grandeza assumem forma em sua imaginação. Sua habilidade de influenciar os outros, de inspirar confiança e de atrair afeição asseguram-lhe o sucesso; o sucesso que todos imaginam ter. Todavia, há tempestades. Ao adquirir os tesouros, um por um, começa a reconhecer que não lhe trazem a felicidade que esperava. Não possuem nenhum valor real. Você é o epítome do adágio "A quem muito é dado, muito é exigido". É necessário usar a discriminação — para pesar, provar, equilibrar e descartar.

Recorra ao silêncio e à imaginação para adquirir sabedoria e inspiração. Quando suas emoções estiverem controladas, a inspiração guiará sua vida. Aprende a lidar bem com o dinheiro e será útil em áreas financeiras, tais como em bancos ou na contabilidade. Também tem um grande potencial criativo. Capta novas idéias com facilidade e trabalha com rapidez. Em qualquer campo que escolher, deverá expressar qualidades humanitárias para uma vida de realização.

Você é adaptável, e todavia, tem grande força de vontade que o ajuda a enfrentar desafios inesperados. Usa sua riqueza natural e espiritual para levar a estabilidade e a harmonia à vida dos outros. Aprenda a necessária discriminação para fazer a escolha certa. Não confunda a emoção com o amor ou não permita que as suas ilusões afetem a sua necessidade de realidade.

47/11 COMO VIBRAÇÃO TEMPORÁRIA: Discriminação, sonhos realizados.

Este número-mestre exige esforço adicional da sua parte, mas também promete mais recompensas. Não fique sentado, construindo castelos no ar. Poderia dispersar suas energias criativas na busca fantasiosa do sucesso. Muitos dos seus desejos imaginários tenderão a se transformar em realidade se desenvolver métodos realistas para alcançá-los. Precisa da força de vontade e da determinação para implementar as idéias que seleciona como sendo vantajosas.

Muitas tentações poderão surgir agora para desviá-lo do verdadeiro propósito deste ciclo. Essas tentações porão à prova seu poder de discriminação. Terá de tomar decisões, através da pesagem, da seleção e da rejeição, para ver onde estão os verdadeiros valores. Mantenha o equilíbrio entre os fatores emocionais e práticos, e faça os seus planos de acordo.

Poderá ter experiências místicas ou mediúnicas. Use essas experiências e confie na sua intuição para orientá-lo. Faça suas escolhas com sabedoria durante este ciclo; esteja sempre consciente do valor real por trás das ilusões que vê. As seleções apropriadas poderão trazer amor verdadeiro, casamento feliz, prosperidade material e paz de espírito.

SIMBOLISMO DO TARÔ: **Sete de Taças.** A figura está diante de sete taças contendo os símbolos dos dons e provas a serem experimentadas nesta vida. São as sete seguintes: vaidade, fama, ego, ilusão, ciúme, frivolidade e fascinação. Todas são nebulosas (flutuando nas nuvens). Representam o que a pessoa comum imagina ser desejável; todavia, ao consegui-las, uma após outra, reconhece que não lhe trazem felicidade ou qualquer valor real na vida.

CORRESPONDÊNCIA ASTROLÓGICA: **Terceiro decanato de Escorpião.** Poderá experimentar muitas mudanças domésticas, que exigirão o desenvolvimento da paciência. Você possui PES, passível de ser desenvolvida num poder profético ou de cura. O forte interesse pelo oculto, inerente a todos os decanatos de Escorpião, é especialmente enfatizado no terceiro, devido à trindade dos regentes: a Lua, Netuno e Plutão. Você é romântico. Por ser profundamente afetuoso e leal, ficaria extremamente deprimido se o objeto do seu amor provasse ser infiel. Tente ser cauteloso ao transmitir as suas afeições. Não crie ilusão a respeito de qualquer ser humano; fazendo-o, abrirá a possibilidade para o desapontamento. Sabe lidar com dinheiro e sair-se-ia bem em propósitos financeiros. É flexível sem ser enjoativo. A fraqueza não faz parte do seu caráter.

48/3 COMO VIBRAÇÃO DO NÚMERO PESSOAL: O sucesso mundano chega às suas mãos com facilidade; todavia, à medida que cada posse é conseguida, coloca-a de lado, procurando a satisfação que deveria ter trazido. Você ambiciona algo mais, e quando reconhece que o mundo material sozinho não lhe oferece a necessária realização, poderá voltar-se para o espiritual. Entretanto, não deverá voltar as costas totalmente para o mundano, pois isso poderia obstruir o mecanismo prático da vida. Aprenda a usar o material, sem dele depender.

Você é romântico, sincero e afetuoso. Tem altos ideais. Aprecia a beleza e as artes, e tem a sua parte de habilidade criativa. Seus talentos psíquicos e proféticos estão bem desenvolvidos. Sua natureza impressionável aceitaria as artes como um bom canal de sucesso.

Você é tranqüilo, persistente e confiável. Todavia, poderá ser demasiadamente psíquico e sensitivo para o seu próprio conforto. Possui um bom sentido para valores, e prefere viver de modo conservador. Acredita estar proporcionando um bom dia de trabalho ao seu empregador. Se fosse o proprietário, esperaria o mesmo dos seus empregados. A honestidade é uma das suas qualidades. Você tem a habilidade de ver ambos os lados de um problema e fazer um julgamento honesto.

Aprender a rir diante de dificuldades aliviará sua intolerância para com o lado puramente materialista da vida. Deverá lembrar-se de que o aguçado senso de responsabilidade para com os outros, compaixão pelo seu sofrimento e o desejo de cumprir sua parte na comunidade e no mundo, poderão ser expressos por meios materiais, em muitos casos. Seu amor pelos animais e a necessidade de protegê-los, também é aqui expressado. Deverá afastar-se do materialismo, embora talvez tenha de usar meios materialísticos para cumprir a sua missão.

48/3 COMO VIBRAÇÃO TEMPORÁRIA: **Sucesso, sucesso abandonado, viagens.** Você tem motivo para celebrar. Muitas das suas metas foram alcançadas, e as recompensas estão chegando. Sente-se generoso e amoroso; deseja compartilhar as coisas boas com aqueles que o cercam.

Os horizontes se ampliam e, ao fazê-lo, novos relacionamentos são formados. Talvez um novo amor esteja imiscuído. As viagens poderão fazer parte do quadro, emprestando ainda mais excitação a um tempo já festivo. Esteja consciente de que aquilo que agora lhe parece mais importante poderá ser desinteressante no futuro. Saiba, também, que a dissipação de energia pode resultar em condições instáveis. Caso julgar que as metas que atingiu agora lhe trazem pouca satisfação, deverá procurar operar de um nível mais elevado. Use seus ganhos materiais para aliviar o sofrimento dos outros. Alguma experiência durante este ciclo poderá ser o catalisador que muda a sua mente materialista para o reino espiritual e humanitário.

SIMBOLISMO DO TARÔ: **Oito de Taças.** Há oito taças cheias, representando as três partes da consciência e os cinco sentidos, todos sob controle (pois as taças estão de boca para cima). Contudo, a figura solitária está deixando tudo para trás, e caminha rumo à montanha escura do desconhecido. Penetrar os mistérios ocultos na montanha lhe trará a sabedoria que procura. Sob a regência do Sol e da Lua (símbolo de eclipse), o homem está reagindo ao seu impulso interior no sentido de algo mais elevado.

CORRESPONDÊNCIA ASTROLÓGICA: **Primeiro decanato de Peixes.** Você, às vezes, se preocupa com coisas que nunca acontecem e gasta energia desnecessária agindo assim. Desenvolva uma filosofia de fé em si mesmo e no futuro. É bastante compassivo com os animais; adotará um gato perdido ou um cachorro desnutrido e indesejado. Isso se deve ao seu profundo desejo de ajudar aqueles que sofrem. Essa mesma compreensão abrange as pessoas, obviamente. Você é hospitaleiro e generoso. Possui o dom da sabedoria, que o torna bondoso e justo para com os outros. Poetas, músicos e cientistas nascem nesta área do zodíaco. O poeta Longfellow, o pianista e compositor Chopin e o cientista Copérnico nasceram neste decanato.

49/4 COMO VIBRAÇÃO DO NÚMERO PESSOAL: Você é uma pessoa de muitos talentos — habilidade executiva, integridade, intuição e um profundo senso de justiça, para citar apenas alguns. Poderá aplicar esses atributos em empreendimentos comerciais práticos e alcançar ótimos resultados.

É diplomático no seu relacionamento com os outros, e paciente e honesto na condução dos seus afazeres. Também possui um sentido de quando agir e quando esperar, um ingrediente essencial para o sucesso.

Possui controle emocional, tanto em assuntos comerciais como pessoais. O sucesso material, o bem-estar físico e a segurança estão envolvidos nesta vibração. A felicidade material e o contentamento são seus.

Gosta de fazer exibição da boa vida que conseguiu para si. Seu lar refletirá isso em forma de móveis finos e de prateleiras cheias. Este é o resultado do orgulho e da satisfação que sente com as realizações. Goza de boa saúde e tem um bom apetite. É um exemplo para outros seguirem, demonstrando que o trabalho árduo e a perseverança podem, com o passar do tempo, ser refletidos no empreendedor.

Se for um 49/4 sonhador, desenvolverá muitas teorias que nunca serão executadas. Isso se deve ao sucesso chegar com muita facilidade. O impulso aparenta não ser necessário, e a inércia previne-o de alcançar tudo aquilo de que é capaz. Você está mais atento à satisfação do que à consecução, e pode ficar saciado pelos seus próprios desejos. A insinceridade se infiltra, e o seu ego é inflado, junto com o corpo, como resultado da sua gulodice, resultando em má saúde.

Todavia, a tendência sob esta vibração é no sentido do equilíbrio entre a mente e as emoções. Isso o faz prosseguir para o alto, tanto no desenvolvimento mental como no espiritual.

49/4 COMO VIBRAÇÃO TEMPORÁRIA: **Boa saúde, satisfação, casamento com pessoa rica.**

Este é um ciclo excelente para os negócios, contanto que mantenha uma atitude honesta e perseverante. Graças a uma constante aplicação, os cofres estão sempre cheios, e sente um senso de satisfação e de realização física pelo trabalho bem executado.

O conforto externo proporciona tranqüilidade interior, um bálsamo curador para qualquer indisposição. Sua atitude otimista e serena ocasionará melhoras na saúde. Poderá ganhar peso; por esse motivo, selecione o tipo e a quantidade de alimento que ingere.

O casamento, neste período, comumente envolverá riqueza, e poderá ser por motivos de segurança, em vez de ou em conjunto com amor. O lar será bem suprido de alimentos e de conforto material.

Cuide-se para não exagerar no consumo de bebidas ou da comida. Examine agora seus propósitos e desejos. Eles levá-lo-ão a se libertar da ansiedade, da pobreza e da insegurança, ou apenas substituirão um conjunto de restrições por outro?

SIMBOLISMO DO TARÔ: **Nove de Taças.** A figura sentada representa o bem-estar físico e emocional. Suas taças estão cheias, e está protegido pela cortina azul da mente criativa. O equilíbrio da mente e das emoções sempre proporciona o sucesso material e a satisfação interior. Esta é a carta das esperanças e dos desejos realizados.

CORRESPONDÊNCIA ASTROLÓGICA: **Segundo decanato de Peixes.** Trata-se de um decanato de sensibilidade e afeição. Você tem um orgulho descomunal do lar e da família. É persistente nos seus relacionamentos e poderá ter de aprender a dar aos outros o mesmo tipo de liberdade que deseja para si mesmo. Sua natureza psíquica está bem desenvolvida. Suas intuições são aguçadas e úteis, à medida que acredita mais e mais em si. Trabalha melhor e vive mais feliz ao alcançar o equilíbrio prático e emocional; de outro modo, poderá tornar-se hipersensível. Use sabiamente a sua refinada força de caráter.

50/5 COMO VIBRAÇÃO DO NÚMERO PESSOAL: Esta é a vibração da felicidade e do sucesso duradouro.

Proporciona uma vida cercado por amigos e afeição.

Você é romântico e intensamente emotivo. Devotado à família, procura um cônjuge que epitomize o amor perfeito. O magnetismo pessoal torna-o atraente ao sexo oposto e, sendo assim, deverá haver muitos(as) candidato(as) para sua escolha.

Sua vida será de atividade e movimento. Você é sociável e sente prazer na conversação e nas pessoas. A vida pública poderá atraí-lo. Ali terá como usar a sua eloqüência para fazer preleções ou falar em público, para fins de melhorias sociais. Poderá também ter sucesso na literatura e na ciência. É particularmente bom na matemática e eventualmente trabalhará em contabilidade ou análise, profissões que exigem sua refinada percepção.

Tanto é criativo como imaginativo. Sua compreensão instintiva dos outros faz com que procurem seus conselhos. Sua liderança advém naturalmente e suas energias encontrarão saídas construtivas.

Com todas as suas possibilidades de realização, prefere, apesar disso, a beleza e o prazer à riqueza e à fama. Seu contentamento surge do amor pela família e pelos amigos. Gosta de se movimentar livremente e de se comunicar com o mundo ao seu redor. Todos os números contendo o 0 conferem proteção divina, e o seu senso de segurança é demonstrado pela sua personalidade tranqüila e confiante.

O uso negativo dessas energias proporciona desperdício, perda ou infidelidade dos amigos e transtornos na família. Procurará livrar-se de todas as responsabilidades, tornando-se um escravo dessa necessidade.

50/5 COMO VIBRAÇÃO TEMPORÁRIA: Amor, laços de família, mudanças felizes.

Este é um período extremamente ativo, de socialização com a família e amigos. A alegria e o contentamento são abundantes. Uma pessoa especial poderá surgir em sua vida, alguém que representa a sua imagem ideal do cônjuge perfeito. O relacionamento amoroso resultante proporcionará satisfação duradoura.

Muitas mudanças agradáveis ocorrem agora. Poderá mudar para um novo ambiente que lhe promete maior realização, ou transformar a situação atual a seu favor.

Eventualmente poderá receber honrarias e presentes. São recompensas de esforços do passado, pelos quais também poderá receber consagração pública. Diálogos, mensagens, cartas e reuniões trazem boas novas e oportunidades promissoras.

Entretanto, as energias totais deste período o convidam a relaxar, a fazer uma viagem e gozar da companhia de bons amigos e dos prazeres de laços familiares íntimos. O uso negativo dessas mesmas energias causará dissensões em família e dificuldades com amigos.

SIMBOLISMO DO TARÔ: **Dez de Taças.** Dez taças cheias aparecem no céu. Representam o arco-íris da felicidade alcançada. O homem e a mulher se abraçam, exaltando a elevação da vida emocional a um estado de alta consciência. As crianças dançam alegremente sob a proteção do arco-íris da promessa. Todas as coisas boas da vida são mostradas: o viçoso crescimento do verde, a água e a casa, que denotam a permanência da realização. Aqui, o amor foi elevado ao plano da compaixão.

CORRESPONDÊNCIA ASTROLÓGICA: **Terceiro decanato de Peixes.** Os nativos deste último ciclo de Peixes são dotados de natureza psíquica e intuitiva. O lado prático necessita de desenvolvimento. Aprenda a usar o raciocínio lógico com sua intuição, para dar origem a conclusões sábias. Aprenda a não se deixar guiar facilmente por naturezas mais fortes e mais agressivas. É provável que esteja realmente mais certo se seguir o que a sua intuição lhe sugere. Aprenda a interpretar os sinais.

Este é o ciclo final do ano solar. Contém fortes vibrações de felicidade, se fizer escolhas positivas e formar hábitos construtivos, para a ação progressiva rumo à sua meta espiritual.

4

As Espadas

51/6 COMO VIBRAÇÃO DO NÚMERO PESSOAL: Você aplica o seu espírito de guerreiro a qualquer causa que escolher. Seu poder de liderança e seu desejo de manter a verdade e a justiça, qualificam-no para atuar em áreas ligadas à lei, ao governo ou ao exército. Você é inteligente e perceptivo, capaz de fazer julgamentos sadios, baseados em fatos e equilibrados com a clemência. Adere aos ensinamentos do passado. Exerce autoridade firme, que o ajuda bem nas amizades, mas que também pode prolongar as inimizades.

Poderá ser bem-sucedido nas ciências, tais como a química ou a medicina. Provavelmente, tende para profissões que envolvem a lei ou a carreira militar, em que decisões de vida ou morte são comuns, e em que terá possibilidade de exercer sua sabedoria e senso de equilíbrio.

Tem uma mente ativa, cheia de idéias, que lhe poderiam trazer abundante riqueza. Devido às suas habilidades, avançará em qualquer empreendimento. Você é cauteloso, embora aparente caminhar pela vida despreocupado, mesmo em meio a tumultos. Continua sorrindo e falando alegremente, enquanto subjuga seus temores internos; todavia, está sempre alerta e observador, e sempre preparado para todas as possibilidades.

Se estiver num cargo público de proeminência, existe uma remota possibilidade de ameaças de assassinato.

O desequilíbrio, nesta vibração, pode torná-lo demasiado severo ou cruel. Suas ações precipitadas podem resultar, muitas vezes, em dificuldades legais. Cria inimigos na sua inflexível ânsia pelo poder; esses rivais ressentem suas injustiças e estão sempre prontos para a vingança.

51/6 COMO VIBRAÇÃO TEMPORÁRIA: Procedimentos legais, justiça, percepção, autoridade. Durante este ciclo, poderão ocorrer desentendimentos e hostilidades em ações judiciais ou procedimentos legais de algum tipo. Deverá manter-se alerta, e guardar-se contra ações ríspidas de seus rivais. Todavia, as injustiças serão corrigidas. A lei do equilíbrio reinará. O verdadeiro e o falso serão separados.

Mantenha uma atitude calma e imparcial. Pese todos os casos com imparcialidade, a fim de resguardar a lei. Sua mente está aguçada, perceptiva e extremamente ativa, neste período. Confie nela, para encontrar procedimentos alternativos nos seus assuntos. Mantenha uma perspectiva positiva, um estado de espírito alegre, e uma atitude de alerta. Você é o guerreiro que luta pela justiça; vencerá todos os rivais.

As idéias desafiadoras que nascem em seu interior poderão trazer-lhe o sucesso e a autoridade que deseja. Ouça com atenção e siga sua intuição.

SIMBOLISMO DO TARÔ: **Rei de Espadas**. A figura sentada segura a espada da atividade, da percepção aguda e da discriminação. A tela por trás do trono mostra a borboleta, símbolo da vida recorrente e das circunstâncias. As Luas crescente e minguante representam as idéias e opiniões em constante alteração. A espada separa as idéias verdadeiras das falsas. O rei vê o ponto crucial e, com imediata justiça, põe tudo em ordem.

CORRESPONDÊNCIA ASTROLÓGICA: **Primeiro decanato de Libra**. Você é inteligente e observador. Possui a habilidade de julgar ambos os lados e de avaliar de modo perspicaz. Tende a avançar em qualquer empreendimento; é imperturbável em meio ao tumulto, mantendo-se sorridente e falando animadamente. Equilibra sua inteligência com a piedade; é realmente um guerreiro, lutando pelo direito e pela justiça.

52/7 COMO VIBRAÇÃO DO NÚMERO PESSOAL: Você tem pensamentos elevados, é nobre e humanitário, e incontaminado pelo lado sórdido da vida. Mantém-se solitário, pois sua sabedoria o coloca acima das multidões. Apoiado pelas experiências do passado, enfrenta as incertezas do futuro com confiança. Eventos e condições instáveis não diminuem sua fé; conserva seu porte mesmo sob ocasional tensão emotiva. Pode sempre sacar da sua reserva de força.

Provavelmente é bem-educado. Suas idéias liberais permitem que sua mente ligeira e observadora entenda coisas que estão além da capacidade normal de compreensão das pessoas. Essa qualidade faz com que se destaque, e poderá decidir fechar a porta para o mundo material, e viver uma existência solitária no âmbito espiritual. Devido a esses fatores, esta vibração é conhecida como sendo de separação, de esterilidade e de viuvez.

Você é bondoso, paciente e corajoso. Tenta viver uma vida bem equilibrada. Termina toda tarefa que começa. Entretanto, está mais interessado em assuntos filosóficos e espirituais, do que em materiais. Ama a natureza e prefere viver no campo.

Se expressar o lado negativo, é obtuso e mesquinho. Seu ciúme afasta os outros, assegurando-lhe uma vida solitária. A bisbilhotice, palavras ásperas e sua atitude intolerante, além disso, alienam até mesmo os amigos mais compreensíveis. Parece determinado a ficar sozinho, se bem que o impulso de permanecer solitário poderá ser inteiramente inconsciente.

52/7 COMO VIBRAÇÃO TEMPORÁRIA: **Mudanças, separação, meditação**. Condições instáveis poderão afastá-lo, temporariamente, dos padrões de vida familiares, e talvez venha a experimentar um período de solidão, no qual se sente só e isolado. Isso é necessário para estimular as idéias e pensamentos relacionados ao mundo espiritual. Deverá aprender a distinguir entre aquilo que aparenta ser real e aquilo que é real. Dessa maneira, aprenderá o que tem valor real para você.

Viagens ao campo ou à praia constituem uma terapêutica para você agora. Leve alguns livros sobre filosofia e religião, e permita que sua mente também viaje.

Lembre-se que as separações durante este ciclo fazem parte do ritmo instável da vida, e que as mudanças trazem novas oportunidades e desafios.

SIMBOLISMO DO TARÔ: **Rainha de Espadas.** A Rainha está sentada num trono decorado com borboletas, símbolo da encarnação e da reencarnação. Empunha a espada da ação em posição vertical significando a discriminação entre o verdadeiro e o falso. Sua mão esquerda aponta para o futuro desconhecido, mas ela está pronta para enfrentar tudo o que aparecer. Sabe que possui a experiência como base, e pode apoiar-se nela. Apesar de o Sol estar obscurecido pelas nuvens, denotando que algo mais está para ser revelado, ela se mostra confiante no futuro. As Luas crescente e minguante, no trono, demonstram mudanças. Confia na proteção divina, simbolizada pelos querubins no trono. O trono está numa elevação, onde o ar é puro, incontaminado pelo lado sórdido da vida. O único pássaro no céu indica que ela escolheu a solidão, pois sua sabedoria a destaca.

CORRESPONDÊNCIA ASTROLÓGICA: **Segundo decanato de Libra.** Vênus e Urano dominam o segundo decanato de Libra. Produzem um ser com pensamentos elevados. Você tende para o espiritual; prefere a atmosfera tranqüila do campo, onde sua mente pode meditar, sem a distração do barulho da cidade. É inteligente, calmo e introspectivo. Sua grande sabedoria poderá destacá-lo da massa comum.

53/8 COMO VIBRAÇÃO DO NÚMERO PESSOAL: Você sabe que tem muito a fazer e que nenhum esforço é demasiado grande e nenhum obstáculo difícil demais. Gosta de autoridade e sabe como reivindicá-la; todavia, essa reivindicação tenderá a se transformar em tirania. Devido à sua cabeça reinar sobre o coração, poderá parecer rígido e severo, mas dirige com um coração puro e com motivos cavalheirescos.

Suas preocupações principais são a proteção e a defesa contra perigos. Em vez de ficar sentado e aguardar, prefere agredir. Progride através da sua habilidade de liderar. Sua bravura diante do perigo faria de você um bom líder militar.

Poderá também destacar-se na lei, como advogado criminalista ou juiz. Tem os necessários talentos intelectuais e comunicativos para influenciar os outros. Com sua força e refinado senso de controle do tempo, poderia alcançar o destaque profissional em qualquer um dos agressivos esportes de contato.

Possui a habilidade de separar o fato da ficção; nenhum detalhe escapa à sua atenção. O seu refinado poder de discriminação faria de você um excelente detetive.

Se for um 53/8 negativo, estará sempre pronto para a briga. A sua insolência aliena os outros, e parece deixar a destruição no seu rastro. O cavalheirismo degenera em extravagância, e você se torna incapaz de lidar com as situações que surgem em sua vida.

53/8 COMO VIBRAÇÃO TEMPORÁRIA: Eventos súbitos, coragem, discriminação.

Alguém ou alguma coisa está prestes a atraí-lo ou a eliminá-lo da sua vida. A situação é tensa. Você deverá ser o agressor e tomar as rédeas em suas mãos. Mantenha suas emoções sob o comando da razão e aja com justiça.

Situações desafiadoras acontecem de súbito. Necessitará de força, coragem e de perseverança para tratá-las. Os negócios, as finanças e a lei poderão estar envolvidas. Lide sabiamente com tudo que encontrar, e use a razão para discriminar entre os fatos apresentados. Todos os problemas serão então superados, e alcançará, ou conservará uma posição de autoridade. Durante este período, os transtornos vêm e vão.

SIMBOLISMO DO TARÔ: **Cavaleiro de Espadas.** Este Cavaleiro tem muito a cumprir durante o outono. Cavalga para longe e rapidamente. Cavalgar contra o vento significa que nenhum esforço é grande demais e que nenhum obstáculo é demasiado severo para que seja superado. A espada que empunha mostra-lhe o caminho certo, através da separação do verdadeiro do falso.

CORRESPONDÊNCIA ASTROLÓGICA: **Outono (Libra, Escorpião e Sagitário).** Durante o outono as pessoas se preparam para o longo inverno através do armazenamento de suprimentos. O descuido poderá significar um desastre. Por ter uma visão para o detalhe, daria um bom detetive. É determinado e poderá, em algumas ocasiões, parecer severo, mas deverá ser capaz de manter o equilíbrio e discriminar entre o útil e o inútil. É corajoso e possui um potencial de liderança.

54/9 COMO VIBRAÇÃO DO NÚMERO PESSOAL: Você é espirituoso, inteligente e eloquente.

Esses dons asseguram-lhe o respeito dos seus iguais. Tem uma mente aguçada, prática e perceptiva. Procura educar-se, pois tende a buscar respostas. Pode ajustar-se mentalmente às exigências do meio ambiente. Esses talentos o tornam um ótimo candidato para o trabalho governamental ou para os serviços diplomáticos.

Sempre alerta, aparenta estar preparado para qualquer eventualidade. Sua aproximação sutil às dificuldades contraria a sua habilidade de chegar a conclusões rápidas e justas. É dedicado às instituições e leis do passado, e prefere usar processos intelectuais em vez da força física para encontrar soluções.

Sua natureza impaciente é algo que deve superar. Você é amistoso, humanitário e convencional no seu modo de agir. Essas qualidades o ajudam a tratar com sucesso os seus problemas. Deseja a paz e rejeita as agitações da vida. Goza de boa saúde e de uma vida longa e plena.

Se for um 54/9 negativo, é esperto e malicioso. Usa seu intelecto refinado para lograr os outros. Desperdiça suas energias e esgota seus recursos, o que lhe traz problemas de saúde. Contudo, sua maquinação será descoberta, e ficará exposto pelo que é.

54/9 COMO VIBRAÇÃO TEMPORÁRIA: **Vigilância, mensagens, segredos.** Mantenha uma atitude vigilante durante este ciclo. Controle a sua imaginação. Não tem consciência de alguns elementos em determinadas situações, mas eles lhe serão revelados. Atenha-se à sua apropriada execução da justiça, e aqueles que o combatem serão vencidos. Deverá ajustar-se mentalmente a eventos imprevistos que ocorrem agora. Procure a verdade por trás das aparências superficiais, para estar preparado quando a verdade surgir.

Poderá receber notícias ou mensagens que exigirão de você muita energia. O sucesso nas conclusões poderá ser alcançado se mantiver suas emoções sob controle. Outros poderão estar observando suas ações durante este ciclo, para ver como se comporta. Se foram inimigos, aguardarão um momento vulnerável; se forem amigos, aguardarão para ver como se sai. Suas ações poderão lhe conferir uma posição de autoridade e respeito. A doença é uma inimiga e, portanto, cuide do corpo. Alimente-se bem e permita-lhe o tempo suficiente para repouso.

SIMBOLISMO DO TARÔ: **Pajem de Espadas.** Este Pajem está sem enfeites ou decorações. Sua mente é prática e trabalha para revelar a verdade. A verdade está algo oculta pelas nuvens no fundo, mas o elemento ar, simbolizado pelos pássaros como pensamentos esvoaçantes, ajudá-lo-á a alcançar sua meta. Entretanto, é necessário que investigue e se aplique mentalmente.

CORRESPONDÊNCIA ASTROLÓGICA: **Terceiro decanato de Libra.** Este decanato inclui todos os regentes dos signos do ar, Vênus, Urano e Mercúrio. Encontramos aqui uma natureza incansável e uma disposição cordial. Você é espirituoso, inteligente, bastante sociável e humanitário. Tem uma habilidade natural de se comunicar, e influencia os outros com suas palavras. É um estudioso, por natureza, e tende a ganhar o respeito dos colegas. Viverá uma vida longa e saudável.

55/1 COMO VIBRAÇÃO DO NÚMERO PESSOAL: Você é observador e, portanto, mentalmente equipado para explorar qualquer projeto, idéia ou concepção. Tem habilidade para raciocinar e talento para escrever. Como líder dominante, reflete ideais honestos, elevados e éticos, que inspiram outros a segui-lo.

É um pioneiro, exuberante e energético. Reage intensamente e é capaz de ir a extremos em todos os intentos e propósitos. É um campeão do direito e procura a justiça imediata para manter o equilíbrio. Acredita na lei e na ordem, e tenta manter-se equilibrado entre a clemência e a severidade.

Este número domina a religião e a moral, e você poderá ser atraído pela lei ou pelo clero, onde pode expressar mais adequadamente o seu refinado senso de justiça e de piedade.

É capaz de desentocar informações que outros negligenciariam. É um pesquisador, por natureza, e seria um bom bibliotecário. As palavras o fascinam, e escrever é outra área na qual poderá cumprir sua necessidade básica de explorar e de revelar os segredos da vida.

Suas obras escritas conteriam valores palpáveis para os outros. Através do prazer que sente pela comunicação, encontrará muitos tipos diferentes de pessoas na vida. Muitos filhos enfeitarão a sua casa, em observância à sua natureza produtiva. Seus filhos se beneficiarão dos seus princípios e poderão alcançar distinção em seus respectivos campos.

Negativamente, sua aguçada habilidade de fazer sutis distinções se deteriora em forma de um estilo de vida confuso e caótico. Ações erráticas criam obstáculos, alienam amigos e produzem um ambiente estéril e solitário, resultando numa atitude austera.

55/1 COMO VIBRAÇÃO TEMPORÁRIA: Honra, nascimento, clareza.

Poderá ser honrado agora por algum feito no qual tenha expressado seus talentos intelectuais e de liderança. É o triunfo culminante, a recompensa pelo esforço prolongado. Uma vez que este é um período de pontos culminantes, as separações são uma possibilidade. Um relacionamento poderá terminar e pessoas se afastarão do seu círculo, alterando, dessa forma, o seu ambiente de alguma maneira. Isso sugere que está rompido com os elementos desse relacionamento.

Considerações ligadas à religião e às leis poderão aparecer nesta época. Esta vibração também pode proporcionar o nascimento de uma criança muito especial que, de algum modo, trará luz e inspiração para o mundo. Os triunfos deste período poderão impeli-lo a uma nova jornada, que exigirá sua energia e integridade.

SIMBOLISMO DO TARÔ: **Ás de Espadas.** A Mão de Deus segura a espada vertical da discriminação. A coroa dourada ornada com rubis significa a honra que é conferida aos que usam seus poderes mentais sabiamente. O ramo de azevim pendente da coroa representa a época de Natal e, portanto, o nascimento. O ramo de palma significa a Páscoa e a ressurreição.

CORRESPONDÊNCIA ASTROLÓGICA: **O elemento ar (Gêmeos, Libra e Aquário).** Como representante do elemento ar, você está mentalmente equipado para conquistar qualquer campo que escolher. A mente é sua maior arma e ferramenta. Eventualmente, colocá-lo-á em posições nas quais necessita manter o equilíbrio ao ministrar a justiça. É um pioneiro no âmbito dos pensamentos, e outros o procurarão para obter idéias.

56/11 COMO VIBRAÇÃO DO NÚMERO PESSOAL: O 56/11 é um número-mestre e, portanto, requer mais esforço da sua parte. Há uma energia nervosa sob esta vibração. Através do autocontrole, poderá alcançar e conservar um equilíbrio entre as suas emoções e o seu intelecto.

É perceptivo e discrimina, não julgando apenas pelas aparências. Toma decisões imparciais, baseadas na intuição, que é fundamentada na razão. Poderá obter fama e fortuna através do uso adequado desses talentos.

Você é um pacificador, por natureza, e gosta de criar situações de felicidade à sua volta. Detesta a discussão, e é capaz de estabelecer condições harmoniosas em meio a situações instáveis e inesperadas.

É equilibrado, modesto e agradável. Gosta de ser popular e, assim, desenvolve uma das suas melhores qualidades, o charme. Flexível, pode concordar com a opinião alheia. É afetuoso e leal para com a família, e compassivo e sensível aos problemas dos que o cercam. Pessoas do exército e membros do governo poderão estar entre seus amigos.

A música agrada ao seu refinado senso de ritmo. É equilibrado e se esforça para continuar assim. A música é uma lembrança desse equilíbrio. Será bem-sucedido nos negócios. Sente o que o público deseja e necessita, e sabe como supri-lo.

Se expressar o lado negativo, essas boas qualidades estarão invertidas, causando indecisão. Será incapaz de escolher sabiamente. Seus sócios provarão ser indignos de confiança, o que resultará em transtornos. Viverá uma vida improdutiva.

56/11 COMO VIBRAÇÃO TEMPORÁRIA: **Equilíbrio, decisões, cooperação.** Este é um ciclo de número-mestre. Exige mais de você, mas, em compensação, oferece recompensas maiores. O equilíbrio e o autocontrole são necessários durante este período de energia nervosa. Deverá permanecer imparcial. Não faça julgamentos e não tome decisões baseadas em aparências. Um resultado financeiro favorável poderá depender da sua habilidade de perceber a situação como realmente é.

Está afinado com as necessidades dos outros. Poderá desempenhar o papel de pacificador, solucionando discórdias no trabalho e transtornos na família. Ao projetar o afeto e a compreensão, cria harmonia e um sentido de bem-estar. Deverá estar disposto a ajudar os necessitados pois, neste ciclo, possui a percepção de ajustes satisfatórios para todos. Recusar-se a exercer essas qualidades resulta em indecisões e paralisação. As coisas saem erradas devido à falta de direção, que poderá proporcionar agora.

Esteja atento para as pessoas com quem lida. Algumas não serão honestas para com você. Isso exigirá mais compreensão e imparcialidade da sua parte.

SIMBOLISMO DO TARÔ: **Dois de Espadas.** A figura está vestida de branco para denotar a pureza espiritual. Seu cabelo é preto (falta de luz) e está amarrado com a faixa branca da sabedoria. Sua posição é de equilíbrio perfeito. A Luz representa o subconsciente, e os rochedos simbolizam aquilo que é estável, permanente ou que está decidido pela mente consciente. A figura está sentada num cubo de pedra, que demonstra uma base firme para as suas convicções.

CORRESPONDÊNCIA ASTROLÓGICA: **Primeiro decanato de Libra.** As palavras-chave deste decanato são *equilíbrio* e *justiça*. Você tem uma visão clara e uma percepção aguda. É artístico, gracioso e congenial. Prefere o trabalho mental ao físico. Revela-se exigente, pois a limpeza lhe é importante. Evita qualquer carreira que necessite de balbúrdia ou que cause mãos sujas. Gosta de variar e poderá não ficar por muito tempo num mesmo emprego. Precisa aprender a perseverar. Você costuma ser otimista e agradável. É um pacificador, e fará tudo para evitar o esgotamento e a discussão.

57/3 COMO VIBRAÇÃO DO NÚMERO PESSOAL: A expressão positiva desta vibração resulta numa natureza caritativa, com a habilidade de compreender os outros e de ajudá-los em seus problemas. Se a vibração for negativa, poderá experimentar o desapontamento e a inquietação. Não cultive a autopiedade; em vez disso, desenvolva seu senso de humor. Este é, com freqüência, uma saída para as emoções mais intensas que podem fazer parte da sua vida.

É confiável e sério, e possui força e coragem diante da adversidade. Sua alegria reflete a sua integridade em igual proporção. Sente um conflito entre a razão e as emoções; por esse motivo, deverá cultivar a arte da lógica, a fim de evitar ser arrastado pelo impulso.

Tem a habilidade artística de expressar seus estados de espírito flutuantes. Poderá representá-los em forma de pantomima ou no palco. A atuação no teatro proporciona-lhe ótimas saídas para os seus talentos criativos. Poderá preferir trabalhar nos bastidores, como um dramaturgo, por exemplo, apoiando aqueles que sentem maior prazer na ribalta do que você. Algumas das pessoas mais interessantes desta vibração são as de quem nunca ouvirá falar, pois realizaram seu maior trabalho nos bastidores.

É independente e progressista, com ideais humanitários. Torna-se uma grande força para o bem, no mundo, e sentirá que sua estada na Terra foi significativa e bem aproveitada.

Seu é o número do coração compreensivo, ainda que o tenha conseguido através do sofrimento. Amadurece com suas experiências.

Como um 57/3 negativo, sofre perdas e experimenta confusão. Torna-se deprimido e amargurado, rejeitando as mãos estendidas da amizade, pois tem medo de ser ferido, resultando em separação e solidão.

57/3 COMO VIBRAÇÃO TEMPORÁRIA: **Separação, atraso, expressão, crescimento.** Mantenha uma aproximação lógica em relação às situações emocionais que ocorrem agora. Não lamente seu destino; trabalhe no seu senso de humor, e tente ver, de um ponto de vista imparcial, as fraquezas da natureza humana. Sua felicidade depende da sua integridade.

Poderá experimentar muitos altos e baixos sob esta vibração; por isso, faria bem em encontrar uma saída criativa para expressar essas situações de modo construtivo. A representação teatral, a música, a poesia ou a pintura são boas alternativas.

Poderá haver separações e desapontamentos em relacionamentos amorosos; aqueles a quem ama poderão estar ausentes por algum tempo. Espere alguns atrasos. Se for uma vibração negativa, seus estados de espírito instáveis tenderão a ocasionar confusão nas suas decisões.

Use as experiências deste ciclo para crescer. A sabedoria que adquirir agora deverá ficar disponível para os que estão à sua volta, e que necessitam de palavras gentis e de um coração bondoso.

SIMBOLISMO DO TARÔ: **Três de Espadas.** Três espadas atravessam um coração. Parecem formar uma cruz, sugerindo que aqueles que carregam suas cruzes se tornam mais compassivos e tolerantes com os outros. O coração também é um símbolo da caridade. As nuvens indicam que o lado mais claro está oculto, e que todos os nossos atributos não estão aparentes de imediato. Existe a necessidade de desenvolver o discernimento espiritual. Se for negativo, a autopiedade será a sua fraqueza.

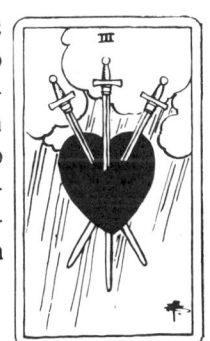

CORRESPONDÊNCIA ASTROLÓGICA: **Segundo decanato de Libra.** A perseverança, a integridade e o impulso para a consecução constituem atributos importantes deste decanato de Libra. Você possui vitalidade e senso de humor. É o humanitário desejoso de trabalhar para a melhoria de situações que lhe parecem injustas. Honesto e fidedigno no seu trato com outros, com freqüência, concede-lhes o benefício da dúvida. Isso, por vezes, resulta em seu próprio desgosto. Preferiria sofrer a causar injustiça aos outros. Pode parecer indiferente, mas, no fundo, é muito sensível.

58/4 COMO VIBRAÇÃO DO NÚMERO PESSOAL: Você é um pensador lógico e um trabalhador habilidoso. Uma carreira na medicina ou na metafísica é possível, pois este número está relacionado com a visão e a cognição. É introspectivo, e tende a analisar um problema muito detalhadamente antes de se decidir a agir. É confiável e cauteloso, e usa suas energias com cuidado apenas para fins construtivos.

As pessoas o respeitam pela sua honestidade e integridade. Tem um agudo senso de justiça, embora acredite na clemência. Deseja que sua vida seja ordeira e convencional, pois acredita na tradição e na disciplina; contudo, desfrutará a vida e seus prazeres. É charmoso, afetuoso, cuidadoso e, além disso, emocionalmente controlado. Sua criatividade é demonstrada pelo seu amor à beleza, à harmonia e à paz, das quais necessita e que tenta preservar. Poderia ser um escritor talentoso. Tem uma visão aguçada para detalhes, e a habilidade de analisar uma situação e chegar a conclusões lógicas. Outros o procuram por essa mesma razão. Possui também um refinado senso de honra.

Há uma grande atividade mental nesta vibração, e poderão ocorrer viagens. Gosta de solidão, quando pode descansar e meditar. Esses períodos poderão colocar as coisas em perspectiva, ajudando-o a manter uma saúde comumente boa. Poderá eventualmente decidir-se a pôr de lado as considerações materiais em troca de propósitos espirituais. É corajoso e, apesar de preferir viver uma vida de paz e solidão, está disposto a agir a fim de preservar essa paz. Mereceu um descanso das tensões da vida e expressará essa paz durante este período.

Um 58/4 negativo causará agitação e dissensão; o resultado poderá ser a falta de saúde e a convalescença perpétua. O desassossego social tenderá a levá-lo à retirada e ao exílio.

58/4 COMO VIBRAÇÃO TEMPORÁRIA: Repouso, alívio, retirada, convalescença.

Trata-se de um período de retiro, no qual sua mente procura descansar das atenções do mundo. Os conflitos terminaram e as preocupações acabaram; agora deseja a paz e a tranquilidade para juntar forças. Poderá agora analisar a sua situação e decidir, de modo lógico, como prosseguir. É capaz de colocar até os menores detalhes da sua vida em perspectiva, e de ver, com clareza, aquilo que tem valor real.

Sua solidão poderá ser devida a um período de convalescença depois de uma doença, a umas férias que impôs a si mesmo para descanso e relaxamento, ou a uma retirada forçada, originada por inquietação social. Seja qual for o ímpeto que o levou a essa situação, exigirá concentração e meditação sobre as experiências que o trouxeram até aqui. Se usado sabiamente, este período poderá levá-lo a uma mudança para melhor. As conclusões que atingir no subconsciente afetarão suas futuras ações.

SIMBOLISMO DO TARÔ: **Quatro de Espadas.** A figura assumiu a posição adequada para o repouso, significando que o descanso da ansiedade e da tensão foi merecido. As espadas foram guardadas; três estão penduradas na parede, e uma encontra-se no chão, ao lado do divã. Isso demonstra que, caso necessário, a ação será retomada para preservar a paz. Esta é uma carta de paz e de tranquilidade, e não de morte. A janela representa a atividade exterior. Um homem está ajoelhado diante da mulher, simbolizando que a mente consciente (masculina) ainda é escrava do subconsciente (feminino). Para a figura que repousa, tudo está em paz; a espada da discriminação foi usada e guardada.

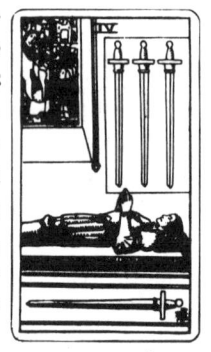

CORRESPONDÊNCIA ASTROLÓGICA: **Terceiro decanato de Libra.** O lado mental de Libra é forte neste decanato; por isso, será atraído por propósitos intelectuais. Poderá sair-se bem no ensino, na pregação, na preleção ou na vida literária. Tem uma disposição amável e um comportamento refinado, e é extremamente adaptável. Lógico e justo, acredita na clemência e na bondade. Este é, realmente, o período mais equilibrado dos decanatos de Libra. Tem a integridade de um juiz. Seus padrões são elevados. O seu maior desejo é a ordem, a harmonia, a beleza e a paz em sua vida.

59/5 COMO VIBRAÇÃO DO NÚMERO PESSOAL: É apaixonadamente devotado às suas convicções, e manter-se-á firme para defender os seus direitos. Deverá empenhar-se para ficar afastado do perigo ou da injúria. Você é um jogador. Deseja ganhar com sua sagacidade, mas experimentará a derrota se não se expressar positivamente. O sucesso como banqueiro ou corretor é possível, contanto que não assuma nem recomende riscos especulativos. Sua mente é ligeira, e deverá cuidar-se para não tomar decisões impulsivas.

A vida será plena de experiências e de viagens. Poderá estar fazendo mais de uma coisa ao mesmo tempo, mas fazendo-as todas bem. É criativo, versátil e charmoso. Sua personalidade animada e brilhante pode facilmente influenciar outros, sobretudo o sexo oposto.

Critica seus próprios esforços e procura a perfeição. É humano, refinado e compassivo. Poderá procurar posições de liderança nas quais, como executivo, governador ou conquistador, usará o seu idealismo para implementar a reforma social. Sua sensibilidade o atrai para as artes.

Selecione saídas adequadas para a sua natureza e para os seus talentos, e evite o enfadonho. Isso o ajudará a dispersar a sua energia excessiva e a manter a paz e a serenidade tão necessárias à saúde e ao bem-estar.

O 59/5 negativo rejeita responsabilidades. Sua vida torna-se uma sucessão de degradação e derrotas. Sua crueldade e deslealdade na tentativa de lograr os outros lhe trazem vitórias insípidas, que se desintegram, deixando-o sem nada. Você, bem como outros do 59/5, deveriam almejar uma consciência mais elevada.

59/5 COMO VIBRAÇÃO TEMPORÁRIA: **Viagens, mudanças, responsabilidades.** Não assuma riscos especulativos sob esta vibração. Tenda a ser mais impulsivo agora, e assim, faça um esforço de estudar bem um assunto antes de agir. Essa impulsividade pode também causar acidentes e ferimentos; por esse motivo, mantenha uma velocidade moderada no seu ritmo de vida.

Poderão ocorrer viagens e uma variedade de oportunidades agora. A excitação, o movimento e o romance tornam a vida mais interessante. Cuide-se para não seguir cegamente seus impulsos. Isso poderá proporcionar perdas e calúnias, e abalar a sua reputação.

Mantenha-se positivo e aceite as suas responsabilidades; então, conseguirá chegar no alto. Se iniciar mudanças após cuidadosa consideração, poderá perseverar. As situações encontradas serão resolvidas a seu favor, pois tem a força de defender aquilo em que acredita.

SIMBOLISMO DO TARÔ: **Cinco de Espadas.** A figura em primeiro plano representa alguém que já terminou o trabalho. A figura que se afasta largou a espada, mas ainda não está derrotado; mostra apenas que sabe quando deve lutar e quando deve se retirar. A outra figura está realmente derrotada, e lamenta o fato. Esta carta representa três estados de espírito. Mostra que é necessário discriminar em todos os assuntos, e defender as nossas convicções.

CORRESPONDÊNCIA ASTROLÓGICA: **Primeiro decanato de Aquário.** Ao aquariano poderia ser imputado o lema "toda pessoa é irmão ou irmã". Este é o sinal do altruísmo. Você é inspirado pelo conceito da Era de Aquário. É inteligente e autoconfiante, e está determinado a alcançar a meta que escolheu. Está também disposto a lutar para preservar os seus ideais.

60/6 COMO VIBRAÇÃO DO NÚMERO PESSOAL: Você tem a habilidade de examinar a razão como instituição humana, e colocá-la de lado para dar lugar à verdadeira sabedoria, incontaminado por idéias preconcebidas. Poderá seguir uma carreira literária, embora seja capaz de aplicar sua mente a vários propósitos com igual sucesso. Prefere trabalhar independentemente do que em parceria.

É procurado pela sua alegria, integridade, inteligência e autoconfiança. Daria um bom advogado, pois seus clientes se sentiriam seguros.

Esta vibração confere um senso de poder. Sente que está sob a proteção divina. As pessoas procuram seu conselho e auxílio, pois também sentem suas qualidades de curador, tanto físico como mental. É enérgico e incansavelmente se empenha numa elevada meta de realização. As enfermeiras, os consultores e os gerentes situam-se sob esta vibração. Você costuma ser considerado um idealista. Combina a lógica e a imaginação de um modo único; isso demonstra um equilíbrio refinado entre a sua mente consciente e subconsciente. É um líder, com senso de justiça; se verificar que está se tornando egoísta, equilibre essa tendência através da generosidade e da consideração para com os outros.

Deverá obter o sucesso através do esforço sustentado e do trabalho conscencioso. Não espere resultados sem empenho. É criativo e inventivo. Alguns artistas notáveis nasceram sob esta vibração, mas todos trabalharam fielmente para o sucesso.

Negativamente, o 60/6 é um rebelde. Busca seus caminhos independentes, sem levar em conta as necessidades dos outros. Poderá desperdiçar sua mente refinada e seus talentos criativos em propósitos egoístas.

60/6 COMO VIBRAÇÃO TEMPORÁRIA: **Passagem, novo lar, propostas, amor.** Após um período de lutas, durante este ciclo, está a caminho de uma conclusão bem-sucedida e feliz. O trabalho está terminado, e você cumpriu sua parte.

Haverá companheirismo, amor e um encontro de mentes. Poderá receber uma proposta ou convite para juntar-se a alguém, num esforço mútuo, prometendo a realização. Alguém poderá representá-lo numa reunião, ou tratará com o representante de alguma pessoa. Há um aspecto de encontro envolvido neste período. As viagens são possíveis, pois esta vibração indica movimento, tanto físico como mental. O resultado poderá ser um novo lar ou um novo meio ambiente.

Há um elemento de justiça presente. Procedimentos legais poderão ocorrer, trazendo um ajuste pacífico de assuntos pendentes. Poderá encontrar-se com advogados, juízes ou com as cortes, de algum modo.

SIMBOLISMO DO TARÔ: **Seis de Espadas.** O homem, a mulher e a criança representam a trindade da consciência. Seguem rumo à outra margem. A água do subconsciente serve-lhes de base. O homem não tem dificuldade em dirigir a embarcação, pois a água está tranqüila. As espadas estão dispostas em linha, para agirem como escudo. Apontam para baixo, significando que o trabalho está concluído. Existe harmonia entre as mensagens, e estão todas voltadas para a mesma direção, sob a orientação da mente consciente (o homem).

CORRESPONDÊNCIA ASTROLÓGICA: **Segundo decanato de Aquário.** Você é uma pessoa que discrimina. Procura metas fora do limite material, nos reinos intelectual e espiritual. Sua carreira poderá levá-lo a muitas partes do mundo. Deseja ver e investigar outros lugares, além da sua terra natal. Tem charme, intelecto, e um sentido de poder. Use sua imaginação de modo construtivo, para fazer planos lógicos e obter resultados que beneficiem muitos. Isso ocorre, com freqüência, nos campos artísticos e literários. Possui uma habilidade incomum de tornar seus projetos bem-sucedidos.

61/7 COMO VIBRAÇÃO DO NÚMERO PESSOAL: A palavra-chave para o 61/7 é *realização*. É uma vibração de paz e serenidade. Controla suas emoções e dirige os outros através do seu modo calmo e ponderado. Paciente e sensível, você alcançará muitas das suas metas por meio do esforço concentrado.

É intelectual, refinado e discriminador. Sabe, intuitivamente, que o futuro depende do passado, e usa experiências já sentidas para promover o crescimento.

O interesse pelo oculto e pelo místico pode levá-lo a trabalhar no campo religioso ou espiritual, e viver uma vida de celibato. É responsivo e compassivo para as necessidades dos outros. Poderá ser idealista mas, ao mesmo tempo, está disposto a trabalhar para suas metas. O seu credo é a tolerância, e acredita que a fé e o desenvolvimento espiritual conseguem curar qualquer doença.

Sua bem polida personalidade e seus elevados padrões de ética poderiam levá-lo a uma posição de embaixador ou diplomata. Sua tolerância e seu idealismo influenciam as pessoas. Gosta de se divertir, e viajará, pois não suporta ficar por muito tempo num mesmo lugar.

Procura a perfeição, e sentirá sempre que não fez tanto quanto pode fazer ou que não o fez tão bem quanto deveria fazê-lo. As pessoas poderão considerá-lo indefinido; quando pensam estar compreendendo suas idéias, muda inesperadamente. Alguns acham suas ações contraditórias; outros vêem as sementes da grandeza sutilmente ocultas em sua personalidade colorida.

O 61/7 nunca é muito bem-sucedido. Seus planos falham continuamente, e outros tomam aquilo que é seu por direito.

61/7
COMO VIBRAÇÃO TEMPORÁRIA: **Saúde, viagens, realização.** Ouça o bom conselho que lhe é dado durante este ciclo. Esse conselho poderá provir daqueles que detêm o conhecimento, ou do seu interior. Uma vez que necessita de um período de calma para ouvir e pensar a respeito dessa informação, será colocado num ambiente adequado para assim proceder.

Sua saúde poderá exigir-lhe toda a atenção. Poderá se decidir por períodos de descanso regulares, ou por sair de férias. Os esforços e atitudes do passado ganham corpo agora; seu sucesso depende de quão bem desempenhou ambos. Se seus planos falharam, seu sucesso foi apenas parcial, ou se outra pessoa conseguiu aquilo que você desejava, então examine seus procedimentos. A fé, a integridade e a sua preocupação pelos outros devem dominar todas as suas ações. Seja tolerante com os erros dos outros, neste período, e o sucesso parcial poderá, com o passar do tempo, ser transformado num triunfo.

SIMBOLISMO DO TARÔ: **Sete de Espadas.** A pessoa está fugindo com várias espadas; vira a cabeça, perguntando-se se não devia ter também levado as outras duas. Isso representa a incerteza, a hesitação e o sucesso parcial. As tendas também significam a instabilidade, por não serem permanentes.

CORRESPONDÊNCIA ASTROLÓGICA: **Terceiro decanato de Aquário.** Você estabelece fortes ligações ou parcerias. As pessoas procuram seus conselhos, devido à sua percepção e ao seu senso de justiça. Seria um bom advogado ou juiz, pois pode ver facilmente ambos os lados da questão, e faria uma avaliação justa. Demonstra uma liberdade fria e impessoal na sua conduta. Poderá ser considerado elusivo, embora inspire confiança, talvez até mais do que sente. Para desenvolver a autoconfiança, pratique a disciplina e o controle emocional. As dificuldades e incertezas serão então resolvidas.

62/8
COMO VIBRAÇÃO DO NÚMERO PESSOAL: Você tem o poder de adquirir a sabedoria e de controlar as forças no seu interior, mas não deverá se transformar num escravo do intelecto, que rejeita aquilo que não pode compreender pela razão. Tem uma mente analítica e discriminadora, com uma visão para o detalhe. A ordem e a regra são importantes na sua vida. É também eficiente, e poderia ser bem-sucedido em trabalhos de detalhe, tais como a química, a farmacologia ou qualquer ciência que envolva a experimentação.

Desenvolverá seu intelecto para satisfazer sua curiosidade e o seu desejo de conhecimento. Você é inteligente, inventivo e inquiridor, disposto a pesquisar para encontrar respostas. Poderá querer viajar, porém, se não houver oportunidade, se entregará a divagações mentais. Escreve e compila os fatos e as estatísticas, com o mesmo prazer.

É um pensador, rápido e atento. Domina os grupos através da sua habilidade de organizar e de fazer com que tudo funcione; ao mesmo tempo, mantém tudo em atividade de um modo prático e eficiente. Aceita prontamente a responsabilidade, mas nunca tenta o impossível. Apesar de conhecer as suas limitações, está confiante de poder superar os obstáculos. Através da ponderação e do cuidado, parece sempre encontrar uma solução. É digno de confiança e responsável, um bom vizinho e um cidadão íntegro. Deseja que a justiça prevaleça, e poderá participar de esforços comunitários para que assim aconteça.

Gosta de tranqüilidade. Às vezes, prefere a solidão para poder meditar. Estude filosofia e aprenda a usar sua visão interior, a fim de perceber as qualidades espirituais. Nesse reino, não poderá ficar preso a considerações materiais. Encontrará a verdadeira sabedoria que é capaz de adquirir.

Se for um 62/8 negativo, é limitado pelas aparências do seu meio ambiente. Permanece escravo do transtorno, da doença e dos fardos, até se libertar através da verdadeira compreensão.

62/8 COMO VIBRAÇÃO TEMPORÁRIA: Impasse, restrição, responsabilidade.

Você poderá estar envolvido, temporariamente, numa situação de impasse ou de paralisação. Poderá sentir-se restringido pelo seu atual ambiente e circunstâncias, ou ser censurado ou impedido de se expressar, de alguma maneira.

As dificuldades com parentes poderão atingir o auge. Transtornos e críticas causam conflitos mais profundos, resultando eventualmente em problemas de saúde. Os motivos egoístas daqueles que julgava serem seus amigos poderão agora ser expostos. Todavia, se não temer deixar para trás velhos hábitos e circunstâncias, estará livre do medo, livre para relaxar e desfrutar sua nova e recém-adquirida percepção. Faça alguns cursos, medite, desenvolva uma filosofia sadia que transponha o materialismo — enfim, descubra os prazeres da mente. Faça uma introspecção para encontrar os valores reais da vida; olhe por baixo das superficialidades. Se este já tem sido o seu modo de agir, o período lhe trará a honra e o reconhecimento que mereceu.

SIMBOLISMO DO TARÔ: **Oito de Espadas.** Apesar de a figura estar amarrada e vendada, encontrou a abertura na barreira de espadas (cruzes). Caminha pela água, demonstrando o poder da mente subconsciente, que é sempre representado pela água, no Tarô. Os castelos no fundo simbolizam realizações substanciais do passado.

CORRESPONDÊNCIA ASTROLÓGICA: **Primeiro decanato de Gêmeos.** O signo dos gêmeos indica a dualidade. Aquele que nasce nesta área do zodíaco necessita de variedade. Sente-se muito feliz quando tem vários projetos em andamento ao mesmo tempo. É fisicamente ágil, e especialmente esperto para todo tipo de trabalho manual. Aprende com facilidade a tocar instrumentos musicais devido à ligeireza dos seus dedos. Essa tendência também é útil se desejar executar serviços de secretariado. Escrever ou anunciar no rádio e na televisão seriam boas saídas para os seus talentos. Quando um assunto cativa seu interesse é muito bom aluno.

63/9 COMO VIBRAÇÃO DO NÚMERO PESSOAL: É um missionário, um reformador nato. Preocupa-se com as tristezas do mundo. Procura a verdade e deseja trabalhar para o bem dos outros.

Existe nesta vibração um refinado equilíbrio entre o coração e a mente. Isso lhe permite promover seus ideais, mas impede-o de assumir os sofrimentos dos outros. Poderá encontrar conflitos, nos quais suas emoções deverão ser purificadas, a fim de ser bem-sucedido.

É generoso ao compartilhar sua boa fortuna com outros. É sensível e compassivo, e está sempre disposto a dar uma mão quando a ocasião o exige. Essa preocupação pelos outros, muitas vezes leva ao desenvolvimento da arte de curar. Através dela, atinge grande felicidade.

Você é independente. Sua maior luta interior poderá ser o desejo do sucesso, com o sacrifício de alguma felicidade pessoal. O autocontrole, a disciplina, a paciência e a aceitação da sua natureza finita, são as maneiras de equilibrar esta vibração poderosa e complicada.

A habilidade artística, a clarividência e a percepção, proporcionam equilíbrio à sua personalidade única. Ao converter as situações ameaçadoras da vida em ferramentas para construir um futuro promissor, superará todos os obstáculos. Terá ganho a batalha que tenta acorrentar o espírito ao mundo mortal. Sua fé inspirada no amanhã, contra todas as previsões, ensina e eleva os outros.

Se for um 63/9 negativo, inunda-se em mágoas. Não vê nada além de sofrimento e tristeza à sua volta, desperdiçando assim o seu promissor potencial como agente da esperança no mundo.

63/9 COMO VIBRAÇÃO TEMPORÁRIA: **Lutas, altruísmo, curas.** Se as dúvidas o assaltarem, e caso se preocupe desnecessariamente durante este ciclo, será devido a precisar aprender, através do distúrbio emocional, a tornar-se menos sentimental. Ao permanecer ligado às coisas materiais, torna-se pesaroso, de modo crescente, com medo de perdê-las. Este é um ciclo de conclusões, no qual as coisas físicas e mortais precisam mudar.

As lutas e os atrasos que experimenta perduram apenas pelo tempo em que persistir ficar ligado às mesmas. Deve exercer o autocontrole sobre as suas emoções. Torne-se paciente, calmo e receptivo. Possui poderes de cura agora. Afaste-se das suas ansiedades pessoais, e compartilhe as experiências que teve com aqueles que necessitam da sua sabedoria. É capaz de resolver os problemas dos outros, colhendo sua paz de espírito e alcançando a realização.

SIMBOLISMO DO TARÔ: **Nove de Espadas.** A mulher está numa atitude de desespero, remorso e contemplação. O cobertor decorado com os signos do zodíaco e os sete planetas, simboliza as experiências que a vida lhe proporcionou. Essas ocasionam tristeza somente quando permitimos que elas nos impulsionem. Ao entendermos que as dificuldades constituem lições para o crescimento e o desenvolvimento, a mágoa diminui e a coragem substitui a frustração. As nove espadas estão apontando para o leste, para a luz; isso indica novos inícios ao alvorecer do dia.

CORRESPONDÊNCIA ASTROLÓGICA: **Segundo decanato de Gêmeos.** Este é um decanato mais calmo e menos nervoso de Gêmeos, pois a regência combinada de Mercúrio e Vênus aumenta sua compaixão e simpatia pela humanidade. Gosta das artes, da música e da poesia. A chance de uma parceria harmoniosa e de amor tende a produzir beleza e alegria em sua vida.

64/1 COMO VIBRAÇÃO DO NÚMERO PESSOAL: O 64/1 é extremamente individualista e, com freqüência, permanece solteiro. Todavia, sua personalidade magnética, sua tolerância, seus pontos de vista liberais e suas maneiras caritativas atraem o contentamento e a afeição à sua vida. É praticamente eficiente com grupos. A felicidade e o companheirismo lhe são mais importantes do que a fama ou a riqueza. Os contatos que faz ajudam-no a atingir as suas metas, que poderão incluir a riqueza, caso assim o decidir.

Deseja segurança em sua vida, e trabalhará para consegui-la. Possui firmeza, perseverança e determinação; sempre termina sua tarefa, mesmo que seja desagradável.

É intuitivo e um bom juiz da natureza humana. Suas percepções intelectuais penetrantes lhe servirão bem, caso se decida por uma carreira literária, ou resolva tornar-se um professor ou orador público. A profissão liberal é melhor para você do que os esforços no campo comercial.

Suas mentes consciente, subconsciente e superconsciente trabalham em uníssono, tornando-lhe possível quase tudo, através da meditação e da concentração no trabalho da sua vida. É estável, honesto e prático, um ser humano respeitado, que leva uma vida adequada, como bom vizinho e cidadão. Sabe como equilibrar suas responsabilidades com a recreação e o descanso. O lado mais suave da vida eleva a sua disposição e proporciona uma pausa para o humor.

Seu anseio de vencer é oriundo da sua forte atitude positiva e da sua determinação em não deixar que nada o abale. Assuntos científicos e espirituais são do seu interesse. Uma vez despertada a força da vida, ou *kundalini*, em seu interior, e aceita a verdadeira natureza da realidade, que é a mudança, terá o poder de sobrepujar todas as forças negativas.

O 64/1 negativo sofre muitas perdas e fracassos. Prende-se desesperadamente ao mundo material do temor. Por persistir, cada perda lhe traz maior sofrimento. Não aprendeu a desenvolver uma crença espiritual naquilo que não pode ser visto, mas que, contudo, existe — a fé e a imortalidade da alma.

64/1 COMO VIBRAÇÃO TEMPORÁRIA: **Responsabilidade, provas, percepçao.** Este é um tempo ótimo para desenvolver sua percepção interior através de algum tipo de disciplina metafísica, tal como a meditação, a ioga, a concentração transcendental, o controle da mente ou algo parecido. Através da busca do espiritual aprenderá que a mudança é um ciclo constante do universo; tudo precisa morrer e renascer em formas novas. Desligue-se das experiências da sua vida e adquirirá a sabedoria e a força para perseverar rumo às suas metas.

Poderá ser o seu pior inimigo se permitir que súbitos fardos e desapontamentos o derrotem. Poderá haver provas sob esta vibração. Se as enfrentar, abrirá uma porta em sua vida, e descobrirá o caminho do seu destino.

SIMBOLISMO DO TARÔ: **Dez de Espadas.** As dez espadas perfuram a espinha nos centros. (Os centros de força são pontos de conexão nos quais a energia flui no duplo etérico do corpo humano.) A manta vermelha do desejo cobre os centros inferiores, mas é segurada pelo sentido desperto da discriminação. As cores do fundo, o amarelo e o azul, em proporções iguais, mostram o equilíbrio das duas partes da mente: consciente e subconsciente. Os punhos das espadas, em forma de cruz, irradiam a luz branca do superconsciente, penetrando o abismo negro dos mistérios desconhecidos.

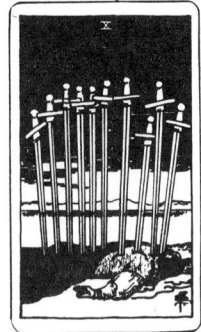

CORRESPONDÊNCIA ASTROLÓGICA: **Terceiro decanato de Gêmeos.** Um bom intelecto, a estabilidade e o equilíbrio mental constituem os dons deste decanato. Tem o poder da concentração, e é bem provável que siga uma carreira na ciência. Poderia ser pioneiro na eletrônica ou na produção de energia. Sua habilidade para julgar a natureza humana sem preconceitos ou tendências é uma característica valiosa na sua vida social e de negócios.

5

As Moedas

65/11 COMO VIBRAÇÃO DO NÚMERO PESSOAL: Este é um dos melhores números-mestre para a obtenção do sucesso material. Será bem-sucedido através da perseverança, da inteligência e da maturidade. Concentrando suas energias e dirigindo-as construtivamente, criará abundância em sua vida. As coisas boas parecem ir ao seu encontro quase sem dificuldades.

É sistemático e ordeiro, com talento para a organização. Outros o procuram para obter segurança. É um líder natural, que alcança o poder e a autoridade no mundo dos negócios, controlando grandes indústrias e empreendimentos. Pessoas importantes encontram-se na sua esfera de influência; poderão ajudá-lo a elevar o seu *status,* e a atingir suas metas.

É prático e reservado, e investe sua riqueza sabiamente para o benefício dos que estão à sua volta. É um patrono da literatura e das artes. Acredita na educação, nas boas maneiras e numa aproximação convencional à vida. Terá um casamento feliz, cercado de conforto, produtividade e de amigos poderosos.

O 65/11 negativo usa o dinheiro de modo extravagante, em especulação, no jogo e na frivolidade. Poderá até mesmo usar seus recursos para fins nocivos. Seu poder é usado na autogratificação, através de prazeres e posses materiais.

65/11 COMO VIBRAÇÃO TEMPORÁRIA: **Promoção, riscos, assistência.** Este é um período de número-mestre, que exige mais e, em compensação, recompensa mais do que qualquer outra vibração numérica. Pode esperar elevar o seu atual padrão de vida. O dinheiro, a posição e a influência lhe pertencem. As recompensas estarão em proporção direta ao seu desempenho anterior e, se este foi substancial, regalar-se-á nas riquezas que o mundo lhe oferece.

Pessoas influentes, em particular as do sexo oposto, ajudá-lo-ão a adiantar sua posição. Terá o poder que deseja, no campo que escolheu. Mantenha uma aproximação prática de todos os assuntos. Compartilhe sua boa sorte com outros; poderá permitir-se ser generoso agora. Entretanto, a extravagância e a especulação impensada poderão ocasionar perdas, e, sendo assim, mantenha o equilíbrio. O casamento, sob esta vibração, é frutífero e bem-sucedido.

SIMBOLISMO DO TARÔ: **Rei de Moedas.** O Rei veste um manto decorado com uvas que simbolizam a fertilidade e a abundância. Os símbolos de Touro que decoram o trono indicam dinheiro, posses e bens materiais. As construções que aparecem não são apenas casas, mas castelos de tamanho substancial. O luxo também é evidente nos profundos entalhes que adornam o trono, e a coroa de ouro com a grinalda de rosas é o símbolo de desejos elevados. Uma vez que as rosas se encontram em cima da coroa, no ponto mais alto da figura, indicam que os desejos foram atendidos. O cetro na mão direita do rei é um símbolo de autoridade e poder. O pentáculo dourado, na mão esquerda, significa a habilidade de lidar sabiamente com o dinheiro.

CORRESPONDÊNCIA ASTROLÓGICA: Primeiro decanato de Capricórnio. O decanato é regido por Saturno, e é o meridiano celeste do zodíaco natural, relacionado com a honra, a fama e a ambição. Se Capricórnio, ou qualquer outro signo cardeal, estiver no Meio-do-céu do seu horóscopo individual, algum tipo de proeminência é indicado, dependendo dos detalhes em outras partes do mapa. Tem talento para a liderança e a organização. É perseverante e radical, próspero e trabalhador, sistemático e ordeiro. A educação e as artes são importantes para você. Tem bom gosto e maneiras convencionais. É o aristocrata do zodíaco, o mais nobre dos números, expressado em metas elevadas e sérias.

66/3 COMO VIBRAÇÃO DO NÚMERO PESSOAL: Você é inteligente, ponderado e responsável. Sua natureza idealista e voltada ao público inspira-o a fazer algo para resolver os problemas sociais que vê.

Há também um lado prático na sua natureza. Usa seus talentos de modo sábio e produtivo a fim de alcançar resultados palpáveis. O seu magnetismo atrai tudo o que deseja; como resultado, consegue grande riqueza e segurança. É caritativo e generoso; usa sua riqueza e seus talentos para ajudar os menos afortunados. Você é uma pessoa verdadeiramente nobre.

Aprecia as coisas mais finas da vida, e gosta de estar cercado pela beleza. Seu lar deve ser confortável e bem decorado, e desfruta o esplendor se for expressado em forma de bom gosto.

A bajulação e a decepção não têm lugar, absolutamente, na sua personalidade; a verdade e a retidão regem sua conduta. É fiel e confiável, pois valoriza sua integridade. É prático e determinado na execução dos seus planos. Os outros apreciam seus sábios conselhos a respeito de negócios. Uma vez demonstrada a sua afeição, é um parceiro e cônjuge devotado, prestativo em todos os sentidos.

Como 66/3 negativo, poderá recusar-se a aceitar responsabilidades, pois teme o fracasso. Torna-se muito dependente dos outros e, pior ainda, permite que seus grandes talentos fiquem paralisados e eventualmente morram.

66/3 COMO VIBRAÇÃO TEMPORÁRIA: **Amigos, dinheiro, viagens.** Este período trata dos aspectos materiais da vida, dos prazeres e do conforto que derivam dos mesmos. O dinheiro e as propriedades são acentuados. Ganhará mais riqueza e prestígio de alguma forma. Um amigo influente poderá assisti-lo, ou receberá uma herança ou promoção. As cortes e a profissão legal poderão estar envolvidas.

Propósitos educacionais trarão riqueza e influência. Se tiver sonhado com férias especiais, ou com uma viagem, disporá agora dos meios para satisfazer esse desejo. Há dinheiro suficiente para sentir-se opulento e seguro.

Sua mente está bastante ativa neste período. Canalize essa energia para criar um negócio bem-sucedido ou que proporcione resultados tangíveis.

SIMBOLISMO DO TARÔ: **Rainha de Moedas.** A Rainha veste um traje elegante, embora conservador, o que demonstra o seu caráter. Seu trono é decorado com símbolos da fertilidade. A cabra, símbolo de Capricórnio, está entalhada nos braços do trono. As flores vicejam em toda a sua volta. A lebre também é um símbolo de fertilidade e de produtividade. Os querubins sempre indicam a proteção de seres divinos, que irradiam amor, paz, alegria e contentamento.

CORRESPONDÊNCIA ASTROLÓGICA: **Segundo decanato de Capricórnio.** O segundo decanato de Capricórnio (com Touro dominando, e a Terra e Vênus como co-regentes), dá origem não apenas a um indivíduo prático, com uma visão para ganhos financeiros e posições de prestígio, mas também a um indivíduo determinado, leal e, às vezes, teimoso. Seria difícil imaginar qualquer pessoa com esses atributos não alcançando o sucesso em tudo o que escolher. Certamente, com este número, esse é o caso.

67/4 COMO VIBRAÇÃO DO NÚMERO PESSOAL: Você é uma pessoa confiável, prática, e um bom trabalhador. O progresso material e o trabalho árduo são muito importantes para você. Você amadureceu até o ponto em que pode seguir suas metas sem depender dos outros; aceita responsabilidades para a sua vida atual e para o futuro. A persistência e o trabalho árduo são a sua fórmula para o sucesso e a paz mental.

Você vê o futuro com calma, e planeja metodicamente rumo ao mesmo. Sabe lidar com o dinheiro. Não sente ansiedade pelo mesmo, pois sabe que ele aumentará dez vezes mais se for aplicado sabiamente.

Considera a vida com bom senso. É artístico, criativo e inventivo. Usa esses talentos para servir aos outros. Produz as coisas que suprem as nossas necessidades e confortos pessoais. Cria e protege os bens da sua comunidade, para que outros eventualmente se beneficiem com os mesmos. Aprecia a beleza e obtém satisfação emocional com isso. Obtém uma vitória sobre o seu mundo, e merece o seu descanso.

O 67/4 negativo é preguiçoso e improdutivo. Esquiva-se da responsabilidade e deseja que outros cuidem de você. Parece nunca ter dinheiro suficiente, ou outros meios para suprir as suas necessidades.

67/4 COMO VIBRAÇÃO TEMPORÁRIA: **Trabalho, paciência, firmeza.** A paciência agora é uma virtude. Precisa ser metódico;

planeje cada passo a tomar. Não dependa da ajuda dos outros; em vez disso, use seus próprios talentos e recursos para prosseguir.

O dinheiro é um problema, e um orçamento poderá ser necessário. Lide sabiamente com suas finanças. "Se cuidar do dinheiro, ele cuidará de você." Neste período, ao executar serviços que proporcionem bens vitais para os outros, poderá estar certo do sucesso financeiro.

Não permita que sua rotina se torne monótona, mas mantenha um impulso constante para atingir suas metas. O desemprego ou as dificuldades no serviço significam que deverá atentar para seus hábitos de trabalho e para a sua atitude com respeito à sua posição. Se estiver na profissão errada, faça uma mudança. Se gostar do seu trabalho, examine diferentes caminhos de aproximação, até encontrar um que o beneficie e, com o passar dos tempos, os outros.

SIMBOLISMO DO TARÔ: **O Cavaleiro de Moedas.** O Cavaleiro está montado num cavalo de carga. Contempla o trabalho bem realizado e, ao mesmo tempo, planeja um curso de ação antes de recomeçar. Considera a situação calmamente para decidir-se quanto às medidas mais sábias a tomar. A sua arma é o dinheiro; sabe que um investimento inteligente significa o poder no plano material. Seu capacete e o freio do cavalo estão decorados com folhas de parreira, significando a fertilidade. O campo no fundo é uma planície aberta, mostrando que o cultivo deverá ser feito com a mudança das estações.

CORRESPONDÊNCIA ASTROLÓGICA: **Inverno (Capricórnio, Aquário e Peixes).** Este Cavaleiro preside o inverno, quando os frutos do trabalho são armazenados para uso durante essa estação, e para segurança. Nesta área do zodíaco executa-se muito do trabalho criativo, inventivo e artístico, e assim, é com prudência que o Cavaleiro guardou os produtos da colheita, dando oportunidade para que outros tipos de trabalho continuem.

68/5 COMO VIBRAÇÃO DO NÚMERO PESSOAL:

Você tem uma grande atração pelo dinheiro e pelo luxo, e poderá se apaixonar pelos mesmos. Gosta de ambientes bonitos e aprenderá a possuí-los, provavelmente através do trabalho mental e não do físico. Por meio de um planejamento inteligente, atinge suas metas. Uma vez que tal planejamento requer uma mente aguçada, respeita a aprendizagem. Está disposto a ouvir novas idéias e seguir o conselho de outros.

Apesar de ser algo introvertido, é um comunicador, com o propósito de levar as suas idéias ao mundo material. É bem equilibrado e confiante, e deseja projetar essa imagem; interiormente, é preocupado e cuidadoso com as decisões que toma. É diligente e cauteloso na construção de um futuro permanente e confortável. A rigorosa atenção ao planejamento e à organização contribui para uma grande parte do seu sucesso.

Como um 68/5 negativo, poderá ser um maquinador. Torna-se obcecado pelo desejo de posses materiais. Isso cria um sentido de urgência, que elimina toda precaução, resultando em desperdício e perdas.

68/5 COMO VIBRAÇÃO TEMPORÁRIA: Educação, planejamento, viagens, novos caminhos.

Seja cuidadoso; durante este período o materialismo exagerado poderá levá-lo a gastar e a reagir levianamente. Determine-se a realizar seus desejos através de um planejamento apropriado, e da atenção aos detalhes. Sua habilidade para organizar e sua receptividade a novas idéias poderão ser transformadas em lucros.

Alguém que encontra poderá ser o catalisador na sua decisão de seguir um caminho ou outro. Seja flexível. Aceite convites sociais e viaje; trazem-lhe oportunidades para ajudá-lo a construir um futuro sadio.

Eventualmente surgirão oportunidades educacionais; aceite-as, pois podem lhe abrir novas portas. A comunicação durante este período serve para estabelecer prioridades e para fortalecer negociações comerciais ou financeiras.

Poderão ocorrer altos e baixos e, possivelmente, algum desperdício ou perda. Essas fases destinam-se a eliminar o desnecessário. Use a discriminação, planeje com cuidado, e o futuro será seu.

SIMBOLISMO DO TARÔ: **Pajem de Moedas.** O Pajem segura o pentáculo de leve, com certa indiferença. Exteriormente aparenta estar calmo, enquanto em seu interior há grande cuidado e preocupação quanto às escolhas certas. A montanha da realização está no fundo. As flores no primeiro plano mostram que a atenção agora está no futuro imediato. O Pajem, todavia, está ciente da meta a ser alcançada no futuro distante.

CORRESPONDÊNCIA ASTROLÓGICA: **Terceiro decanato de Capricórnio.** Este é o decanato de Virgem, que proporciona a visão para o detalhe e o refinado senso de discriminação, resultando no bom planejamento e na boa organização. Você é equilibrado, confiante e tem bom gosto, mas não acredita em grandes pompas ou demonstrações teatrais.

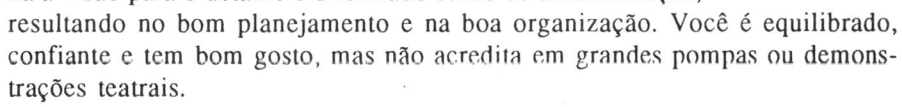

69/6 COMO VIBRAÇÃO DO NÚMERO PESSOAL: Possui todos os talentos necessários para conseguir uma vida de sucesso material

e de satisfação emocional. Este é o começo, no qual alguns dos vastos recursos do ambiente natural são colocados em suas mãos. Poderá moldar tais recursos, produzindo a fortuna, a honra e a fama. Sua tarefa não estará terminada até que aprenda a aplicar o princípio dos valores no plano material.

A roda da fortuna gira, impulsionada pela sua energia e esforço. É atraído para o luxo e a beleza, e tem a atitude apropriada para consegui-los. Para se expressar plenamente, deverá estar materialmente confortável e mentalmente satisfeito. Você desfruta a proteção divina que esta vibração aparenta oferecer.

Uma vez alcançado o sucesso no plano material, no mundo dos negócios ou no financeiro, você compartilha sua recompensa com generosidade. Faz contribuições às artes e outros propósitos que levam prazer e cultura às pessoas. Sua generosidade é retribuída e sua riqueza aumenta, reafirmando os valores que atribui aos recursos da Terra.

Como 69/6 negativo, torna-se obcecado pela busca de posses materiais e, uma vez conseguidas, esconde-as avidamente. Sua ganância corrompe-o, assegurando-lhe confortos materiais, mas pouco contentamento.

69/6 COMO VIBRAÇÃO TEMPORÁRIA: Honra, fama, dinheiro, contentamento.

Você é agraciado com grandes honras, fama, dinheiro e felicidade. Os frutos do seu trabalho estão nas suas mãos para serem consumidos. Seus diligentes esforços do passado são recompensados.

No lar, na sua profissão e na sua comunidade, você é respeitado e admirado. À medida que suas finanças aumentam, pode permitir-se o luxo de ser generoso e deverá contribuir, de alguma maneira, para o seu meio ambiente.

Esta é uma vibração tão boa que mesmo os aspectos negativos ainda trazem conforto material e ganhos financeiros; todavia, falta o contentamento interior sentido com o lado positivo do 69/6.

SIMBOLISMO DO TARÔ: **Ás de Moedas.** A Mão de Deus segura o pentáculo como oferta para aqueles que aprenderem a entender seu significado. Parece sugerir que todos podem participar dos bens materiais e atingir a montanha da realização, depois de compreenderem que a consciência universal é oferecida a todos que a procuram. Os lírios no primeiro plano representam os desejos purificados. As rosas representam o impulso energético por trás dos desejos carnais. As montanhas gêmeas da realização, visíveis através do arco de rosas, indicam que a meta está à vista, embora ainda no futuro distante.

CORRESPONDÊNCIA ASTROLÓGICA: **O elemento Terra (Touro, Virgem e Capricórnio).** Uma vez que os ases regem os elementos, o Ás da Terra indica a riqueza e a segurança material, tão amplamente necessitada e desejada nesta passagem pela vida. A fortuna, a honra e a fama são as metas da consciência terrena. O contentamento material e mental, além da proteção divina, parecem expressar totalmente aquilo que mais nos empenhamos por conseguir.

70/7 COMO VIBRAÇÃO DO NÚMERO PESSOAL:

Esta é considerada uma vibração afortunada, pois oferece oportunidades de negócios. Cuidadoso, prudente, ambicioso e diplomático, é muito querido na vida social e de negócios. Acredita ser justo em todos os seus procedimentos e é, provavelmente, o único 7 que deverá tentar uma parceria. O zero confere a proteção divina.

Sua criatividade tem valor comercial. Cria métodos engenhosos para resolver os problemas e promover produtos. Sabe também como aproveitar ao máximo o seu dinheiro.

Enfrentará sem cessar situações de mudança; esteja sempre pronto para lidar com tais circunstâncias e para proporcionar soluções harmoniosas. Está consciente de forças oponentes, e tem uma compreensão intuitiva das emoções de outras pessoas. Enquanto controla habilmente seus próprios sentimentos, apresenta acordos satisfatórios. É econômico e prático. Seu equilíbrio, sua autoconfiança e habilidade para gerenciar deverão proporcionar-lhe uma posição executiva.

Poderá fazer muitas viagens de negócios ou, pelo menos, estar ativamente envolvido na comunicação. As mensagens e o intercâmbio são os pontos cruciais do seu trabalho.

Sua perseverança e resistência prevalecem, e torna-se bem-sucedido. Assegure-se de equilibrar a sua personalidade, permitindo-lhe tempo igual para o trabalho e para o lazer.

Como 70/7 negativo, vive uma vida de ostentação. Não pode lidar com mais de uma situação ao mesmo tempo, especialmente se forem conflitantes. Você é melancólico; sua vida reflete sua instabilidade através de muitos altos e baixos.

70/7 COMO VIBRAÇÃO TEMPORÁRIA: Parcerias, viagens, negócios.

Este é um período de atividades comerciais. Poderão oferecer-lhe uma sociedade financeiramente lucrativa, a longo prazo. Se ambos os lados usarem de honestidade e integridade, a união gozará de proteção cósmica. Idéias criativas emergem para oferecer meios únicos de resolver dificuldades ou de promover produtos. Isso intensificará seus negócios.

Mantenha-se atento a situações instáveis à sua volta. Tendências flutuantes precisam ser consideradas. Há uma abundância de mensagens e comunicações relativas a negócios. As viagens para fins de negócios poderão ser necessárias.

Consegue resolver disputas ou dificuldades amigavelmente, pois tem a percepção das forças oponentes em ação. Mantenha sua imaginação sob controle, e não pressinta problemas onde não existem. Se permitir que transtornos imaginários bloqueiem o fluxo positivo deste período, perderá financeira e profissionalmente. Sua saúde poderá então sofrer.

SIMBOLISMO DO TARÔ: **Dois de Moedas.** A pessoa da figura é um ilusionista astuto. Seu material é o dinheiro. O 8 horizontal, a lemniscata cósmica, significa o infinito. Neste caso, representa o desejo de atividade contínua e equilibrada, e não da luta e empenho na realização de ambições. Trata-se de um processo contínuo. Os navios nas cristas das ondas aparentam ser habilmente conduzidos, denotando empreendimentos prósperos ou o sucesso no comércio. A vestimenta externa da figura é de couro, o que demonstra o desejo de qualidades duradouras, de predominância e do bom uso do reino aninal e de reinos inferiores.

CORRESPONDÊNCIA ASTROLÓGICA: **Primeiro decanato de Capricórnio.** Este decanato confere ambição e diplomacia, com muita perseverança e resistência. Você dirige posições de liderança com facilidade e eventualmente conquistará posições executivas. Por ser confiante, progressista e prático, daria um bom líder.

71/8 COMO VIBRAÇÃO DO NÚMERO PESSOAL: Este é um número de realizações materiais construtivas. É dinâmico, determinado e enérgico. Com sua persistência, termina tudo o que se propõe a fazer. Trabalha dentro das normas estabelecidas, aprende a sua profissão e torna-se habilidoso na execução da mesma. Não permite que o dogma ou a frivolidade o desviem. Apesar de ser disciplinado, sensível e agressivo, por vezes tenta o impossível; contudo, reconhece seus limites e contorna-os através de trabalho árduo e completo.

Você é seguro, como o rochedo de Gibraltar, inspirando os outros com sua estabilidade. Deverá lembrar-se de destinar um tempo para férias, descanso e recreação, a fim de evitar o esgotamento, que resultaria se você insistisse em trabalhar constantemente sozinho. Pense naquilo que a palavra recreação significa — re-criar. Precisa de um tempo de lazer para recarregar e reabrir as suas fontes criativas. Os exercícios ao ar livre e a comunicação com a natureza proporcionam-lhe efeitos curativos.

Você é afetuoso e compassivo, e compreende instintivamente as situações que lhe são apresentadas para solução. Seus talentos, seu desejo de adquirir riqueza e sua vontade de progredir lenta e constantemente asseguram-lhe sucesso financeiro.

Como 71/8 negativo, é indiferente ao desenvolvimento dos seus talentos e, portanto, consegue pouco. Todavia, pagará o seu preço, pois tudo se vingará.

71/8 COMO VIBRAÇÃO TEMPORÁRIA; **Oportunidade, avanço, lucro.** Empenhe-se diligentemente e desenvolva seus talentos, a fim de conseguir um emprego que garantirá sua segurança financeira. Isso poderá ser obtido através do trabalho árduo e, desse modo, use este período para o seu desenvolvimento profissional.

Seja seguro, estável e fidedigno. Os que detêm a autoridade ficarão impressionados com sua inteligência, habilidade e persistência. Poderão ocorrer contratos comerciais e promoções no emprego.

Pense amplamente, alargue seus horizontes e proporcione ao seu potencial criativo uma chance de mostrar o que é capaz de fazer. Você está no caminho para o alto. Ao subir, certifique-se de dedicar um tempo para ajudar aqueles que trilham o mesmo caminho e que podem não estar operando sob a poderosa influência em que se encontra. A honra e o reconhecimento que lhe são conferidos agora aumentarão, igualmente, sua conta bancária.

Se for um 71/8 negativo, deixará passar a oportunidade do desenvolvimento profissional. Como resultado da sua preguiça, as oportunidades serão perdidas para sempre.

SIMBOLISMO DO TARÔ: **Três de Moedas.** Um escultor trabalha na catedral, simbolizando que devemos trabalhar para aperfeiçoar o templo ou a pessoa, como um todo. O escultor alcança o sucesso e as recompensas para o trabalho bom e leal. Presta pouca atenção às duas figuras que procuram distraí-lo através do dogma ou da frivolidade.

CORRESPONDÊNCIA ASTROLÓGICA: **Segundo decanato de Capricórnio.** Esta área do zodíaco proporciona a vontade de adquirir bens materiais. Você deseja progredir lenta e constantemente em direção à sua meta. Realiza seu trabalho com calma, mas com constância, a fim de atingir as alturas que fixou para si. O ramo imobiliário, a agricultura, ou a mineração seriam profissões adequadas.

72/9 COMO VIBRAÇÃO DO NÚMERO PESSOAL:

Você procura a satisfação através do controle de assuntos mundanos e do acúmulo de poder terreno. É nitidamente analítico e vê as coisas em termos de vantagens materiais. Esta é uma das vibrações mais práticas para lidar com assuntos terrenos de uma forma hábil e construtiva. Quer acumular uma fortuna, e tem a ambição, a convicção e a habilidade prática para fazê-lo.

O impulso aqui é construir em grande escala e fazer valer cada centavo. Não tolera a perda através da negligência ou do desperdício. É generoso e piedoso, mas possui a tenacidade de agarrar-se ao dinheiro e de acumular os bens materiais que deseja. Cauteloso, tem receio de que algo interfira com a meta que fixou para si mesmo; ao mesmo tempo, seus diligentes esforços proporcionam serviços aos outros.

Tem um caráter forte. Seus padrões são elevados, e é dono de uma estabilidade inata — um dom de raciocínio equilibrado e lógico, através do qual alcança a harmonia e a felicidade. Por meio da generosidade, supera o seu temor pela pobreza. Deseja que a sua vida seja de realizações úteis e construtivas. Então os outros olharão para você como um modelo de prático sucesso terreno.

Como 72/9 negativo poderá ser egoísta, apegando-se às suas posses com medo de que alguém as tire. Sua avareza o fecha numa existência isolada e desolada, na qual sua riqueza lhe oferece pouco prazer, pois usa todo o seu tempo para cuidar dela.

72/9 COMO VIBRAÇÃO TEMPORÁRIA: **Aumento, riqueza, satisfação.**

Sua atenção está voltada para os assuntos materiais. Analisando com atenção sua condição financeira, poderá reunir uma fortuna. Precisa criar grandes organizações, cuidando de cada detalhe e mantendo as rédeas nas mãos. Seja perseverante; não deixe que nada o afaste da sua meta, que é prática e útil aos outros.

Se sofrer reveses ou perdas, examine os motivos. A realização material para satisfazer sua própria necessidade de segurança e para suavizar seu medo pela pobreza, podem ocasionar o fracasso. Se se empenhar no sucesso através do esforço contínuo e da execução habilidosa dos seus talentos organizacionais, atingirá o sucesso material que procura. Poderá então descansar sobre os merecidos louros.

SIMBOLISMO DO TARÔ: **Quatro de Moedas.** A figura mostra que está fechada em si mesma. Cada extremidade está limitada pelo valor material; a atitude é de quem está colhendo e segurando. O talento de lidar habilmente com o dinheiro é demonstrado pelo pentáculo muito bem equilibrado no alto da coroa sem adornos. Tem pouco interesse por enfeites pessoais, como é mostrado pelos sapatos frouxamente amarrados, e pelo manto ou xale esfarrapado jogado nos ombros e na cintura. As construções, no fundo, mostram muita realização material do passado, mas, mesmo assim, continua agarrado aos seus valores materiais, desejando acumular e construir ainda mais. A lição aqui é que a riqueza terrena não proporciona nada à alma interior, pois a figura aparenta ser pobre, apesar das suas muitas posses.

CORRESPONDÊNCIA ASTROLÓGICA: **Terceiro decanato de Capricórnio.** Esta área do zodíaco produz uma pessoa prática e ambiciosa, adaptável e discriminadora. Quer que sua vida seja uma série de realizações úteis e construtivas. Observa as coisas para ver como cabem em seu esquema financeiro de progresso. Aprendendo a compartilhar a abundância que a vida lhe oferece, vencerá qualquer temor de pobreza.

73/1 COMO VIBRAÇÃO DO NÚMERO PESSOAL: A palavra-chave aqui é *sabedoria* — a sabedoria de adquirir a harmonia interior, de encontrar a luz em si mesmo, de reconhecer que trabalhar apenas para a recompensa material traz a pobreza, enquanto servir à própria verdade traz a realização espiritual. Está bastante consciente de ter de suportar a pobreza e os fardos do mundo caso se tornasse avarento e rejeitasse a luz espiritual interior. Tem um bom fluxo de energia, uma boa resistência, e a habilidade de recomeçar e de se reabastecer por si só. Uma vez que o medo não faz parte da sua linguagem, sua autoconfiança é soberba, e serve para inspirar os outros.

Você tem força de vontade, é afetuoso e paciente. Seu bom senso para negócios e seu talento financeiro lhe proporcionarão bênçãos. Uma forte combinação de fatores está em operação para garantir-lhe uma personalidade que, às vezes, poderá produzir milagres. Deverá usar sempre seus talentos com honestidade, idealismo e integridade. Poderá tornar-se uma força para o bem no mundo, e fazê-lo um lugar melhor para se viver.

Se for um 73/1 negativo, é obstinado, teimoso e lento no desenvolvimento. Sua sabedoria é adquirida apenas através de sofrimentos físicos, materiais e financeiros, nos quais deverá escolher entre propósitos materiais e riquezas espirituais. Ao olhar para a luz em seu interior, ocorre uma mudança de consciência, e os aspectos materiais da vida fluem com facilidade.

73/1 COMO VIBRAÇÃO TEMPORÁRIA: **Trabalho, meditação, valores.** Esteja consciente de que a preocupação com o lado puramente material da vida poderá trazer-lhe apenas desapontamento. O trabalho e os empenhos pessoais são enfatizados aqui; todavia, deverá executá-los sentindo prazer na sua realização, e não pela necessidade de recompensas materiais.

Comprazer-se com uma necessidade subconsciente de auto-importância poderá trazer-lhe ganhos temporários que, com o passar do tempo, redundarão em infortúnio. As perdas que eventualmente ocorrerem durante este ciclo servem apenas para colocar seus propósitos e anseios numa perspectiva apropriada. A natureza transitória do mundo material deverá encorajá-lo a procurar valores mais profundos. Consiga alguns livros sobre filosofia, disponha de um tempo para meditação ou matricule-se num curso de alguma disciplina metafísica, que lhe indicarão outros caminhos de lidar com as circunstâncias da vida. O resultado positivo deste ciclo é a sabedoria.

SIMBOLISMO DO TARÔ: **Cinco de Moedas.** As duas figuras representam a pobreza física e mental. Servem como um alerta para procurarmos a luz interior, o que é indicado pela claridade na janela. A carta serve para mostrar que as riquezas interiores excedem em brilho a quaisquer fortunas materiais. A mensagem aqui é: volte-se para as suas forças interiores a fim de obter orientação, e evite a pobreza de consciência, que se verifica se a atenção estiver apenas no mundo exterior.

CORRESPONDÊNCIA ASTROLÓGICA: **Primeiro decanato de Touro.** Esta área do zodíaco caracteriza-se pela força de vontade e grande resistência. Tem boas habilidades para os negócios e as finanças. Você gosta do bem-estar, da boa alimentação e dos luxos da vida. O talento artístico poderá transformá-lo num cantor, ou expressar-se em outras habilidades criativas.

74/11 COMO VIBRAÇÃO DO NÚMERO PESSOAL: Esta é uma vibração de número-mestre. Requer mais do que outras vibrações numéricas mas, como resultado, recompensa mais. O elemento mais importante desta vibração é o equilíbrio das dívidas, tanto atuais como cármicas. Sente a necessidade e o desejo de colocar as coisas em seu devido lugar na vida, em sua comunidade e no mundo, tão longe quanto sua influência e responsabilidade poderão levá-lo. Você é idealista, com uma fé profunda de que poderá transformar os sonhos em realidade. Equilibra a caridade com a justiça, e prontamente compartilha sua prosperidade material com os outros, levado pela preocupação e pelo desejo de equilibrar os pratos da balança. Ajustando seus valores, expia dívidas cármicas através de ações positivas.

É sua tarefa controlar e manter os fatores econômicos que mantêm a nossa sociedade viva e em funcionamento. Suas inclinações científicas e sociais poderão conduzi-lo à química, à medicina ou a profissões ligadas à alimentação e higiene. Qualquer uma que escolha, você precisa manter um equilíbrio emocional refinado, para que sua disposição não flutue do êxtase para as trevas.

É popular com o sexo oposto, devido à sua graça, ao seu charme, à sua autoconfiança e independência. Tem um sentido aguçado do seu próprio valor.

Poderá dirigir atividades de grupo e inspirar confiança, pois sempre se conduz de modo honesto.

Ao manter seus muitos talentos equilibrados, o sucesso material é garantido. Deverá então tornar-se o filantropo, compartilhando sua prosperidade e influência com os necessitados do mundo. Só deste modo sua realização terrena terá um valor real.

Se for um 74/11 negativo, poderá ser inescrupuloso em sua busca de sucesso financeiro e de segurança. Precisa de dinheiro em proporção às suas inseguranças, e poderá tornar-se avarento, atraindo a inveja e o ressentimento como resultado de suas ações.

74/11 COMO VIBRAÇÃO TEMPORÁRIA: Presentes, heranças, equilíbrio, divisão.

Esta é uma vibração de número-mestre. Terá mais oportunidade para a realização, e colherá recompensas maiores se cumprir o esforço adicional. Este é um período cármico, que exige o equilíbrio e que divida com os outros. Isso implica que houve um prévio desequilíbrio a ser reparado e ajustado. As recompensas resultantes sejam elas materiais ou espirituais, deverão ser compartilhadas com outros.

Você atrairá as pessoas, que serão inspiradas pelo seu charme e pela sua autoconfiança. Poderá desempenhar com eficiência atividades de grupo. Tem a ambição de perseguir suas metas; as grandes recompensas advêm da expressão dos seus talentos.

Agora, a prosperidade material lhe é conferida. Poderá receber presentes de um admirador, honras dos seus iguais ou talvez uma herança. Lembre-se, a lição agora é compartilhar.

O uso negativo do 74/11 traz amizades indesejadas e inveja. Acumula dívidas e sofre perdas. Seus métodos inescrupulosos lhe trazem apenas mágoas.

SIMBOLISMO DO TARÔ: **Seis de Moedas.** A figura central segurando a balança é o benfeitor, como indicado pelo número-mestre e pela área de relacionamento do zodíaco. A chave demonstra a condição em que os valores são aprendidos e as substâncias materiais da vida são compartilhadas. As outras figuras representam a condição oposta, quando o lado positivo é negligenciado, e quando a condição negativa (objetos de caridade) resulta do descuido. Você pode escolher entre criar o positivo ou o negativo no seu futuro.

CORRESPONDÊNCIA ASTROLÓGICA: **Segundo decanato de Touro.** Este decanato inclui a influência científica da vibração de Virgem. Você tem uma mente discriminadora e crítica. Poderia ser um analista de carreira ou seguir um ramo nos serviços sociais, ou ainda escolher a química relacionada a assuntos de saúde, tais como a higiene, a alimentação ou as dietas. Poderia também ser um médico ou uma enfermeira compassiva, ou, então, desenvolver métodos de preservar e de preparar alimentos para o mercado.

É popular com o sexo oposto pela sua graça, habilidade e idealismo.

75/3 COMO VIBRAÇÃO DO NÚMERO PESSOAL: Esta vibração traz o crescimento caso se mantenha firme e independente. Muito depende da sua persistência e do seu esforço. Você tem potencial, mas sua realização exige trabalho árduo e contínuo, o que, interiormente, sabe que é necessário. Sabe que levará tempo para que os seus esforços produzam frutos, e que deverá permanecer calmo e paciente enquanto aguarda, além de se aplicar incessantemente à tarefa do momento. Sob este número, de fato colherá aquilo que semeou.

Todas as atividades, desde o boxe profissional a editores, de atores dramáticos a músicos, estão cobertas por este número. No entanto, todos os envolvidos tiveram de realizar um esforço persistente para alcançar a fama e a posição. Você possui o que é necessário para ser bem-sucedido: firmeza e disciplina.

Sua natureza prática é conjugada à ambição. Relaciona-se bem com seus contemporâneos. Poderá tornar-se interessado na metafísica ou na filosofia, mas manteria tudo numa base prática. Deseja ver provas concretas antes de aceitar conceitos controversos. É sério em relação à vida, sóbrio e sensível. Com ambos os pés firmes no chão, atinge os seus objetivos.

Oportunidades para posições de maior responsabilidade são-lhe apresentadas, e você aceita os desafios com coragem. Alcança um padrão de vida mais elevado do que ao nascer, através da sua determinação e resistência. Com todo o sucesso material que consegue, ainda reconhece a necessidade de investigar e desenvolver seu lado espiritual.

O 75/3 negativo preocupa-se com o dinheiro ou com a falta do mesmo. É impaciente quando as recompensas não surgem de imediato; suas ansiedades poderão afetar-lhe a saúde e levá-lo a desistir facilmente.

75/3 COMO VIBRAÇÃO TEMPORÁRIA: **Dinheiro, viagens, paciência, trabalho árduo.** Durante este ciclo você precisa ter paciência e perseverança. Deverá aprender que as recompensas só virão depois de um trabalho árduo. É necessária a aplicação constante da energia rumo a uma meta positiva. Uma vez aprendidas essas lições, o sucesso no qual se empenha é seu. O carma controla a situação neste período, pois seu sucesso está na proporção direta do esforço que despende.

Deverá unir o lado prático à ambição. Veja a situação como ela realmente é, e decida se tem algum valor real. Se tiver, proceda com determinação para ver a tarefa cumprida. Opte sempre por resultados concretos. Seus contemporâneos desejam ajudá-o, e, sendo assim, estabeleça contato com aqueles de quem pode depender.

Posições de autoridade poderão apresentar-se; enfrente-as com confiança e com um senso de responsabilidade. Tenha sempre em mente a ética e a moral nas suas ações. Novas oportunidades poderão exigir viagens e, portanto, seja flexível.

A reação negativa traz frustração nos assuntos financeiros. Ocorrem atrasos, e poderá sentir-se impaciente e limitado. A única solução é aceitar calmamente o tempo como eterno curador e dedicar-se aos negócios e ao trabalho com uma atitude positiva.

SIMBOLISMO DO TARÔ: **Sete de Moedas.** O jovem conseguiu uma grande demonstração de sucesso através da sua diligência. Contempla agora o seu trabalho e nota a falta de frutos na parreira cheia de folhas. Reconhece que só produziu folhagem. Chegou com sua foice para cortar a colheita; contempla o que poderia ter faltado nos seus esforços. Está pronto a reconhecer que as coisas materiais não são suficientes para alimentar a alma. A nutrição da vida surge apenas através do cultivo espiritual.

CORRESPONDÊNCIA ASTROLÓGICA: **Terceiro decanato de Touro.** Esta área do zodíaco produziu muitos tipos diferentes de indivíduos, e todos aplicaram a determinação e a persistência para atingir suas metas. Você tem uma atitude independente e disciplinada; o trabalhador de Touro está aqui entusiasmado pela ambição. Você aceita desafios e posições de responsabilidade, e prossegue rumo a conquistas ainda maiores.

76/4 COMO VIBRAÇÃO DO NÚMERO PESSOAL: Você é dotado com a habilidade de ser um gênio no seu campo. Está realizado em alguma profissão ou ramo de negócios, e venceu por si próprio, trabalhando para si e não para os outros. Não procura apoio, mas aplica-se meticulosamente à tarefa em suas mãos. Considera a vida com seriedade, e é honesto e modesto quanto às suas realizações.

O lucro advém do raciocínio claro, e não do desejo emocional. Usa a lógica ao tomar decisões, pois é exato e analítico, além de um bom planejador e organizador, sempre aderindo ao crescimento ordeiro e constante como o caminho aprovado do progresso. Você não é um conquistador do mundo, no sentido em que a realização mundial é considerada, mas demonstra o progresso pelo exemplo do seu estilo de vida, e assim, calmamente ensina aos outros o caminho seguro para o sucesso. Aquilo que realiza será de grande benefício, a longo prazo, tanto para si mesmo como para os outros.

Deverá cuidar-se do excesso no trabalho e da falta de lazer. O trabalho excessivo poderá dar lugar à ansiedade e à preocupação. Relaxe em intervalos adequados e tire férias regularmente para preservar a saúde. Permita-se um tempo para o despertar espiritual; isso também é importante para a felicidade total e para uma vida plena de graça. Você exemplifica a sabedoria oriunda do trabalho pacífico.

Se for um 76/4 negativo, nunca desenvolverá seus talentos e permanecerá improdutivo, ou desenvolvê-los-á para ganhos ilícitos, através de fraude ou falsificação. Isso poderá apenas significar o fracasso.

76/4 COMO VIBRAÇÃO TEMPORÁRIA: **Treinamento, emprego, habilidades.** Você agora dispõe da habilidade de desenvolver seus talentos através de algum tipo de treinamento, aprendizagem ou oportunidade de emprego. Deverá aplicar-se à tarefa com concentração e dedicação, resolvendo aperfeiçoar seus talentos cuidadosa e meticulosamente.

Não permita que as emoções obtenham o controle. Proceda com a cabeça clara, e use a lógica e a organização para atingir suas metas. Trabalhe calma e despretensiosamente, uma vez que o alvoroço não é o método de aproximação, neste caso. Suas realizações durante este ciclo provarão ser valiosas no planejamento de metas de longo prazo.

Certifique-se de reservar um tempo para o descanso e o relaxamento. A tendência aqui é no sentido de um esforço excessivo, de trabalho prolongado e de ficar demasiado cansado. Isso poderá dar origem a problemas de saúde. Equilibre o trabalho com o lazer; você está num período de treinamento, preparando-se para o seu futuro emprego.

SIMBOLISMO DO TARÔ: **Oito de Moedas.** Um trabalhador, vestindo roupas simples e um avental de couro, está diligentemente esculpindo um pentáculo de ouro, símbolo do dinheiro. A grande pilha de moedas significa que ele se manteve fiel no trabalho. Suas costas estão voltadas para o mundo; sua atenção concentra-se apenas no trabalho. Este quadro demonstra a honestidade, a meticulosa atenção a detalhes e talentos desenvolvidos. Poderá também sugerir que só o trabalho e nenhum lazer tornam a vida insípida, se bem que o prazer e a satisfação poderão advir com a aquisição de riqueza.

CORRESPONDÊNCIA ASTROLÓGICA: **Primeiro decanato de Virgem.** A modéstia de Virgem é demonstrada através do seu tranqüilo desejo de ser um exemplo para os outros. Consegue seus objetivos procedendo com cuidado, e preocupando-se de que a tarefa seja efetuada de modo apropriado e ordeiro. Deverá cuidar-se contra a tendência de exagerar no trabalho, e de ficar tão emaranhado na sua profissão a ponto de não se permitir um tempo para o lazer.

77/5 COMO VIBRAÇÃO DO NÚMERO PESSOAL: Fertilidade, produtividade e perfeição física são as palavras-chave desta vibração. Você tem todos os confortos da vida. Sua boa sorte poderá ter-se originado da economia e do trabalho, ou através de meios inesperados e misteriosos, tais como legados ou presentes de gratidão. De qualquer modo, está bastante confortável e protegido, o que lhe permite períodos para reflexão e propósitos agradáveis.

Você tem o dom de compreender os outros, e atrai as pessoas. É popular e autoconfiante. Emocionalmente, ajusta-se às circunstâncias. Poderá ser livre e bem-humorado, ou extremamente cauteloso e sério, conforme a situação o exigir. Apesar de ser perspicaz e prudente, possui também um lado imaginativo e criativo nesta vibração de alta sensibilidade.

O lado prático e a perfeição são os seus traços principais. Sua ambição poderá fazer surgir o desejo de elevar seu *status* através de responsabilidades no serviço social ou na vida pública. O seu anseio por realizações maiores faz com que prossiga; o seu tato ajudá-lo-á nesta subida. Trata todos os assuntos com habilidade.

Existe algo de aristocrático aqui, pois tem todas as necessidades materiais e prazeres físicos que poderia desejar; apesar disso, sente o dever de oferecer os seus serviços a fim de proporcionar realizações mais elevadas para o mundo.

Se expressar o 77/5 negativo, poderá perder, através da extravagância, as posses que ama com tanto afeto. Com isso, perde o privilégio de satisfazer seus prazeres pessoais. Sua família e seus amigos poderão estar entre as perdas.

77/5 COMO VIBRAÇÃO TEMPORÁRIA: **Boa sorte, popularidade, realização.** De fonte inesperada, poderá receber presentes, dinheiro ou uma herança. Essa boa sorte tenderá a evoluir de modos misteriosos, ou poderá ser o resultado da sua prudência e diligência. Por qualquer meio que venha, terá agora os recursos para viajar, para se entreter e para outros empreendimentos de lazer.

Atrairá muitos amigos, intensificará sua vida social e se verá no centro das atenções. Você é inteligente e charmoso; todavia, se as circunstâncias exigirem, poderá imediatamente tornar-se sério. O seu lado criativo está desperto neste período.

Desfrute este período produtivo, mas seja também prático em tudo o que fizer. A extravagância poderá causar a dissipação e a perda de dinheiro. Olhe para as metas que poderá atingir, já que se livrou das preocupações financeiras.

SIMBOLISMO DO TARÔ: **Nove de Moedas.** Uma mulher está elegantemente vestida, com símbolos de amor, riqueza e abundância em evidência inconfundível. A chave representa o luxo e o bem-estar. O falcão em sua mão é um símbolo da aristocracia, pois só aqueles que possuem riqueza e lazer podem desfrutar a arte de adestrar falcões. As vinhas do fundo estão plenas de frutos, completando, desse modo, este quadro de ampla riqueza e segurança.

CORRESPONDÊNCIA ASTROLÓGICA: **Terceiro decanato de Virgem.** Esta área do zodíaco confere um grande despertar pela ambição, um desejo de maior perseverança e um anseio por realizações elevadas. Reflete um período da vida em que será oferecida a oportunidade do ulterior progresso. O tato e a diplomacia são atributos da sua personalidade, tornando-o habilidoso no trato das suas obrigações. Para os que são agressivos, haverá oportunidade de servir, ganhar honra e reconhecimento. Este período, com freqüência, traz a riqueza e condições melhores, de modo geral.

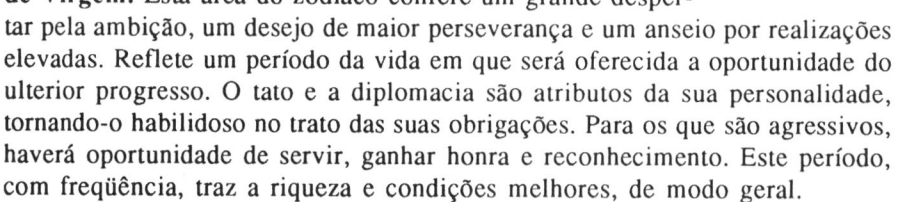

78/6 COMO VIBRAÇÃO DO NÚMERO PESSOAL: Encontra-se aqui a derradeira realização dos desejos, tanto no plano material como no espiritual. O 12 é considerado o número do ciclo perfeito, como nos doze meses do ano e nos doze signos do zodíaco. A extensão do 12, que é atingida ao se somar os números de 1 a 12, produz o 78. Nesse número existe realmente um grande potencial.

Você sabe que conseguiu a realização através do esforço extraordinário.

Usou de grande força e persistência para atingir uma elevada meta material. A diligência e uma vida bem ordenada completam o esforço. As emoções são mantidas no lugar adequado em meio ao luxo. O seu elevado idealismo e a sua natureza finamente equilibrada criam o desejo de servir. Cercado pela família, pela tradição, pela riqueza e pelo conforto, está agora libertado das vicissitudes do trabalho, e apto a empenhar-se em empreendimentos filantrópicos que ajudarão a humanidade.

Você é extrovertido: confiante, seguro nas suas posses, pronto a usar sua sagacidade mental para estabelecer boas condições de vida e uma imagem de justiça no mundo à sua volta. Seu amor pela arte e pela beleza inspiram-no a apoiar financeiramente empreendimentos culturais. Não se empenhará pelo simples prazer de trabalhar, mas apenas para estabelecer e adicionar um elemento de beleza ao lado melhor da vida. Tem a influência financeira para proporcionar tais resultados. A harmonia no mundo material é uma medida do que o equilíbrio entre o espírito e a matéria pode produzir — uma vida abastada e confortável.

Se expressar o 78/6 negativo, poderá perder mais do que os outros, pois possui o potencial de ganhar muito mais. Uma vez que infortúnios e fardos tendem a aborrecê-lo, use a cautela em tudo o que se empenhar.

78/6 COMO VIBRAÇÃO TEMPORÁRIA: **Grande fortuna, família feliz, as artes.** Poderá conquistar uma grande fortuna durante este ciclo, tanto material como espiritualmente. As sementes de uma realização ulterior encontram-se aqui, uma realização alcançada através do esforço pessoal e de tremenda perseverança. O tempo de lazer, o prazer e a satisfação de desejos sensuais criam um sentimento de bem-estar e de autoconfiança. Deverá manter o bom senso em meio a essa opulência, e fixar os seus interesses em realizações culturais, que lhe poderão proporcionar uma elevação da alma. Procure o trabalho criativo agora, e apóie o mundo da beleza e da arte.

Uma vida familiar feliz poderá ser estabelecida agora. A linhagem familiar e o prestígio ganham significado, e as crianças são muitas.

As estruturas idealistas que constrói sob esta vibração terão efeitos profundos e duradouros sobre aqueles que entrarem em contato com as mesmas. São monumentos para o equilíbrio perfeito entre o material e o espiritual.

Não permita degenerar a si mesmo num estado de inércia e dissipação devido ao luxo que lhe é conferido agora. A vida material é apenas temporária; mais tarde, deve-se enfrentar a alma.

SIMBOLISMO DO TARÔ: **Dez de Moedas.** Esta cena representa tanto desenhos estruturais planos como intrincados. São também mostradas três fases da humanidade, representando os três estados de consciência. O homem, a mulher e a criança simbolizam a mente consciente, o subconsciente e o superconsciente, respectivamente. No lado está o ancião, observando e conhecendo o futuro daqueles que vê através do arco. Os dois cachorros cinzentos indicam o desenvolvimento do reino animal. (O cinza é resultado da mistura do preto com o branco, demonstrando o equilíbrio.) Note os pratos da balança solidamente fixados no arco, acima da cabeça do ancião. Isso implica que o equilíbrio foi conseguido e que os pratos não podem mais ser movidos. Os pentáculos estão dispostos segundo o padrão de desenho da Árvore da Vida, demonstrando que a maior realização é oriunda do equilíbrio conseguido no plano terreno. Este é um quadro que representa o sucesso e a realização, de qualquer forma.

CORRESPONDÊNCIA ASTROLÓGICA: **Terceiro decanato de Virgem.** As perspectivas financeiras são boas nesta área do zodíaco, quando combinadas com a habilidade de usar esta influência de modo apropriado. Você tem um senso de propósito, sem ser demasiado obstinado e sério. Isso se deve à combinação de Saturno, Vênus e Mercúrio. Essas qualidades reúnem o prazer, a arte e o lado prático, resultando em serviço e compaixão em quaisquer assuntos com que se defrontar durante a vida.

Apêndice

Síntese da Numerologia, da Astrologia e do Tarô

A NUMEROLOGIA, A ASTROLOGIA E O TARÔ constituem modos diferentes de explorar os ciclos da experiência da vida. Neste Apêndice, o material apresentado na Parte II deste livro é resumido em forma de tabelas e mapas, para que você veja mais facilmente como cada um desses sistemas antigos se relaciona com os outros.

Como é sabido, as setenta e oito chaves do Tarô são divididas em dois grupos, os Arcanos Maiores e os Arcanos Menores. Os Arcanos Maiores correspondem aos números 0 a 22. Esses números são: o Divino 0, os dígitos básicos de 1 a 9, e o primeiro ciclo dos dígitos duplos, até o segundo número-mestre, 22. Esses números e suas respectivas chaves do Tarô representam padrões de vida arquetípicos, e são astrologicamente unidos aos signos do zodíaco e aos planetas. Essa informação está contida na Tabela 1.

Nas Tabelas 2 a 5, apresentamos a informação contida nos Capítulos 2 a 5 da Parte II, que tratam dos números 23 a 78, dos Arcanos Menores e do ciclo astrológico anual. Para esclarecer o relacionamento desses números com o Arcano Menor e o ciclo astrológico, incluímos a Figura 7, que apresenta as informações das Tabelas 2 a 5 em forma circular.

Na astrologia falamos de Áries (Fogo), de Câncer (Água), de Libra (Ar), e de Capricórnio (Terra) como os signos *cardeais*. Os signos cardeais regem as estações e marcam os equinócios e os solstícios. Por exemplo, o ano astrológico começa com o equinócio da primavera; isso ocorre quando o Sol entra no signo de Áries, marcando o início da primavera.

Na Figura 7, você verá que o rei, a rainha e o pajem de cada naipe correspondem ao signo cardeal que rege o mesmo elemento. O Rei de Bastões (cardeal, Fogo) corresponde a Áries (cardeal, Fogo).

Notará também nas tabelas e na Figura 7 que, nos signos cardeais, os reis, as rainhas e os pajens de cada naipe possuem a mesma correspondência astrológica que os dois, os três e os quatro do mesmo naipe. Por exemplo, na Tabela 3 e na Figura 7, o Rei de Taças (37/1) e o Dois de Taças (42/6) correspondem ao primeiro decanato de Câncer (0° a 10° Câncer). Aqui o Rei atua no papel de proteção real, ofuscando o Dois, que está num ponto anterior do ciclo. Cada carta representa manifestações diferentes da mesma energia astrológica.

Existem duas outras cartas importantes em cada naipe: os cavaleiros e os ases. Cada cavaleiro monta um cavalo, representando o movimento e a energia e, devido a esse simbolismo, os cavaleiros vieram a representar estações inteiras. Assim, o Cavaleiro de Bastões rege a primavera, levando a manifestação inicial da energia de Áries através dos meses primaveris de Áries, Touro e Gêmeos, até que o Sol atinja Câncer 0°, e o Cavaleiro de Taças inicie sua jornada através da estação do verão.

Assim como cada cavaleiro rege uma estação inteira, cada Ás rege um elemento inteiro. O poder inerente ao Ás corresponde a todas as manifestações de um elemento. Assim, o Ás de Espadas corresponde ao elemento inteiro do Ar, e rege os signos do Ar, Libra, Aquário e Gêmeos.

Tabela 1

Os Números 0-22, o Arcano Maior, os Signos e Planetas

Número	Chave do Tarô	Correspondência Astrológica
0	O Bobo	Urano
1	O Mago	Mercúrio
2	A Grã-sacerdotisa	Lua
3	A Imperatriz	Vênus
4	O Imperador	Áries
5	O Hierofante	Touro
6	Os Amantes	Gêmeos
7	O Carro	Câncer
8	A Força	Leão
9	O Eremita	Virgem
10/1	A Roda da Fortuna	Júpiter
11/2	A Justiça	Libra
12/3	O Enforcado	Netuno
13/4	A Morte	Escorpião
14/5	A Temperança	Sagitário
15/6	O Diabo	Capricórnio
16/7	A Torre	Marte
17/8	A Estrela	Aquário
18/9	A Lua	Peixes
19/1	O Sol	Sol
20/2	O Julgamento	Vulcano
21/3	O Mundo	Saturno
22/4	O Bobo	Plutão

Tabela 2

Os Números 23-36, os Bastões, os Signos do Fogo

Número	Chave do Tarô	Correspondência Astrológica
23/5	Rei de Bastões	0°-10° Áries
24/6	Rainha de Bastões	11°-20° Áries
25/7	Cavaleiro de Bastões	Primavera (Áries, Touro, Gêmeos)
26/8	Pajem de Bastões	21°-30° Áries
27/9	Ás de Bastões	Fogo (Áries, Leão, Sagitário)
28/1	Dois de Bastões	0°-10° Áries
29/11	Três de Bastões	11°-20° Áries
30/3	Quatro de Bastões	21°-30° Áries
31/4	Cinco de Bastões	0°-10° Leão
32/5	Seis de Bastões	11°-20° Leão
33/6	Sete de Bastões	21°-30° Leão
34/7	Oito de Bastões	0°-10° Sagitário
35/8	Nove de Bastões	11°-20° Sagitário
36/9	Dez de Bastões	21°-30° Sagitário

Tabela 3

Os Números 37-50, as Taças, os Signos da Água

Número	Chave do Tarô	Correspondência Astrológica
37/1	Rei de Taças	0°-10° Câncer
38/11	Rainha de Taças	11°-20° Câncer
39/3	Cavaleiro de Taças	Verão (Câncer, Leão, Virgem)
40/4	Pajem de Taças	21°-30° Câncer
41/5	Ás de Taças	Água (Câncer, Escorpião, Peixes)
42/6	Dois de Taças	0°-10° Câncer
43/7	Três de Taças	11°-20° Câncer
44/8	Quatro de Taças	21°-30° Câncer
45/9	Cinco de Taças	0°-10° Escorpião
46/1	Seis de Taças	11°-20° Escorpião
47/11	Sete de Taças	21°-30° Escorpião
48/3	Oito de Taças	0°-10° Peixes
49/4	Nove de Taças	11°-20° Peixes
50/5	Dez de Taças	21°-30° Peixes

Tabela 4

Os Números 51-64, as Espadas, os Signos do Ar

Número	Chave do Tarô	Correspondência Astrológica
51/6	Rei de Espadas	0°-10° Libra
52/7	Rainha de Espadas	11°-20° Libra
53/8	Cavaleiro de Espadas	Outono (Libra, Escorpião, Sagitário)
54/9	Pajem de Espadas	21°-30° Libra
55/1	Ás de Espadas	Ar (Libra, Aquário, Gêmeos)
56/11	Dois de Espadas	0°-10° Libra
57/3	Três de Espadas	11°-20° Libra
58/4	Quatro de Espadas	21°-30° Libra
59/5	Cinco de Espadas	0°-10° Aquário
60/6	Seis de Espadas	11°-20° Aquário
61/7	Sete de Espadas	21°-30° Aquário
62/8	Oito de Espadas	0°-10° Gêmeos
63/9	Nove de Espadas	11°-20° Gêmeos
64/1	Dez de Espadas	21°-30° Gêmeos

Tabela 5

Os Números 65-78, as Moedas, os Signos da Terra

Número	Chave do Tarô	Correspondência Astrológica
65/11	Rei de Moedas	0°-10° Capricórnio
66/3	Rainha de Moedas	11°-20° Capricórnio
67/4	Cavaleiro de Moedas	Inverno (Capricórnio, Aquário, Peixes)
68/5	Pajem de Moedas	21°-30° Capricórnio
69/6	Ás de Moedas	Terra (Capricórnio, Touro, Virgem)
70/7	Dois de Moedas	0°-10° Capricórnio
71/8	Três de Moedas	11°-20° Capricórnio
72/9	Quatro de Moedas	21-30° Capricórnio
73/1	Cinco de Moedas	0°-10° Touro
74/11	Seis de Moedas	11°-20° Touro
75/3	Sete de Moedas	21°-30° Touro
76/4	Oito de Moedas	0°-10° Virgem
77/5	Nove de Moedas	11°-20° Virgem
78/6	Dez de Moedas	21°-30° Virgem

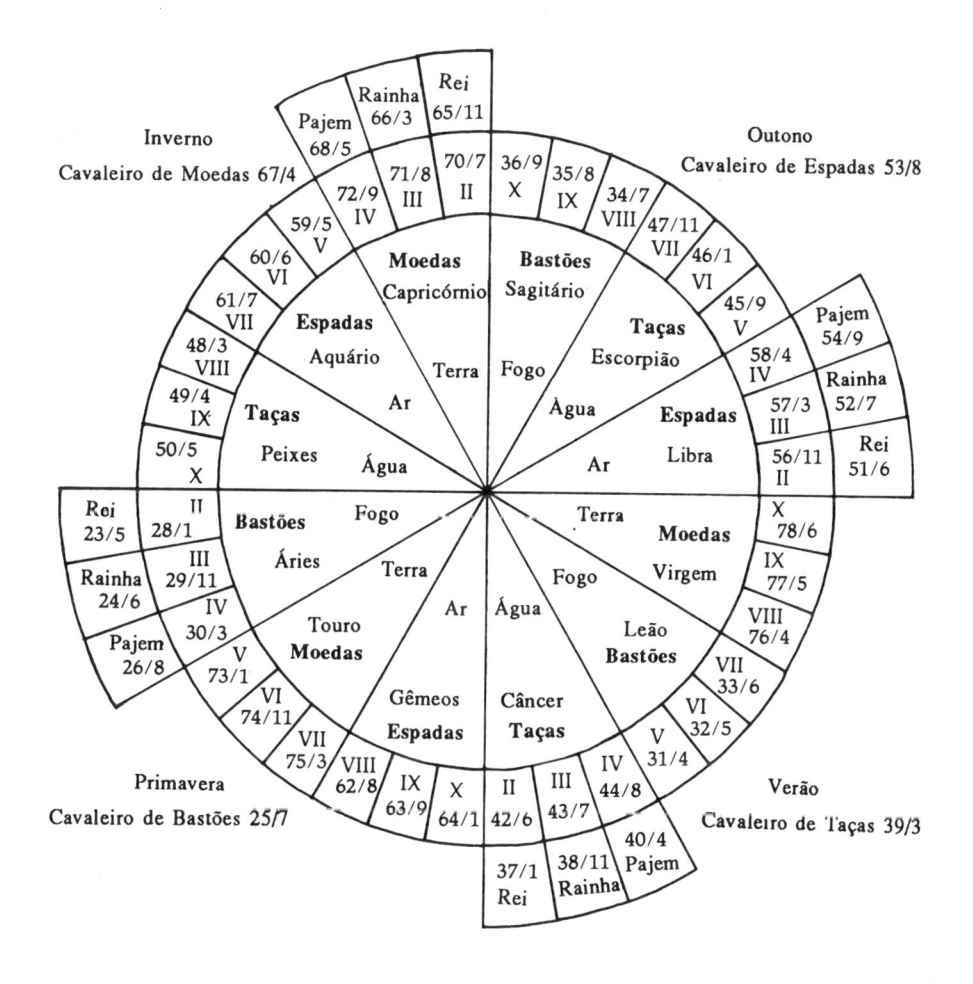

Figura 7: Síntese da Numerologia, da Astrologia e do Tarô. Cada Ás corresponde a um elemento. O Ás de Bastões (27/9), Fogo; o Ás de Taças (41/5), Água; o Ás de Espadas (55/1), Ar; o Ás de Moedas (69/6), Terra.

Bibliografia

Association of Research Enlightenment. *Search for God.* Vols. 1, 2, 3. Virginia Beach: A.R.E. Press, 1942.
Bailey, Alice. *Esoteric Astrology.* Nova York: Lucis, 1951.
Bills, Rex E. *The Rulership Book.* Virginia: Macoy Publishing, 1971.
Blavatsky, Helena Petrovna. *Secret Doctrine.* Califórnia: Theosophical University Press, 1946.
Book of Enoch. Londres: S.P.C.K., 1952.
Bucke, R.M. *Cosmic Consciousness.* Nova York: Dutton, 1974.
Case, Paul Foster. *The Tarot.* Virginia: Macoy Publishing, 1947.
Cayce, Hugh Lynn. *Venture Inward.* Nova York: Harper & Row, 1964.
Cheney, Sheldon. *Men Who Have Walked with God.* Nova York: A.A. Knopf, 1945.
D'Olivet, Fabre. *Golden Verses of Rhythm.* Nova York: Samuel Weiser, 1813.
Encyclopedia of Jewish Religion. Nova York: Holt, Rinehart & Winston, 1965.
Fillmore, Charles. *Mysteries of Genesis.* Kansas City, Missouri: Unity School of Christianity, 1952.
Graves, F.D. *The Windows of the Tarot.* Nova York: Morgan & Morgan, 1973.
Gray, Eden. *A Complete Guide to the Tarot.* Nova York: Bantam Books, 1970.
Gray, William G. *The Ladder of Lights.* Inglaterra: A Helios Book, 1971.
Hall, Manly P. *Man, Grand Symbol of the Mysteries.* Los Angeles: Philosophical Research Society, 1937.
——— *The Mystical Christ.* Los Angeles: Philosophical Research Society, 1956.
——— *Old Testament Wisdom.* Los Angeles: Philosophical Research Society, 1957.
Heard, Gerald. *The Code of Christ.* Nova York: Harper & Brothers, 1942.
Heline, Corinne. *The Bible and the Tarot.* Los Angeles: New Age Press, 1969.
——— *The Cosmic Harp.* Santa Barbara, Califórnia: Rowney Press, 1969.
——— *New Age Bible Interpretation.* 6 vols. Los Angeles: New Age Press, 1936.
——— *Sacred Science of Numbers.* Los Angeles: New Age Press, 1971.
Hodson, Geoffrey. *Hidden Wisdom in the Holy Bible.* Vols. 1, 2, 3. Illinois: Theosophical Publishing House, 1967.
Hoeller, Stephan A. *The Royal Road.* Wheaton, Illinois: A Quest Book, 1975.
Javane, Faith e Bunker, Dusty. *13 Birth or Death?* Hampton, New Hampshire: Association for Inner Development, 1976.
Jordan, Juno. *Romance in Your Name.* Santa Barbara, Califórnia: Rowney Press, 1965.
Lind, Frank. *How to Understand the Tarot.* Londres: The Aquarian Press, 1969.
Metaphysical Bible Dictionary. Kansas City. Missouri: Unity School of Christianity, 1962.
Michell, John. *View Over Atlantis.* Nova York: Ballantine Books, 1969.
Millard, Joseph. *Edgar Cayce: Man of Miracles.* Greenwich, Connecticut: Fawcett, 1956.
Newhouse, Flower. *Disciplines of the Holy Quest.* Vista, Califórnia: Christward Ministry, 1959.
——— *Insights into Reality.* Vista, Califórnia: Christward Ministry, 1975.
Oliver, George. *The Pythagorean Triangle.* Minneapolis, Minnesota: Wizards Bookshelf, 1975.

Pelletier, Robert. *Planets in Aspect.* Rockport, Massachusetts: Para Research, 1974.
Pike, Albert. *Morals and Dogma.* Conselho Supremo da Jurisdição do Sul dos E.U.A., 1871.
Ram Dass. *The Only Dance There Is.* Nova York: Doubleday, 1974.
Regardie, Israel. *The Tree of Life.* Nova York: Samuel Weiser, 1969.
Richmond, Olney H. *The Mystic Test Book.* Chicago, Illinois: A.L. Richmond, 1946.
Seton, Julia. *Western Symbology.* 1944.
Stearn, Jess, *Edgar Cayce, The Sleeping Prophet.* Nova York: Doubleday, 1967.
Stebbing, Lionel. *The Secrets of Numbers.* Londres: New Knowledge Books, 1963.
Sugrue, Thomas. *There is a River.* Nova York: Henry Holt, 1942.
Taylor, Thomas. *The Theoretic Arithmetic of the Pythagoreans.* Nova York: Samuel Weiser, 1816.
Werner, Keller. *The Bible as History.* Nova York: William Morrow, 1956.

Leia também:

TARÔ CLARO E SIMPLES

Aprenda a Ler as Cartas de Maneira Rápida e Prática!

Josephine Ellershaw

Tarô Claro e Simples é um livro criado especialmente para principiantes em que a autora Josephine Ellershaw, compartilha dicas, atalhos e técnicas desenvolvidas após mais de trinta anos de experiência na leitura das cartas do Tarô.

Usando o belo baralho do Tarô Dourado, você vai aprender como as 78 cartas se associam e fundem suas energias únicas na Cruz da Verdade, na Cruz Celta e em outras tiragens. Você vai conhecer também uma lista de combinações de cartas que costumam indicar eventos específicos como gravidez, casamento, novo emprego e outros. Além disso, *Tarô claro e Simples* contém:

- Um guia rápido para o significado das cartas.
- Exemplos de leituras, precauções e parâmetros éticos.
- Dicas sobre o uso de um diário de Tarô.
- Conselhos sobre como ler as cartas quando parecem não ter nenhuma conexão.

Tarô Claro e Simples é uma obra de referência que não pode faltar na estante de todas as pessoas que se interessam pelo Tarô.

Para **Josephine Ellershaw**, o Tarô tem sido um companheiro constante em sua jornada pessoal há mais de três décadas. Profissionalmente, ela tem uma experiência de muitos anos em leituras, curas e orientações para sua clientela internacional.

EDITORA PENSAMENTO

O TARÔ SAGRADO DOS ORIXÁS

Zolrak
Ilustrações de Durkon

Este livro é um guia que abrirá as portas para o significado e a origem de cada uma de suas 77 maravilhosas cartas coloridas. As primeiras 13 cartas, as dos Arcanos Maiores, apresentam a imagem de seres sobrenaturais de origem africana – os Orixás –, que representam arquétipos sagrados dotados de intensa energia. As outras 12 cartas dos Arcanos Maiores representam símbolos como o Karma, a Terra e o Anjo da Guarda. As 52 cartas dos Arcanos Menores são divididas em quatro grupos que representam os quatro elementos (Água, Terra, Fogo e Ar) e trazem conselhos e reflexões para o consulente.

Incorporando imagens e conceitos da Umbanda e do Candomblé, da Numerologia e da Astrologia, *O Tarô Sagrado dos Orixás* é considerado um instrumento muito mais eficaz para a magia e divinação do que o tarô tradicional, pois suas cartas desvendam os segredos dos orixás através de imagens e histórias que, com o passar do tempo, se tornam cada vez mais ricas e cheias de significado. Para os leitores em geral, ele ensina um novo sistema de divinação, em harmonia com os cultos afro-americanos. Para folcloristas, psicólogos, filósofos, antropólogos, pesquisadores de culturas afro-americanas ou fenômenos paranormais, este livro é um compêndio de conhecimentos que fornecerá a chave para uma compreensão mais profunda do ser humano e da sua jornada espiritual.

PENSAMENTO/LLEWELLYN

Richard Wilhelm

I CHING
O Livro das Mutações
Prólogo de C. G. Jung

Depois de amplamente divulgada em alemão, inglês, francês italiano e espanhol, aparece pela primeira vez em português a mais abalizada tradução deste clássico da sabedoria oriental — o *I Ching*, ou *Livro das Mutações* —, segundo a versão realizada e comentada pelo sinólogo alemão Richard Wilhelm.

Tendo como mestre e mentor o venerável sábio Lao Nai Haüan, que lhe possibilitou o acesso direto aos textos escritos em chinês arcaico, Richard Wilhelm pôde captar o significado vivo do texto original, outorgando à sua versão uma profundidade de perspectiva que nunca poderia provir de um conhecimento puramente acadêmico da filosofia chinesa.

Utilizado como oráculo desde a mais remota antiguidade, o *I Ching*, considerado o mais antigo livro chinês, é também o mais moderno, pela notável influência que vem exercendo, de uns anos para cá, na ciência, na psicologia e na literatura do Ocidente, devido não só ao fato de sua filosofia coincidir, de maneira assombrosa, com as concepções mais atuais do mundo, como também por sua função como instrumento na exploração do inconsciente individual e coletivo.

C. G. Jung, o grande psicólogo e psiquiatra suíço, autor do prefácio da edição inglesa, incluído nesta versão, e um dos principais responsáveis pelo ressurgimento do interesse do mundo ocidental pelo *I Ching*, resume da seguinte forma a atitude com a qual o leitor ocidental deve se aproximar deste *Livro dos Oráculos*:

"O I Ching não oferece provas nem resultados; não faz alarde de si nem é de fácil abordagem. Como se fora uma parte da natureza, espera até que o descubramos. Não oferece nem fatos nem poder, mas, para os amantes do autoconhecimento e da sabedoria — se é que existem —, parece ser o livro indicado. Para alguns, seu espírito parecerá tão claro como o dia; para outros, sombrio como o crespúsculo; para outros ainda, escuro como a noite. Aqueles a quem ele não agradar não têm por que usá-lo, e quem se opuser a ele não é obrigado a achá-lo verdadeiro. Deixem-no ir pelo mundo para benefício dos que forem capazes de discernir sua significação."

EDITORA PENSAMENTO

TARÔ ADIVINHATÓRIO

Não é de hoje que o homem sente inquietação pelo seu futuro e também pelo de seus entes queridos.

A astrologia, bem como o psiquismo, a magia e a mediunidade desempenham um papel importante na tarefa de desvendar o que o destino nos reserva, mas destaca-se, por sua popularidade, a cartomancia, que é a arte de prever o futuro por intermédio das cartas.

Sábios da antiguidade compuseram um livro que, além do aspecto científico, tem características de cunho eminentemente popular. Trata-se do Tarô, que, através de gerações, tem nos oferecido revelações extraordinárias, respondendo às mais importantes questões da nossa vida por meio de orientações claras e firmes.

Seu estudo, simples e prático, torna-se cada vez mais atraentes à medida que nele nos aprofundamos, constituindo um agradável passatempo e um guia seguro para que possamos iniciar nossa jornada rumo a um futuro feliz.

A arte do manuseio das 78 cartas que acompanham o livro é tão fácil e clara que, em pouco tempo, o leitor interessado poderá se tornar um verdadeiro perito, hábil em desvendar o futuro, tomar as precauções necessárias e evitar imprevistos desagradáveis que às vezes nos apresenta.

EDITORA PENSAMENTO

O TARÔ ZEN, DE OSHO
O JOGO TRANSCENDENTAL DO ZEN

Osho

O Tarô existe há milhares de anos, desde o antigo Egito, ou talvez até antes. A sua primeira utilização no Ocidente, de que se tem notícia, aconteceu na Idade Média. Nessa época, sua linguagem figurada foi usada como um código na transmissão dos ensinamentos das escolas de mistério medievais. Ao longo do tempo, o Tarô tem sido usado de muitas maneiras — como um instrumento para a predição do futuro, como um leve "jogo de salão", como uma maneira de reunir informação desconhecida, "oculta", a respeito de diversas situações, etc.

Além das 56 cartas dos Arcanos Menores, o Tarô contém mais 22 cartas, os Arcanos Maiores, que contam toda a história da viagem espiritual do Homem. A carta "O Mestre", que simboliza a transcendência, não é numerada. As cartas falam a respeito de uma viagem de autodescoberta que é absolutamente única para cada indivíduo, embora as verdades fundamentais a serem descobertas, independentemente de raça, sexo, classe social ou criação religiosa, sejam as mesmas.

O Tarô Zen, de Osho, definitivamente não é um Tarô tradicional, no sentido de lidar com predições. Trata-se antes de um jogo transcendental do Zen que espelha o momento presente, apresentando, sem concessões, o que existe aqui e agora, sem julgamento ou comparação. Este jogo é um chamado para o despertar, para sintonizar-se com a sensibilidade, a intuição, a compaixão, a receptividade, a coragem e a individualidade.

Essa ênfase na consciência é uma das muitas inovações em relação aos velhos sistemas e maneiras de pensar do Tarô, que logo saltará aos olhos dos usuários experientes, conforme comecem a trabalhar com o *Tarô Zen, de Osho*.

EDITORA CULTRIX

O TARÔ DE MARSELHA

Carlos Godo

O que são as cartas do Tarô? O que as faz diferentes das cartas comuns? Elas podem, realmente, predizer o futuro? Qualquer pessoa pode interpretá-las? Estas são apenas algumas das muitas perguntas que o público leitor costuma formular em relação ao misterioso sistema divinatório conhecido por Tarô.

Desde a época em que surgiu e se popularizou, o Tarô é conhecido principalmente como um sistema de adivinhação, um passatempo ou distração. Mas os ocultistas vêem nessas cartas, principalmente nas vinte e duas que integram os chamados Arcanos Maiores, alguma coisa muito mais importante que uma simples série de emblemas ou alegorias destinada à distração ou adivinhação.

O Tarô, mesmo sob o aspecto de um sistema de adivinhação, é hoje considerado um dos mais bem elaborados métodos que integram o vasto campo da simbolomancia — a adivinhação através dos símbolos. O sistema é válido. Tem inegável eficiência prática e resiste perfeitamente à análise a partir dos parâmetros teóricos da moderna parapsicologia, que estuda os mecanismos dos processos paracognitivos.

Num momento histórico em que os processos que estabelecem a ponte consciente-inconsciente aparecem como a grande alternativa para subtrair o homem da grande crise filosófica e psicológica que submerge a humanidade, um sistema como o Tarô merece ser considerado pelo que de fato ele é: um grande trampolim para mergulhar no inconsciente.

EDITORA PENSAMENTO

Impresso por :

gráfica e editora
Tel.:11 2769-9056

O TARÔ DE MARSELHA

Carlos Godo

O que são as cartas do Tarô? O que as faz diferentes das cartas comuns? Elas podem, realmente, predizer o futuro? Qualquer pessoa pode interpretá-las? Estas são apenas algumas das muitas perguntas que o público leitor costuma formular em relação ao misterioso sistema divinatório conhecido por Tarô.

Desde a época em que surgiu e se popularizou, o Tarô é conhecido principalmente como um sistema de adivinhação, um passatempo ou distração. Mas os ocultistas vêem nessas cartas, principalmente nas vinte e duas que integram os chamados Arcanos Maiores, alguma coisa muito mais importante que uma simples série de emblemas ou alegorias destinada à distração ou adivinhação.

O Tarô, mesmo sob o aspecto de um sistema de adivinhação, é hoje considerado um dos mais bem elaborados métodos que integram o vasto campo da simbolomancia — a adivinhação através dos símbolos. O sistema é válido. Tem inegável eficiência prática e resiste perfeitamente à análise a partir dos parâmetros teóricos da moderna parapsicologia, que estuda os mecanismos dos processos paracognitivos.

Num momento histórico em que os processos que estabelecem a ponte consciente-inconsciente aparecem como a grande alternativa para subtrair o homem da grande crise filosófica e psicológica que submerge a humanidade, um sistema como o Tarô merece ser considerado pelo que de fato ele é: um grande trampolim para mergulhar no inconsciente.

EDITORA PENSAMENTO

Impresso por :

gráfica e editora

Tel.:11 2769-9056